Les ›autres‹ rois

Ateliers des
Deutschen Historischen Instituts Paris

Herausgegeben vom
Deutschen Historischen Institut Paris

Band 5

R. Oldenbourg Verlag München 2010

Les ›autres‹ rois

Études sur la royauté
comme notion hiérarchique
dans la société au bas Moyen Âge
et au début de l'époque moderne

sous la direction de Torsten Hiltmann

R. Oldenbourg Verlag München 2010

Ateliers des Deutschen Historischen Instituts Paris
Herausgeberin: Prof. Dr. Gudrun Gersmann
Redaktion: Veronika Vollmer
Anschrift: Deutsches Historisches Institut (Institut historique allemand)
Hôtel Duret-de-Chevry, 8, rue du Parc-Royal, F-75003 Paris

Bibliografische Information der Deutschen Nationalbibliothek
Die Deutsche Nationalbibliothek verzeichnet diese Publikation in der Deutschen Nationalbibliografie; detaillierte bibliografische Daten sind im Internet über <http://dnb.d-nb.de> abrufbar.

Open Access
Download der mit dieser Druckfassung identischen digitalen Version auf www.oldenbourg.de.

© 2010 Oldenbourg Wissenschaftsverlag GmbH, München
Rosenheimer Straße 145, D-81671 München
Internet: www.oldenbourg.de

Das Werk einschließlich aller Abbildungen ist urheberrechtlich geschützt. Jede Verwertung außerhalb der Grenzen des Urheberrechtsgesetzes ist ohne Zustimmung des Verlages unzulässig und strafbar. Dies gilt insbesondere für Vervielfältigungen, Übersetzungen, Mikroverfilmungen und die Einspeicherung und Bearbeitung in elektronischen Systemen.

Umschlaggestaltung: Thomas Rein, München

Gedruckt auf säurefreiem, alterungsbeständigem Papier (chlorfrei gebleicht).
Gesamtherstellung: Grafik + Druck GmbH, München

ISBN 978-3-486-59141-5

Sommaire

Préface 7

Torsten HILTMANN
Les ›autres‹ rois 9

I. Rois de professions

Martine CLOUZOT
Roi des ménestrels, ménestrel du roi? Statuts, fonctions et modèles d'une ›autre‹
royauté aux XIIIe, XIVe et XVe siècles 24

Henri SIMONNEAU
Le roi d'armes dans les Pays-Bas bourguignons d'après une ordonnance de 1497 .. 44

Katie STEVENSON
The Scottish King of Arms: Lyon's Place in the Hierarchy of the Late-Medieval
Scottish Elite 64

Franck VILTART
Le roi des ribauds à la fin du Moyen Âge: une royauté infâme? 80

Katharina SIMON-MUSCHEID
Les rois des compagnons de métiers 95

Marie BOUHAÏK-GIRONÈS
Le roi de la basoche 113

II. Rois festifs

Dominik FUGGER
Die Botschaft des Bohnenkönigs. Zur Semantik eines Königsrituals in der
Frühen Neuzeit 124

Anne-Laure VAN BRUAENE
Princes, Emperors, Kings and Investiture in the Festive Culture
of Flanders (Fifteenth–Sixteenth Century) 131

III. Ouvertures

Valérie TOUREILLE
Les royautés du crime. Entre mythe et réalité 146

Michel PASTOUREAU
Le roi du jeu d'échecs (X^e–XIVe siècle) 155

Bertrand SCHNERB
Conclusion 161

Abréviations 165

Index des personnes 166

Index des lieux et des matières 169

Les auteurs 175

Préface

Les douze articles réunis dans ce volume sont le produit d'un atelier organisé à l'Institut historique allemand à Paris, le 20 avril 2007. Ils représentent la première approche systématique d'un sujet qui, jusqu'ici, ne constituait qu'un phénomène périphérique dans des domaines de recherche distincts. Le but de ces actes est donc bien modeste: faire un premier état des lieux de ce phénomène et ouvrir des perspectives pour de futures recherches.

Cet atelier n'aurait pas pu voir le jour, tout d'abord, sans les participants qui ont bien voulu répondre à l'appel et orienter leur intérêt vers un sujet qui jusque-là ne figurait pas parmi leurs préoccupations principales. Mais rien n'aurait pu se faire sans le cadre institutionnel de cette journée d'études, fourni par l'IHA. Je tiens ici à remercier chaleureusement toute son équipe, notamment Margarete Martaguet et Karin Förtsch, qui ont largement contribué à l'organisation de l'atelier, ainsi que Veronika Vollmer et Michaline Skupin pour l'assistance rédactionnelle. Je remercie également Patrick Labourdette et Friederike Willasch pour l'établissement des index.

Je voudrais exprimer ma gratitude en particulier à mon ancien collègue Franck Viltart (Paris/Lille), qui a non seulement contribué à cette entreprise avec sa propre étude mais qui s'est aussi occupé avec beaucoup de soin de la correction des textes français, comme l'a fait Rae Brown (St. Andrews) pour les contributions anglaises, laquelle je remercie également. Mais surtout, je voudrais exprimer toute ma reconnaissance à Werner Paravicini, alors directeur de l'IHA, qui m'a permis d'organiser cet atelier, nonobstant mes autres obligations à l'IHA, et qui a toujours accompagné et soutenu sa préparation de manière bienveillante. Mes remerciements s'adressent enfin à Gudrun Gersmann, directrice de l'IHA depuis octobre 2007, qui a bien voulu accepter de publier les actes de cet atelier.

Tout cela n'aurait pas été possible sans le concours généreux de la Gerda-Henkel-Stiftung, que je remercie profondément.

Puisse cet ensemble d'études contribuer à une meilleure connaissance d'un sujet qui mérite toute notre attention.

Hansell, 27 novembre 2009   Torsten Hiltmann

TORSTEN HILTMANN

Les ›autres‹ rois

> *Il n'y a dignité temporelle en France, qui entre en comparaison avecques celle du Roy: Et neantmoins il n'y a parole en laquelle nos devanciers se soyent tant licentieusement desbordez qu'en cette cy, en subjects, les uns plus ravalez, les autres plus relevez.*
> Étienne Pasquier, Les recherches de la France, 1607[1]

Le roi est un monarque, un homme qui exerce le pouvoir supérieur sur un territoire ou un peuple, habituellement appelé royaume. Au Moyen Âge, la royauté était la forme la plus commune de gouvernement des peuples. Du Portugal à l'Arménie, de la Norvège à Chypre, il y avait des rois régnants, comme c'était aussi le cas – pour prendre l'exemple le plus imposant et le plus connu – en France.

Le *rex christianissimus*, Roi Très Chrétien, comme le roi de France était appelé, était sans doute le roi le plus respecté en Europe, et, bien sûr, le souverain de son pays. Il lui incombait d'assurer la paix et la justice, de protéger les faibles, de s'occuper des grandes affaires du royaume. Le roi faisait la loi, il était le suzerain féodal et le premier juge en son royaume. Tous les Français étaient ses sujets.

Grâce à ses pouvoirs, la royauté disposait d'une dignité suprême et unique. Pendant près de cinq cents ans, elle resta entre les mains de la même famille (les Capétiens, puis la branche des Valois). Elle était entourée d'insignes et de symboles d'origine divine comme ses armoiries (les trois fleurs de lys) ou sa bannière et l'oriflamme. Oint lors de son sacre avec un baume venant directement du ciel, le roi de France était lui-même un symbole religieux[2]. Par le medium de son office, le roi possédait le don de guérison, capable de guérir les écrouelles simplement en touchant le malade[3]. Plusieurs grandes cérémonies assuraient la majesté royale et insistaient sur celle-ci comme le sacre (qui, en France, était beaucoup plus important que le couronnement), le »lit de justice« (où le roi prenait la place du premier juge du royaume), mais aussi les joyeuses entrées dans les villes ainsi que les obsèques royales[4].

Donc, sans aucun doute, le roi de France était le seigneur de la France, muni d'un caractère sacré. Sa personne et son office étaient inviolables; il était, par la grâce de Dieu, le dignitaire suprême du royaume. De cette manière, le roi était unique. Il était le roi *de* France. Cependant, il n'était pas le seul roi *en* France.

---

[1] Étienne PASQUIER, Les recherches de la France, éd. par Marie-Luce DEMONET et al., Paris 1996, p. 1640–1650.
[2] Philippe CONTAMINE, Des pouvoirs en France 1300–1500, Paris 1992, p. 49–60.
[3] Marc BLOCH, Les rois thaumaturges. Étude sur le caractère surnaturel attribué à la puissance royale particulièrement en France et en Angleterre, Paris ³1983 [première édition 1924].
[4] Ralph E. GIESEY, Cérémonial et puissance souveraine. France, XVe–XVIIe siècle, Toulouse 1992.

Car, si l'on regarde un peu plus loin, au-delà, justement, du sens strictement politique du terme »roi«, vers la représentation dans la société de l'idée de la royauté en tant que telle, au bas Moyen Âge et au début de l'époque moderne, on trouve un très grand nombre d'›autres‹ rois. Un phénomène qui n'était pas fictif ni éphémère[5], mais qui se retrouvait tout bonnement dans la réalité.

En France, mais aussi en Allemagne, comme ailleurs, dans les différentes cours, dans les différentes provinces, villes et communautés, on rencontre bon nombre de ces ›autres‹ rois: rois des ménestrels, rois des hérauts, des ribauds, des merciers, des clercs de la basoche, mais aussi des rois des compagnons, des chaudronniers, des mendiants, des barbiers, des archers, etc. À Lille, chaque année, on choisissait un roi de l'Épinette, à Saint-Donat un roi de l'aumône, ailleurs des rois des écoliers, de la paroisse, de la rue, du coq, et bien d'autres encore. Et presque partout en France (comme ailleurs), le 6 janvier, jour de l'Épiphanie, dans les familles comme dans les tavernes, dans les hôpitaux comme à la cour du roi, on créait un roi de la fève, qui entretenait sa propre cour, uniquement ce jour-là[6].

Apparemment, au moins à la fin du Moyen Âge, le titre de roi n'était pas exclusif au seul roi, seigneur temporel du royaume: il était présent partout.

*

Jusqu'à aujourd'hui, les ›autres‹ rois n'ont pas vraiment été pris au sérieux par l'historiographie moderne. Ils étaient vus, la plupart du temps, sous la perspective d'une imitation grotesque de la royauté politique, telle une inversion ou plus encore une forme de dérision du pouvoir en place, une moquerie reléguée à un phénomène marginal[7].

C'était surtout la dispersion des ›autres‹ rois dans des milieux très différents, et donc des champs de recherches variés, tout comme la complexité du phénomène même qui avaient entravé les recherches. En fait, il fallait les rassembler et penser ensemble ces ›autres rois‹ venus de plusieurs domaines différents et ne figurant bien souvent que

---

[5] Colette BEAUNE, Rois de France, rois de la fève, dans: Hélène ALLIROT, Gilles LECUPPRE, Lydwine SCORDIA (dir.), Royautés imaginaires (XIIe–XVIe siècle), Turnhout 2005, p. 75–88, ici p. 75.
[6] Pour une nouvelle interprétation de cette fête, voir Dominik FUGGER, Das Königreich am Dreikönigstag. Eine historisch-empirische Ritualstudie, Paderborn et al. 2007, ainsi que sa contribution dans le présent volume.
[7] Cf. entre autres Mikhail BAKHTIN, Rabelais and His World, Cambridge 1968; Natalie Zemon DAVIS, The Reasons of Misrule. Youth Groups and Charivaris in Sixteenth Century France, dans: Past and Present 50 (1971), p. 41–75; ou Martine GRINBERG, Carnaval et société urbaine XIVe–XVIe siècle. Le royaume dans la ville, dans: Ethnologie française nouvelle série 4 (1974), p. 215–244. Wolfgang Seidenspinner, de son côté, refuse l'idée d'inversion, mais parle néanmoins des »alternative Lebenswelten« et des contre-monarchies, voir Wolfgang SEIDENSPINNER, Das ›Königreich‹ als Organisationsform gesellschaftlicher Gruppen. Soziale Integration, Geselligkeit, Alternative und Rebellion (vornehmlich nach oberrheinischen Quellen des Spätmittelalters), dans: Zeitschrift für die Geschichte des Oberrheins 146 (1998), p. 249–270, ici p. 268–269.

dans les marges. Les uns apparaissent dans des études sur les groupes marginaux de la société médiévale, d'autres dans l'histoire générale des cours, dans celle de la musique, des corps de métiers, des carnavals ou du folklore régional, ou bien encore dans l'histoire du théâtre et de la justice. Perçus comme un phénomène mineur dans un ensemble plus vaste, ils ne suscitaient guère que quelques considérations et presque jamais de réflexions plus élaborées. On ne s'interrogea pas, par exemple, sur les particularités de leur office, sur leur statut, leurs fonctions ou leurs privilèges. Si l'on parlait d'eux, c'était avant tout pour évoquer la dérision ou l'inversion.

Cette idée reçue trouve son origine, semble-t-il, dans la »fête des fous« et dans celle des sociétés joyeuses au Moyen Âge. Ces sociétés étaient présidées par différents dignitaires appelés »abbés«, »princes« ou »évêques«, mais dont on a retenu surtout le nom de »roi des fous« (Victor Hugo n'y étant sûrement pas pour rien[8]). Cette fête a tellement imprégné la perception de ce phénomène que par exemple Nikolaus Grass, dans son article sur les »Royaumes et abbayes de la jeunesse«, ne pouvait pas s'imaginer que le titre de »roi de l'Épinette« s'inspirait vraiment d'une chose aussi sérieuse que la *Corona spinea*[9]. En écartant l'explication correcte que donne l'édition allemande de la »Culture populaire et culture des élites dans la France moderne«, de Robert Muchembled, il préfère noter que le mot »épinette«, dans le domaine agricole, signifie »Mastkäfig«, une sorte de cage pour engraisser des animaux. Une explication qui, selon lui, correspondrait bien avec le Mardi gras (le jour de désignation du roi de l'Épinette)[10]. Il justifia son refus du commentaire de la traductrice, en faisant observer qu'il serait peu probable qu'on se servît de ce titre pour une fête en relation avec des reliques de la passion du Christ, surtout à une date comme celle-là. En conséquence, il classa le »roi de l'Épinette« dans la catégorie des »royaumes de jeunesse«, à côté d'autres »compagnies folles«.

Comme le montre déjà l'exemple d'Étienne Pasquier, cité en exergue, il était apparemment très difficile d'accepter que le terme de »roi«, au moins au Moyen Âge et au début de l'époque moderne, puisse s'utiliser de manière sérieuse en dehors du contexte politique *stricto sensu*. Tout ce qui pouvait offenser la dignité du roi (politique) restait inconcevable[11]. Ce n'est que récemment que l'idée d'inversion, de dérision ou de

---

[8] Cf. Hans Rudolf VELTEN, Einsetzungsrituale als Rituale der Statusumkehr. Narrenbischöfe und Narrenkönige in den mittelalterlichen Klerikerfesten (1200–1500), dans: Marion STEINICKE, Stefan WEINFURTER (dir.), Investitur und Krönungsrituale. Herrschaftseinsetzungen im kulturellen Vergleich, Cologne, Weimar, Vienne 2005, p. 201–221, ici p. 201.

[9] En fait, le roi de l'Épinette allait vénérer une couronne qui était faite autour d'un épi de la sainte couronne, voir Lucien DE ROSNY, L'épervier d'or ou description historique des joutes et des tournois qui, sous le titre de nobles rois de l'Épinette, se célébrèrent à Lille au Moyen-âge, Paris, Lille 1839, p. 17.

[10] Nikolaus GRASS, Royaumes et abbayes de la jeunesse – »Königreiche« und »Abteien« der Jugend, dans: Louis E. MORZAK, Markus ESHER (dir.), Festschrift für Louis Carlen zum 60. Geburtstag, Zurich 1989, p. 411–459, ici p. 413 avec n. 10 et 11. Il y ajoute encore une deuxième signification alternative tirée du domaine de la musique, celui de l'instrument »épinette«.

[11] Cf. déjà Marc Bloch, qui supposait que l'on appelait le roi des merciers ›officiellement‹ »maître visiteur«, parce que le titre de roi aux mains d'un sujet aurait eu »quelque chose de choquant«.

révolte dans l'»appropriation« du titre de roi a commencé a être repoussée, ou, tout au moins, adoucie[12]. Pourtant, cela n'empêche pas le fait que l'historiographie actuelle continue de lier les ›autres‹ rois uniquement à la culture festive et carnavalesque[13].

Cela nous conduit au deuxième problème qu'il faut évoquer et qui rend plus difficile les recherches sur le sujet: la complexité et l'hétérogénéité des contextes dans lesquels on se servait du titre de roi.

Sans que soient prises en compte toutes les différences, des phénomènes d'origines variées et des significations bien distinctes furent parfois traités ensemble sans distinction, ce qui affecta, bien sûr, les résultats de ces recherches[14]. Cependant, une distinction correcte entre les différentes expressions me semble primordiale pour l'analyse et la compréhension adéquates de ce phénomène et pour apercevoir tous les avantages et perspectives qui se présentent à nous.

Roi des hérauts, roi de la fève, roi de la paroisse – essayons donc de mettre un peu d'ordre dans tout cela. Il apparaît opportun de distinguer deux groupes fondamentaux parmi ces ›autres‹ rois, dont je propose la typologie suivante:

Premièrement, il y a ceux que j'appellerais les »rois de professions«. Ce sont des rois élus pour un an ou deux ou qui portent leur titre de manière permanente; leur dignité et leurs fonctions se définissent par leur responsabilité concernant les membres et les affaires d'une certaine profession, dans une région définie, ou l'organisation et la

---

L'utilisation du titre »roi« en tant que tel au sein des différentes corporations de profession était considéré comme un »curieux mode de langage«, voir BLOCH, Les rois thaumaturges (voir n. 3), p. 275.

[12] Pour de nouvelles perspectives, voir Katja GVOZDEVA, Spiel und Ernst der burlesken Investitur in den »sociétés joyeuses« des Spätmittelalters und der Frühen Neuzeit, dans: STEINICKE, WEINFURTER (dir.), Investitur und Krönungsrituale (voir n. 8), p. 177–199, et surtout FUGGER, Das Königreich (voir n. 6), donnant une toute nouvelle tournure à la discussion.

[13] Toutes les publications plus récentes qui traitent de l'utilisation du titre de roi dans des contextes non politiques se concentrent sur les royautés festives, voir: GRASS, Royaumes et abbayes (voir n. 10); ID., Das Königreichspiel im Heiligen Römischen Reich. Ein Beitrag zur rechtlichen Volkskunde, dans: Dieter SCHWAB (dir.), Staat, Kirche, Wissenschaft in einer pluralistischen Gesellschaft, Berlin 1989, p. 259–282; Sandra BILLINGTON, Mock Kings in Medieval Society and Renaissance Drama, Oxford 1991; Nicholas M. DAVIS, »His Majesty shall have tribute of me«. The King Game in England, dans: Allen J. FLETCHER, Wim HÜSKEN (dir.), Between Folk and Liturgy, Amsterdam, Atlanta 1997, p. 97–108; GVOZDEVA, Spiel und Ernst (voir n. 12); ou enfin Marc JACOBS, King for a Day. Games of Inversion, Representation and Appropriation in Ancient Regime Europe, dans: Jeroen DEPLOIGE, Gita DENECKERE (dir.), Mystifying the Monarch. Studies on Discourse, Power, and History, Amsterdam 2006, p. 117–138. Les seules exceptions qui me sont connues: František GRAUS, Organisationsformen der Randständigen. Das sogenannte Königreich der Bettler, dans: František GRAUS, Ausgewählte Aufsätze (1959–1989), éd. par Hans-Jörg GILOMEN, Peter MORAW et Rainer Christoph SCHWINGES, Stuttgart 2002, p. 351–370 (première édition: Rechtshistorisches Journal 8 [1989], p. 351–370); SEIDENSPINNER, Das »Königreich« (voir n. 7).

[14] Cf. par ex. l'article de M. SEIDENSPINNER (ibid.), qui donne une bonne vue d'ensemble du phénomène, mais qui insiste en même temps sur une évolution progressive par étapes de ceci (partant des royaumes des ménétriers [donc de profession], en passant par les sociétés joyeuses [rois festifs] jusqu'au traitement fantaisiste des royaumes des voleurs et mendiants dans la littérature à partir de XVIe siècle [comme la »cour des miracles« à Paris]) sans se rendre compte des différents racines et contextes de ces royautés qui, enfin, se développaient simultanément.

gestion de groupes spécifiques, comme des confréries. Cet office apporte à son détenteur, avant tout, un certain nombre de prérogatives et de privilèges.

Deuxièmement, il y a les »rois festifs«. Il s'agit ici de rois occasionnels, dont la dignité était liée à une fête et dont le règne était limité, pour la plupart, à la durée de cette dernière. Pour ces rois, ce n'étaient pas les obligations qui prédominaient, mais la dignité liée à ce titre.

Cette typologie, bien sûr, n'est que provisoire. Et il va de soi qu'il y a plusieurs gradations et interférences entre ces différentes catégories, qui demandent encore à être mises en lumière. Néanmoins, il faut espérer que cette typologie, qui se détache des évaluations et des considérations présumées sur ces royautés et qui s'oriente, pour la première fois, vers le fonctionnement et les aspects institutionnels de ces dernières contribue à une meilleure compréhension de ce phénomène, méconnu jusqu'ici dans toute son ampleur, et rende visible sa diversité et son hétérogénéité, mais aussi son potentiel.

ROIS DE PROFESSIONS

Ce sont surtout les rois de professions qui restèrent, jusqu'ici, dans l'ombre des recherches et sur lesquels on ne connaît toujours presque rien. Seuls les rois des ménestrels et les rois des ribauds rencontrèrent sporadiquement l'intérêt des chercheurs; mais cela, il faut bien le signaler, plutôt au XIXe et au début du XXe siècle qu'au temps présent[15].

ROI DES MERCIERS

Prenons alors un exemple, peut-être moins attirant que le roi des ribauds ou celui des ménestrels, mais qui s'avère encore plus pertinent pour notre étude: le roi des merciers, c'est-à-dire le roi des marchands d'étoffes, de bijoux, de vêtements, de ceintures, de

---

[15] Les seules études plus récentes concernent le roi des ribauds et le roi des ménestrels: Anne TERROINE, Le roi des ribauds de l'hôtel du roi et les prostituées parisiennes, dans: Revue historique de droit français et étranger 56 (1978), p. 253–267; et Hartwig BÜSEMEYER, Das Königreich der Spielleute. Organisation und Lebenssituation elsässischer Spielleute zwischen Spätmittelalter und Französischer Revolution, Reichelsheim 2003. Sinon, il faut consulter la littérature du XIXe et du début du XXe siècle, qui représente aujourd'hui encore l'essentiel de la recherche, comme, pour les rois des ménestrels, B. BERNHARD, Recherches sur l'histoire de la corporation des ménétriers ou joueurs d'instruments de la ville de Paris, dans: Bibliothèque de l'École des chartes 3 (1841), p. 377–404; Hans Michael SCHLETTERER, Geschichte der Spielmannszunft in Frankreich und der Pariser Geigerkönige, Berlin 1884; Hans Joachim MOSER, Die Musikergenossenschaften im deutschen Mittelalter, Rostock 1910; et, pour les rois des ribauds, Henri LEPAGE, Les rois des ribauds de Lorraine, dans: Journal de la Société d'archéologie et du Comité du Musée lorrain (1855), p. 19–27; Paul LACROIX, dit Jacob Bibliophile, Les curiosités de l'histoire de France. Le roi des ribauds, Paris 1858, et Ludovic PICHON (éd.), Le roy des ribauds. Dissertations de Du Tillet, Claude Fauchet, de Miraumont, Estienne Pasquier... recueillies et collationnées sur les textes originaux, Paris 1878. Pour les rois des merciers, c'est encore pire, voir les notes suivantes.

gants, etc.[16]. Il suffit ici d'avancer un seul document pour complètement réévaluer notre perspective sur le phénomène des ›autres‹ rois.

Dans une ordonnance du mois d'août 1448, Charles VII accorde des statuts aux merciers du Maine, d'Anjou et de Touraine à l'instar de ceux de la ville de Paris donnés par Charles VI, ou encore de ceux octroyés par le duc de Berry en Berry et en son comté d'Auvergne[17]. Par ces statuts, il donne au roi des merciers (et à ses compagnons) le droit de visiter tous les merciers pratiquant dans sa région et de vérifier les mesures qu'ils utilisent ainsi que la qualité et l'origine des marchandises qu'ils vendent. Il lui confère la responsabilité de s'assurer que chaque mercier respecte les ordonnances royales de ce métier. En cas d'amendes à distribuer, le roi des merciers prend la moitié des sommes perçues, l'autre moitié allant au roi de France. Il avait, de plus, le droit de confisquer des marchandises et appliquait d'autres mesures en relation avec son métier, comme recevoir les serments des merciers qui entraient dans la profession. Et le roi (de France) continue ainsi ses statuts:

Item. Que ledit Roy des Merciers qui à présent est ou qui sera pour le temps à venir, est & sera principal Maistre et Garde dudit mestier & marchandise de mercerie; et peut et pourra instituer Lieutenant pour lui en chascune bonne ville desdiz pays, qui aura regard et visitation avecques lesdiz Esleuz, Jurez et gardes dudit mestier […] auquel Lieutenant ou Commis les autres Merciers et Marchans fréquentans ledit fait et marchandise de mercerie, seront tenus de obéir comme audit Roy des Merciers, en tout ce que audit mestier et marchandise de mercerie appartient et pourra appartenir[18].

Le roi des merciers avait donc un statut particulier au sein de sa profession. En position de force, il était chargé de la contrôler. Voir ici une inversion ou une dérision du pouvoir en place, ou bien encore parler d'une royauté fictive ou imaginaire, serait complètement faux. Le roi de France en personne attribuait cette responsabilité au roi des merciers. Et c'est aussi lui qui utilise, sans hésitation, ce titre de »roi«. Le pouvoir donné au roi de cette profession est bien réel et ses privilèges bien tangibles (ne serait-ce que la moitié de toutes les amendes). Notons aussi l'ampleur du phénomène: ce sont

---

[16] Pour l'histoire des rois des merciers, il n'existe que quelques études régionales qui ne traitent, pour la plupart, qu'un seul document: Léon DURU, Pierre VIDAL, Histoire de la corporation des marchands merciers, grossiers, jouailliers. Le troisième des six-corps des marchands de la ville de Paris, Paris 1911, p. 261–269; Eugène DEL MARMOL, Les merciers du Tour de Walcourt, dans: Annales de la Société archéologique de Namur 13/1 (1875), p. 221–240; R. VALLENTIN DU CHEYLARD, Un roi des merciers en Dauphiné (1446), dans: Petite Revue des bibliophiles dauphinois 3 (1906), p. 121–129; D.D. BROUWERS, Les tours des merciers de Walcourt et de Ciney, dans: Annales de la Société archéologique de Namur 29/1 (1910), p. 57–72; et, l'article le plus pertinent, Joseph BILLIOUD, Le roi des merciers du comté de Provence aux XIVe et XVe siècles, dans: Bulletin philologique et historique (jusqu'à 1715) du Comité des travaux historiques et scientifiques (1922/1923), p. 43–73.

[17] Ordonnances des rois de France de la troisième race […], vol. 14: Contenant les ordonnances depuis la vingt-cinquième année du règne de Charles VII, jusqu'à sa mort en 1461, éd. par Louis G. U. F. de BRÉQUIGNY, Paris 1790, p. 27–36.

[18] Ibid., p. 33.

déjà trois royautés de merciers qui sont mentionnées dans ce seul document (Paris, Berry et Auvergne ainsi que Maine, Anjou et Touraine)[19].

ROIS DES SOCIÉTÉS NOBILIAIRES

Mais les ›autres‹ rois ne présidaient pas seulement des corps de professions et des métiers. Ils pouvaient aussi être à la tête de confréries et d'associations à but bien différent, comme des sociétés nobiliaires (de tournoyeurs) en Allemagne[20]. Dans la Gesellschaft vom Esel, par exemple, outre sa préséance protocolaire, le roi annuellement élu était tenu de gérer les affaires de cette association de nobles[21]. C'est-à-dire qu'il organisait les chapitres, fixait les dates des prochaines rencontres et invitait les confrères, il devait gérer également les finances et rendre compte des recettes (notamment les amendes des membres qu'il devait faire rentrer) ainsi que des dépenses. De plus, en cas de querelles ou de conflits au sein de la société ou entre ses membres, il tenait le rôle d'arbitre. Enfin, il avait le droit de disposer de tous les confrères, à tout moment, sans que ceux-ci puissent refuser.

Reste la question de savoir si l'on peut faire les mêmes constats pour les autres rois de professions: les rois des ménestrels, les rois des ribauds, les rois des compagnons ou les rois des hérauts/rois d'armes (qui étaient déjà plus d'une trentaine en Europe, dont pas moins d'une quinzaine dans le royaume de France[22]).

ROIS FESTIFS

Les rois festifs, quant à eux, étaient encore plus répandus au Moyen Âge. Très divers et dispersés et jusqu'ici très mal connus aussi, il paraît encore impossible d'en donner

---

[19] L'existence d'un roi des merciers à cette époque est connue également pour les diocèses d'Uzès et de Nîmes, la baronnie de Beaujolais ainsi que pour le Dauphiné, pour le Quercy et le Rouergue, la Savoie et le comté de Provence, cf. BILLIOUD, Le roi des merciers (voir n. 16), p. 44–45.

[20] Pour celles-ci, voir l'étude d'Andreas RANFT, Adelsgesellschaften. Gruppenbildung und Genossenschaft im spätmittelalterlichen Reich, Sigmaringen 1994. Pour un répertoire de différentes sociétés nobiliaires en Allemagne, voir Holger KRUSE, Werner PARAVICINI, Andreas RANFT (éd.), Ritterorden und Adelsgesellschaften im spätmittelalterlichen Deutschland. Ein systematisches Verzeichnis, Francfort/M. et al. 1991.

[21] RANFT, Adelsgesellschaften (voir n. 20), p. 139–142.

[22] Pour la France, ce sont les rois d'armes des douze provinces des rois d'armes: Champagne, Guyenne, Anjou, Bretagne, Berry, Vermandois, Corbie, Ponthieu, Normandie, Artois, Flandres et Ile-de-France (Montjoie). On peut y ajouter encore les rois d'armes des ordres chevaleresques, qui sont: Toison d'or de l'ordre de la Toison d'Or des ducs de Bourgogne, Looz de l'ordre du Croissant de René d'Anjou, ainsi que, plus tard encore, le roi d'armes Saint-Michel de l'ordre de Saint-Michel du roi de France, voir la base de données Heraudica, base de données et collection des sources en plein texte pour la recherche sur les hérauts d'armes. Conçue et dirigée par Torsten HILTMANN, avec la collaboration de Franck VILTART, Henri SIMONNEAU et Nils BOCK, Internet: http://www.heraudica.org (mise en ligne en cours).

une description détaillée. Servons-nous alors de l'un d'entre eux comme d'un premier exemple offrant matière à analyse: le roi de l'Épinette.

ROI DE L'ÉPINETTE

Du XIIIe au XVIe siècle, il y avait annuellement des festivités importantes, dites de l'Épinette, dans la riche ville de Lille dans le comté de Flandre; celles-ci étaient avant tout constituées de tournois et de joutes et, bien sûr, de grands banquets[23]. Un roi était associé à cet évènement majeur de la ville, celui de l'Épinette. Mais, contrairement à ce que l'on pourrait croire, le roi de l'Épinette n'était pas celui qui se révélait le meilleur jouteur durant ces fêtes. Il était en réalité élu afin d'assurer l'organisation des festivités. Ce roi élu n'était pas n'importe qui, puisqu'il s'agissait toujours de l'un des plus riches patriciens de la ville. Il devait être en mesure de payer les frais de la fête, comme les banquets, etc. La dignité de »roi de l'Épinette« était donc une distinction sociale importante et elle se gardait pendant toute une année, durant laquelle le titulaire représentait la ville de Lille dans les fêtes d'autres villes, mais aussi à d'autres occasions telles que les entrées des princes. De cette manière, nous pouvons dire que cette royauté servait à la représentation de la structure sociale de la ville[24].

Donc, le roi de l'Épinette n'était pas un roi dérisoire ou servant à se moquer. Mais il n'était pas non plus quelqu'un qui se distinguait par des capacités quelconques qui faisaient de lui le meilleur d'un groupe – il était choisi pour organiser la fête, pour payer les dépenses et, le cas échéant, pour représenter.

En prenant en compte ce que nous venons de dire sur les rois des sociétés nobiliaires fondées bien souvent pour la participation à des tournois, apparemment seuls les rois des archers et des arbalétriers se distinguaient simplement par leurs qualités en portant ainsi un titre qui les honorait.

SOCIÉTÉS JOYEUSES

Nous devons bien évidemment parler aussi de ces rois, ou, plus largement, de ces chefs de sociétés joyeuses, qui se révèlent en quelque sorte les responsables de l'image des ›autres‹ rois en tant que dignités subversives[25]. Ils existaient partout, du nord au sud de

---

[23] ROSNY, L'épervier d'or (voir n. 9); Evelyne VAN DEN NESTE, Tournois, joutes, pas d'armes dans les villes de Flandre à la fin du Moyen Âge (1300–1486), Paris 1996, p. 87–93 et passim.

[24] Ce que démontrent aussi les »Veprecularia«, différents manuscrits à propos de l'histoire de cette fête en la possession de grandes familles lilloises, ou la rédaction d'un armorial des rois de l'Épinette (édité par Michel POPOFF, Armorial des rois de l'Épinette de Lille, 1283–1486, d'après le manuscrit conservé à la BN sous la cote fr. 10469, Paris 1984).

[25] Pour les sociétés joyeuses, voir, entre autres, DAVIS, The Reasons of Misrule (voir n. 7); GRINBERG, Carnaval (voir n. 7); Jacques ROSSIAUD, Fraternités de jeunesse et niveaux de culture dans les villes du Sud-Est à la fin du Moyen Âge, dans: Cahiers d'histoire 21 (1976), p. 67–102.

la France, et peut-être ailleurs. On les retrouve parfois nommés »rois«; pourtant, il semble que la plupart d'entre eux étaient désignés par d'autres titres, comme »prince«, »capitaine« et surtout »abbé« (une large part de ces sociétés se donnant le nom d'»abbaye«). Une variété de titres qui démontre déjà une différence marquante avec les ›autres‹ rois. Parmi les dignitaires de ces compagnies, on peut citer: le »roi de l'abbaye« (aussi nommé »grand abbé«) à Grenoble, le »roi des lours« à Arras, le »prince du malespargne« à Abbeville, le »prince d'amour« à Aix-en-Provence (et ailleurs aussi), le »prince de la jeunesse« à Tournai, l'»abbé des conards« à Rouen, l'»abbé de la jeunesse« à Beaucaire, etc.[26].

Ces sociétés fédéraient des groupes d'individus variés, souvent des jeunes hommes. Elles se développaient autour d'un schéma d'imitation qui était basé, pour la plupart d'entre elles, sur le modèle de la cour princière avec ses différents offices, et certaines avaient même leur propre garde.

Mais, contrairement à ce que l'on peut lire, surtout dans la littérature plus ancienne, le plaisir et la débauche n'étaient pas les seuls buts de ces sociétés[27]. De même que les dignités observées au sein de ces groupes n'étaient pas non plus (pour la plupart) subversives. Au contraire, certaines d'entre elles étaient soutenues, installées et maintenues par leurs villes respectives. Leurs fonctions étaient aussi de mettre en ordre les jeunes gens, de les discipliner, de canaliser leurs activités, de leur donner une structure mais aussi un chef. Et ce chef, parfois appelé roi, devenait responsable pour les faits et gestes de ses sujets. Il était celui avec qui la ville négociait en cas de problèmes. Certains de ces rois/princes/abbés avaient donc, eux aussi, des droits et des prérogatives bien réels. Ils avaient un rôle important dans la communauté urbaine, dirigé, semble-t-il, vers la paix civile, le maintien des mœurs, là encore intervenant directement dans la structure sociale de la ville.

ROIS RITUELS

Parmi les rois festifs se distingue encore un groupe particulier, dont la royauté reposait seulement sur un rituel et n'était pas soumise à une institution.

Le roi de la fève reste sûrement l'exemple le plus populaire de tous[28]. Sa diffusion fut très importante en Occident. Presque partout, dans toutes les régions et dans tous les milieux sociaux, il était de coutume de créer, le 6 janvier, un roi de la fève pour fêter l'Épiphanie (tradition qui, notons-le, continue d'exister au moins en France).

---

[26] Pour des listes exhaustives, voir, notamment, Henry VASCHALDE, Recherches sur les anciennes sociétés et corporations de la France méridionale, Paris 1873, p. 7–8; DAVIS, The Reasons of Misrule (voir n. 7); ou Arnold VAN GENNEP, Le folklore français, t. 1: Du berceau à la tombe, cycles de carnaval, carême et de Pâques, Paris 1998, p. 191.

[27] Elles avaient aussi, en fait, une autre fonction dans la vie sociale, celle du charivari, qui permettait un certain contrôle moral de la communauté, cf. DAVIS, The Reasons of Misrule (voir n. 7); ROSSIAUD, Fraternités de jeunesse (voir n. 25); et GVOZDEVA, Spiel und Ernst (voir n. 12).

[28] Voir Dominik FUGGER, Das Königreich (voir n. 6). Même le roi de France pouvait figurer comme roi de la fève, comme le démontre BEAUNE, Rois de France (voir n. 5).

Mais il n'est pas rare non plus de trouver des rois des quartiers, des rois des écoliers, des rois du coq, ou encore un roi et une reine d'une paroisse[29]. Il est difficile de savoir s'il s'agit, là encore, de royautés en relation avec le roi de la fève ou si celles-ci prennent leurs origines dans d'autres fêtes ou rîtes, se déroulant principalement au mois de mai ou durant la période de Pâques. Peu étudiés, ces liens restent encore à établir.

ÉVÊQUES DES INNOCENTS

De tous ces rois rituels il faut distinguer, enfin, les »évêques des fous« ou »évêques des innocents«. D'origine ecclésiastique, ceux-ci proposent, contrairement aux exemples déjà cités, cette fois-ci un véritable rite d'inversion. Dans ce cas, c'est expressément parmi les membres du bas clergé qu'était élu le dignitaire qui, pour quelques jours, prenait la place de l'évêque dans son office. Remercions ici Yann Dahhaoui, qui, bien que participant à cet atelier à travers une communication très éclairante sur les évêques des innocents, dut s'abstenir de contribuer à cette collection des actes pour se consacrer à sa thèse sur le sujet[30].

*

Presque totalement ignoré par la recherche historique jusqu'ici, c'est surtout le roi professionnel qui bouleverse l'image établie de la dignité et la signification de la notion de »roi«. Ayant des fonctions institutionnelles clairement acceptées par les autorités, qui les installent même, il ne présente pas une simple imitation de la royauté politique ou même encore de la cour royale. Apparemment, il en faut plus pour expliquer l'utilisation du terme »roi« dans ce contexte. Mais surtout, il requiert un changement critique de nos perspectives également en ce qui concerne les royautés festives, nous permettant ainsi de nous éloigner du point de vue simpliste qui ne montre que l'aspect subversif de quelques-unes de ces royautés, pour laisser apparaître par là même leurs fonctions et leurs pouvoirs réels.

Après tout ce qui vient d'être dit, on peut donc supposer que:

– Les ›autres‹ rois présentent un phénomène substantiel et répandu au bas Moyen Âge et au début de l'époque moderne, en tant que fait historique non négligeable.

– Les ›autres‹ rois ne sont pas le fruit de l'imaginaire médiéval. Ils avaient un pouvoir réel, possédant pour la plupart un caractère régulateur. Ils avaient de vraies obligations et privilèges.

---

[29] Cf. par exemple pour le Dauphiné Jean-Joseph-Antoine PILOT DE THOREY, Usages, fêtes et coutumes existant ou ayant existé en Dauphiné, vol. 2, Grenoble 1885, p. 17, 133; ou, pour des rois et reines des paroisses du centre de la France, Robert-Henri BAUTIER, Une institution religieuse du centre de la France. Les reinages de confréries, des origines à nos jours, Guéret 1945.

[30] Il prépare une thèse de doctorat sur »L'évêque des Innocents dans l'Occident médiéval (XIIe–XVe siècle)« sous la direction conjointe de Claude Gauvard (Paris I Panthéon-Sorbonne) et Jean-Yves Tilliette (université de Genève).

– L'utilisation du terme et de la notion de »roi« n'est pas, de prime abord, à comprendre dans un sens subversif d'inversion de l'ordre existant.
– Les milieux dans lesquels cette notion est utilisée sont largement situés en dehors de la sphère du politique.
– Finalement ces ›autres‹ rois, eux aussi, représentaient à leur manière l'idée de la royauté à la fin du Moyen Âge et au début de l'époque moderne, et cela peut-être, d'une façon encore plus marquée dans la société que le roi politique, étant beaucoup plus présents et beaucoup plus accessibles à l'expérience (directe) de la population.

En partant du fait que ces suppositions se révèlent correctes, le sujet présente d'ores et déjà plusieurs ouvertures importantes vers d'autres domaines d'étude, comme la formation des associations et des confréries et la densification des structures sociales à la fin du Moyen Âge, l'organisation des métiers et des professions, mais aussi la perception et la diffusion d'un modèle de hiérarchie dans la société. Avant tout, il pose de nombreuses questions et interrogations sur la royauté en tant que telle et à travers tous ses aspects[31].

Ce cheminement permet de revenir à la question essentielle: Qu'est-ce qu'un roi au Moyen Âge? Ou, plus précisément, que signifie la notion de »roi«? Wolfgang Seidenspinner, dans son article »Das ›Königreich‹ als Organisationsform gesellschaftlicher Gruppen«, ramène l'utilisation du terme »roi« à la simple analogie. D'après lui, on a transféré les hiérarchies et structures connues dans le cadre plus restreint de certains groupes afin de les organiser d'après un ›grand‹ modèle, tout en laissant penser que, peut-être, le titre de »roi« pouvait aussi transmettre à son titulaire une certaine autorité de fait. Mais surtout, il part de l'idée selon laquelle on ne pouvait pas sortir des images connues, de ce qui existait déjà dans la réalité[32].

Mais les ›autres‹ rois, dans toute leur diversité et hétérogénéité, n'étaient-ils vraiment rien d'autre qu'une mauvaise copie de la royauté politique? Ou n'est-il pas possible non plus de croire qu'à l'époque la notion de »roi« avait une signification beaucoup plus étendue, et qu'ainsi ce ne soit qu'avec l'évolution politique liée à l'époque moderne, surtout avec l'essor et l'apogée de ce qu'il convient d'appeler absolutisme, que la manière de penser et d'utiliser la notion de »roi« a évolué vers une conception presque exclusivement réservée au politique (continuant de dominer notre conception de ce terme)? Donc, qu'au fil des siècles son sens serait passé d'une signification plus vaste et plus ouverte (ce qui reste encore à étudier) à la domination exclusive de son sens politique?

---

[31] Autant dire que dans ces domaines, les ›autres‹ rois – loin d'être, il faut l'admettre, un biais qui s'imposait – passèrent jusqu'ici totalement inaperçus. Voir, en guise d'exemples, Percy Ernst SCHRAMM, Der König von Frankreich. Das Wesen der Monarchie vom 9. zum 16. Jahrhundert, Weimar 1939; Jacques KRYNEN, Idéal du prince et pouvoir royal en France à la fin du Moyen Âge, 1380–1440. Étude de la littérature politique du temps, Paris 1981; ID., L'empire du roi. Idées et croyances politiques en France, XIIIe–XVe siècle, Paris 1993 ou dernièrement Bernhard JUSSEN (dir.), Die Macht des Königs. Herrschaft in Europa vom Frühmittelalter bis in die Neuzeit, Munich 2005.
[32] SEIDENSPINNER, Das ›Königreich‹ (voir n. 7), p. 262.

Dans ce contexte, il s'avère fructueux de comparer l'utilisation de ce terme en France avec celle qui est faite en Allemagne à cette époque. Si en France la notion de »roi« est prédominante, il se trouve qu'en Allemagne il n'est pas rare, surtout pour les rois de professions, de la trouver remplacée par les termes »Graf« (comte), »Voigt« (prévôt) ou »Richter« (juge)[33]. Nous sommes donc là face à des titres qui soulignent surtout l'un des aspects de la notion de »roi«: celui de la justice, ou encore de l'administration. On peut donc se demander jusqu'où va l'imitation de la royauté politique, ou ne peut-on parler alors, d'une certaine manière, d'un phénomène indépendant? Et si c'est le cas, d'où provenait-il, si ce n'est du modèle politique? Que pourrions-nous apprendre alors sur le modèle politique lui-même? Notons que, parfois, ce sont justement les phénomènes apparemment marginaux qui nous proposent les perspectives les plus innovatrices sur un sujet principal en permettant de le voir d'une manière nouvelle et différente.

Autant dire qu'avec les ›autres‹ rois nous mettons le pied sur un terrain de recherches qui restait jusqu'ici apparenté à une *terra incognita*. Le volume présent ne se veut que le reflet de ce premier pas vers la découverte. Le but est de présenter une première vue d'ensemble de ce phénomène, d'amener plusieurs exemples différents et de les comparer en les questionnant de la manière suivante: Comment les fonctions de ces différentes royautés peuvent-elles être comprises? Quelles étaient leurs charges et responsabilités, leurs droits et privilèges, et à quel cérémonial répondaient-elles? Quelles étaient leurs similarités avec la royauté politique et qu'est-ce qui les différenciait de celle-ci? Enfin, et simplement, pourquoi utilisait-on ce titre?

Les ›autres‹ rois faisaient partie intégrante de la société du bas Moyen Âge. Apparemment, un Français de l'époque avait plusieurs possibilités de rencontrer un roi, sans pour autant que celui-ci fût forcément le roi de France[34]. Et même s'il reste encore à mieux comprendre ce phénomène, on est tenté de croire que ce fut à l'aide de ces

---

[33] Pour l'utilisation du titre »Graf«/»Spielgraf« en Allemagne (par ex. à Vienne ou à Munich), qui désigne des offices similaires à ceux des rois des ménestrels en France, voir MOSER, Die Musikergenossenschaften (voir n. 15), p. 53–96. Pour l'utilisation du titre »Voigt«/»Bettelvoigt«, par exemple, au sein des corporations de mendiants, dont les fonctions étaient comparables à celles des rois d'autres groupes et métiers (et particulièrement des rois des ribauds), voir GRAUS, Organisationsformen (voir n. 13), en particulier p. 355–357. Pour l'utilisation interchangeable des termes »juge« et »roi« chez les chaudronniers en Suisse et en Autriche, voir par exemple Nikolaus GRASS, Kesslergerichte in Tirol mit besonderer Berücksichtigung der oberbayerischen Kaltschmiedeprivilegien, dans: ID., Werner OGRIS (dir.), Festschrift Hans Lentze zum 60. Geburtstag, Innsbruck et al. 1969, p. 223–268.

[34] De cette manière, dans une ville comme Lille, au XVe siècle, nous trouvons pas moins de sept rois différents en même temps: hormis le roi de l'Épinette et le roi de l'amoureuse vie (le roi des ribauds), il y avait encore un roi des couleuvriniers ainsi que deux rois pour les archers (ceux du grand serment et ceux du petit serment) et les arbalétriers (grand serment, petit serment). Outre ceux-là, il faut mentionner encore les passages du roi d'armes d'Artois (quand Lille faisait partie de la marche d'armes du roi d'armes de Flandre) ainsi que du roi des archers de l'hôtel du duc de Bourgogne (le roi de la pie), sans même mentionner les différents autres dignitaires comme le prince de plaisance, le prince du puy, etc. Voir, par exemple pour l'année 1472, Lille, BM, 16211, fol. 66r, 67v, 79r–v, 102r. Je remercie Franck Viltart (Lille) pour ces informations.

différentes royautés, surtout à l'occasion de fêtes, qu'un individu pouvait se familiariser avec la royauté. Étudier ces différentes dignités et leur rôle dans la société offre une grande chance de mieux comprendre la manière dont la société médiévale était organisée, comment on y a pensé l'ordre hiérarchique et, surtout, quelle importance on attribuait à la royauté. Tout cela pourrait aboutir enfin à ajouter de nouveaux éléments à l'étude de l'histoire de la royauté politique.

I. Rois de professions

MARTINE CLOUZOT

Roi des ménestrels, ménestrel du roi?
Statuts, fonctions et modèles d'une ›autre‹ royauté aux XIIIe, XIVe et XVe siècles

Les documents sur le roi des ménestrels sont rares, éparses et peu loquaces. Du XIIIe au XVe siècle, le roi des ménestrels apparaît au détour d'un compte royal, d'un statut de confrérie, d'un vers poétique et parfois d'une enluminure, mais c'est à peu près tout ce que la documentation livre sur le personnage. On serait tenté de dresser son portrait type en assemblant les pièces fournies par les comptabilités urbaines et princières du royaume de France, du comté de Champagne, de l'État bourguignon, du royaume d'Angleterre, des cours italiennes et germaniques. Ce ne serait pas une méthode; pour autant, les documents ne permettent pas de dresser une typologie du roi des ménestrels selon les milieux sociopolitiques qui l'ont créé et employé. Il évolue d'un milieu à l'autre, c'est-à-dire de la confrérie urbaine à la cour, au gré des institutions et des pouvoirs qu'il sert et représente. C'est dans cette circulation que l'on peut chercher à définir le roi des ménestrels, la nature de sa royauté dans toute sa complexité sociale et politique, ses rapports avec le roi, le ›vrai‹, et le prince. Son titre correspond-il à un office, à une fonction? Est-ce un titre honorifique, hiérarchique? Est-ce la récompense d'une serviable fidélité? Est-ce la reconnaissance d'une compétence musicale? Peut-il porter le titre sans remplir certaines fonctions? Son titre (et/ou sa fonction) lui donne-t-il des prérogatives et des privilèges particuliers sur des sujets, sur un territoire, sur des droits à percevoir? Pourquoi et en quoi sa ›royauté‹ est-elle, dans le titre, liée à la musique, ou plus exactement au ménestrel, ce qui amène la question de ses rapports avec une autre royauté, celle de la reine?

Pour répondre à ces questions, les sources qui mentionnent le roi des ménestrels selon les milieux sociaux et politiques permettront d'établir un premier état des lieux, afin d'observer, dans un deuxième temps, les prérogatives qui font de lui un roi (le titre, le territoire, les gages). Enfin, ses fonctions, selon les contextes, nous conduiront aux limites d'une royauté sociale bien réelle à une royauté imaginaire (imaginée) et poétique. Du poète Adenet le Roi au XIIIe siècle, en passant par le chef des confréries de ménestrels, jusqu'aux rois des cours bourguignonnes, italiennes, germaniques, des XIVe et XVe siècles, les formes et l'évolution du titre et de la fonction de roi des ménestrels sont à étudier à la lumière des mutations politiques de la royauté et de la société.

I. LE PRINCE, LE MAÎTRE, LE ROI: UN ÉTAT DES LIEUX

TROUVÈRES ET PRINCES DU PUY DU XIIIe AU MILIEU DU XIVe SIÈCLE

La chronologie invite à commencer l'inventaire des rois des ménestrels à partir de la documentation urbaine, à savoir d'une part les sources poétiques, d'autre part les règlements de métiers. Les villes du nord de la France (Arras) du XIIIe au milieu du XIVe siècle sont en effet les premières à avoir leurs rois, à la tête de deux types d'organisations complémentaires: les puys poétiques et les associations de métier, souvent doublées d'une confrérie.

LES PUYS

Dès le XIIIe siècle apparaissent en France du Nord les puys[1]. Leur existence est connue surtout grâce aux mentions des poètes qui leur rendent hommage et qui font référence au puy d'Arras dans leur envoi[2]. Ces sociétés de trouvères, ou »académies littéraires« selon la formule de Roger Dragonetti, organisaient des »jeux-partis«, des concours pendant lesquels deux poètes de renom s'affrontaient devant un public connaisseur des motifs poétiques et lyriques, capable de juger la joute verbale[3]. Le plus talentueux, celui qui réussissait avec le plus de compétence, de brio, à conquérir l'auditoire était élu »roi des ménestrels«. Deux trouvères d'importance portent le titre au puy d'Arras, Adam de la Halle (vers 1240–1250/1288) et Jean Bodel (vers 1165–entre le 1er octobre 1209 et le 2 février 1210). Deux autres poètes contemporains arrageois ont aussi été élus, mais sous le titre de »prince du puy«, Jean Bretel (mort vers 1272) et Robert Soummeillon. Bien des poèmes sont adressés au prince du puy. D'autres ›princes‹ existaient aux puys de Rouen, de Gand, de Valenciennes (1229), de Douai (1330), de Tournai, de Lille[4], de Cambrai, de Béthune, de Londres (troisième quart du XIIIe siècle), et plus tardivement d'Amiens (1388), d'Abbeville (fin XIVe siècle), de Dieppe (XVe siècle) et de Caen (1527). À partir du XIVe siècle, conjointement au titre de »prince du puy«, apparaît le titre de »prince des sots« élu aux puys d'Arth, de Bouchain, de Denain, et de Condé[5].

---

[1] Ardis BUTTERFIELD, Poetry and Music in Medieval France. From Jean Renart to Guillaume de Machaut, Cambridge 2002.
[2] Jean DUFOURNET, Anthologie de la poésie lyrique française des XIIe et XIIIe siècles, Paris 1989; Michèle GALLY, Parler d'amour au puy d'Arras. Lyrique en jeu, Orléans 2004.
[3] Ibid.; et Roger DRAGONETTI, La technique poétique des trouvères dans la chanson courtoise. Contribution à l'étude de la rhétorique médiévale, Bruges 1960 (réimpr. Genève 1979).
[4] L'un des manuscrits de »Renart le Nouvel« (Paris, BNF, ms. fr. 1581) fait référence à un puy de Lille (ligne 6964), voir BUTTERFIELD, Poetry and Music (voir n. 1), p. 149.
[5] Kay Brainerd SLOCUM, Confrérie, Bruderschaft and Guild. The Formation of Musicians Fraternal Organisations in Thirteenth-Century and Fourteenth-Century Europe, dans: Early Music History 14 (1995), p. 257–274.

LES CONFRÉRIES ET LES ASSOCIATIONS DE MÉTIER

Les villes organisatrices de puys poétiques sont aussi des villes de confréries, dont certaines sont formées par les ménestrels. Or, on trouve rarement un roi ou un prince à la tête des confréries, mais plutôt un »chef«, un »maître« ou un »maïeur« ou »maior«. Il fallait généralement être »bourgeois« pour en faire partie. La confrérie des jongleurs et des bourgeois d'Arras, fondée en 1194 et officiellement nommée »La Carité Nostre Dame des jogleors et des borgois«[6], est l'une des rares confréries de ménestrels dont la légende, les règlements et les membres sont bien connus à partir de son »Nécrologe«[7]. Adam de la Halle, un temps roi des ménestrels élu au puy, écrivit pour la confrérie des jongleurs »Le Jeu de la Feuillée« qui fut représenté à la Saint-Jean en 1276. La confrérie d'Amiens est également bien documentée[8] et possède un »maître« élu[9]. La confrérie Saint-Nicolas à Vienne[10], fondée entre 1275 et 1288, est, elle aussi, gouvernée, non pas par un »roi«, mais par le haut chambellan, un officier de la cour ducale des Habsbourg[11].

En revanche, les associations de métier des villes ont à leur tête un roi. Du Cange note à l'article »juglatores« que sous Philippe V le Long le 14 septembre 1321, avec *l'acort du commun des menestriers et menestrelles, jongleurs et jongleresses, demourant en la ville de Paris*, les onze statuts leur sont donnés *pour la reformacion du mestier de yceuls et le proufit commun de la ville de Paris* par Gilles Haquin, le prévôt de Paris, et sont enregistrés par Guillaume Ormont, prévôt en 1341[12]. Les lettres patentes du 24 avril 1407 de Charles VII confirment les statuts de 1321 et donnent le texte des statuts du métier de ménétrier de 1396[13]. Trente-sept ménestrels ont signé les statuts, dont Pariset, le ménestrel du roi. Sur l'initiative de deux signataires, les ménestrels Jacques et Huet, le métier s'est doublé en 1330 d'une confrérie responsable de l'hôpital situé rue Saint-Martin-des-Champs et placé en 1331 sous la protection de Saint-Julien-l'Hospitalier et de Saint-Genêt (aujourd'hui église Saint-Julien-le-Pauvre à Paris)[14]. Il y avait à sa tête un »prévôt de Saint-Julien« qui, d'après Bernhard, était peut-être le même personnage que le roi des ménestrels du métier[15].

---

[6] Paris, BNF, ms. fr. 8541, fol. 46r.
[7] Edmond FARAL, Les jongleurs au Moyen Âge, Paris 1910, p. 133–142; Roger BERGER, Le Nécrologe de la Confrérie des jongleurs et des bourgeois d'Arras (1194–1361), Arras 1963–1970.
[8] Frédéric BILLIET, Le concert en Picardie à l'apogée de l'école franco-flamande, thèse de 3ᵉ cycle sous la direction d'Édith Weber, Paris-Sorbonne 1985, p. 83–86; Amiens, AM, BB, cité par ID., La vie musicale à Amiens au XVIᵉ siècle, Amiens 1984, p. 47 et 97; Robert WANGERMÉE, La musique flamande, Bruxelles 1965, p. 68.
[9] FARAL, Les jongleurs (voir n. 7), p. 140–141.
[10] Chapelle à côté de l'église Saint-Michel.
[11] Maria DOBOZY, Re-membering the Present. The Medieval German Poet-Minstrel in Cultural Context. 1170–1440, Turnhout 2005, p. 188.
[12] Paris, AN, KK 1336, fol. 114.
[13] Paris, AN, JJ 161, pièce 270.
[14] Un terrain de l'abbesse de Montmartre fut acheté, puis une chapelle fut ajoutée à l'hôpital pourvue d'une rente de 16 livres parisis, qui servit à rémunérer un prêtre. Plus tard, le pape érigea la chapellenie en bénéfice perpétuel. Les ménestrels de Paris furent ainsi de plus en plus liés par des biens et un culte en commun. FARAL, Les jongleurs (voir n. 7), p. 130–131; Claire

Seules ces archives de la première moitié du XIVᵉ siècle permettent de dresser une liste des noms des rois des ménestrels de l'association parisienne: après le premier roi, Robert Caveron (1338–1350), il y eut Coppin de Brequin, mentionné en 1357, 1362 et 1367; Jehan Caumez en 1387; Jehan Portevin en 1392; Hennequin Poitevin, de 1408 à 1410; Jehan Boisard dit Verdelet en 1420; enfin Jean Facien l'aîné en 1422; puis ce n'est qu'en 1575 qu'apparaît la mention d'un nouveau roi, Roussel[16].

LE ROI DES MÉNESTRELS DANS LES COURS SEIGNEURIALES AUX XIIIᵉ ET XIVᵉ SIÈCLES

Au XIIIᵉ siècle, la lyrique connaît un formidable développement dans les villes, mais aussi dans les cours seigneuriales. De fait, par la poésie, et dans une moindre mesure par les comptabilités seigneuriales, on sait que certaines cours possédaient leurs rois des ménestrels. Au XIIIᵉ siècle, elles recoupent les mêmes régions du Nord que les villes dotées de puys et de confréries.

La cour de Brabant protégeait le trouvère Adenet le Ménestrel, qui rend hommage au duc Henri III dans son poème »Cléomadès«: *Menestreus au bon duc Henri, fui, cil m'aleva et norri / Et me fist mon mestier apprendre*[17]. À la mort du duc, le 28 février 1261, il servit encore un temps les deux fils de celui-ci, Jean et Godefroi, puis il entra à la cour de Flandre, où il fut employé par le comte Gui de Dampierre pendant une trentaine d'années, qui lui donna le titre de roi des ménestrels: Adenet le Ménestrel devint Le Roi Adam ou le Roi Adenet ou Adenet le Roi[18]. Il voyagea beaucoup avec le comte – il l'accompagna à la croisade de Tunis – et, au cours de ses séjours à Paris, il entra en relation avec la fille de Henri III de Brabant, la reine Marie, femme du roi de France Philippe le Hardi. La dernière mention d'Adenet date de 1297.

Du point de vue de la documentation poétique et iconographique, Adenet le Roi est à peu près le seul exemple particulier qui puisse être étudié. Le trouvère est figuré en tête de la miniature qui ouvre son recueil de poésies en poète et ménestrel couronné (fig. 1)[19]. Son roman »Cléomadès« (vers 1285) débute l'ouvrage; il est introduit par cette grande miniature, dans laquelle, sur un fond quadrillé et or, un musicien couronné s'adresse à deux reines et à un prince. Le poète est doublement identifié dans cette image qui met en scène les commanditaires et l'auteur du roman: dans la miniature, le poète figure avec son instrument, la vièle à archet, et adresse un geste en direction de

---

CHABANNES, Les ménétriers à Paris à la fin du Moyen Âge, mémoire de maîtrise sous la direction de Mireille Vincent-Cassy, université de Paris VII (1999), p. 181–184.
[15] B. BERNHARD, Recherches sur l'histoire de la corporation des ménétriers ou joueurs d'instruments de la ville de Paris, dans: Bibliothèque de l'École des chartes 3 (1842), p. 383–385.
[16] Pour un récapitulatif, voir CHABANNES, Les ménétriers à Paris (voir n. 14), p. 182.
[17] Cité par Albert HENRI, Adenet le Roi, dans: Geneviève HASENOHR, Michel ZINK (dir.), Dictionnaire des lettres françaises. Le Moyen Âge, Paris 1992, p. 18.
[18] Albert HENRI, Adenet le Roi (voir n. 17).
[19] Paris, bibliothèque de l'Arsenal, ms. 3142, fol. 1 (entre 1285 et 1290).

la reine Marie de France, deuxième femme du roi Philippe III le Hardi (mariage en 1274), fille du duc Henri III de Brabant, et belle-sœur de Blanche de Castille. Soit elles écoutent Adenet en compagnie de Jean II de Brabant (neveu de Marie), soit Adenet écoute le récit des aventures de Cléomadès fait par Blanche[20]. La couronne d'Adenet, ainsi que son royal auditoire, évoque son statut de roi des ménestrels. Dans la lettrine située sous la miniature, Adenet est à nouveau représenté, non pas avec un instrument, mais en train de rédiger le roman sur des tablettes avec un stylet, les premiers vers prolongeant immédiatement l'initiale. C'est donc en trouvère, c'est-à-dire en auteur et exécutant qu'Adenet a été figuré[21]: il est le poète qui sait déclamer des vers et des histoires à son auditoire, avec ou sans instrument; il est le lettré sachant trouver les vers, les écrire et les transmettre. La vièle est l'attribut du poète, elle est l'intermédiaire entre l'art d'écrire et la performance vocale du chant courtois. Tout au long du livre, le programme iconographique consiste à figurer le poète en train de déclamer le texte.

Fig. 1: Adenet le Roi. Paris, bibliothèque de l'Arsenal, ms. 3142, fol. 1. Cliché: BNF.

Jean de Condé (né vers 1275–1280), fils de Baudouin de Condé, était ménestrel et trouvère, comme son père, à la cour de Hainaut à Valenciennes et au Quesnoy[22]. Il composa de nombreux dits, dont »Le Dit du bon comte Guillaume«, qui est une orai-

[20] Régine COLLIOT, Adenet le Roi »Berte aus grans piés«. Étude littéraire générale, Paris 1970, p. 16.
[21] Paul ZUMTHOR, La poésie et la voix dans la civilisation médiévale, Paris 1984, p. 39–66 et 83–90.
[22] Françoise FERY-HUE, Jean de Condé, dans: HASENOHR, ZINK (dir.), Dictionnaire (voir n. 17), p. 762–764.

son funèbre qu'il adressa à son protecteur, Guillaume Ier le Bon[23], comte de Hainaut, de Hollande, de Zélande, mort le 7 juin 1337, et dans lequel il qualifie ce dernier de *père des ménestrels*[24]. Les comptes de la cour de Hainaut montrent que la comtesse de Hainaut, Jeanne de Valois, épouse de Guillaume, attribua à Jean de Condé des gratifications officielles tout au long des années 1325–1333[25]. Il semblerait qu'il ait reçu assez tardivement son titre de roi, car il est qualifié de *Jehan Le Roy* dans l'inventaire des frais occasionnés par les obsèques de la comtesse[26]. On retrouve à travers son parcours les liens étroits qui unissent certains trouvères à la fois à la cour, aux puys et aux confréries, ainsi qu'aux corporations de ménestrels: Jean de Condé était au service de la cour de Hainaut; il fréquenta avec Jean le Bel et Jean Froissart les puys réputés de Lille, de Valenciennes, de Tournai, d'Arras, de Douai; il fait allusion à la confrérie de la Sainte-Chandelle d'Arras dans »Le Dit des Jacobins et des Fremeneurs«[27] – mais il n'est pas mentionné dans le »Nécrologe de la Confrérie de Notre-Dame-des-Ardents«; il fut le chef de la corporation des ménestrels[28].

Dans le contexte des villes et des cours seigneuriales du XIIIe et du début du XIVe siècle, les rois des ménestrels sont rares, d'après la documentation qui nous est parvenue. En revanche, ils sont nettement mieux connus et identifiables dans les cours princières aux XIVe et XVe siècles.

LES COURS PRINCIÈRES ET LES ROIS DES MÉNESTRELS AUX XIVe ET XVe SIÈCLES

La documentation sur les rois des ménestrels dans les cours princières entre le XIIIe et la fin du XIVe siècle change de nature. Ce ne sont plus les textes poétiques qui célèbrent le prince du puy, mais les comptabilités qui font état des rémunérations du roi des ménestrels à la cour.

---

[23] Voir Jacques RIBARD, Un ménestrel du XIVe siècle. Jean de Condé, Genève 1969, p. 79. Guillaume Ier Le Bon, époux depuis 1305 de Jeanne de Valois, nièce de Philippe le Bel et sœur de Philippe de Valois qui devint roi de France en 1328. Il est aussi le beau-père de l'empereur ainsi que du roi d'Angleterre à qui il donna en 1327 sa fille Philippa de Hainaut. Sa petite cour se déplace de l'hôtel de Hollande à Valenciennes, où Guillaume Ier résidait l'hiver, au château du Quesnoy, sa résidence d'été, où il se rendait aux joutes de Condé ou bien recevait les ambassades étrangères.
[24] Le Dit du boin conte Willaume (XXXII, v. 54–56): *C'ert li peres des menestrés; / Cil doivent bien iestre espierdu / Quant il ont leur pere pierdu*, cité ibid.
[25] Voir par exemple Lille, ADN, B 3276, fol. 20v.
[26] Jean DELMOTTE, Trésorerie de Hainaut, comptes de l'hôtel, t. 1, inventaire manuscrit n° 1390: (1356, mais qui pourrait remonter à 1342), fol. 14: frais occasionnés par les obsèques de »Medame«: *Item à Jehan Le Roy dou don Medame xx l.*, cité par RIBARD, Un ménestrel (voir n. 23), p. 77.
[27] Chap. LXVI, vers 29, voir ibid.
[28] Lille, ADN, B 3276, fol. 20v (1332/1333): *Le jour dou Noel donné as .II. menestrels par Jehan le Menestrel IX s. IX d.*, cité par RIBARD, Un ménestrel (voir n. 23), p. 75.

L'EMPIRE GERMANIQUE

Les cours princières européennes avaient à leur service des ménestrels, mais pas nécessairement un roi des ménestrels. C'est le cas en particulier dans l'espace germanique, où les rois des ménestrels ne semblent pas exister, alors qu'il y a foison de musiciens, de *Minnesänger*, de poètes, qu'ils soient de passage ou attachés aux différentes cours. Par exemple, le *Minnesänger* Walther von der Vogelweide ne portait pas le titre de »roi«, alors que son protecteur l'archevêque Wolfger von Erla le traitait avec beaucoup de considération pour ses compétences tant poétiques et musicales que lors de missions de confiance auprès d'autres cours, car ses qualités rhétoriques faisaient de lui un excellent représentant de l'archevêque et de sa cour[29].

Pour le XIVe siècle, Maria Dobozy a notamment étudié les comptes de la cour des ducs de Tyrol (1250–1350)[30], de la cour de Bavière-Hollande[31] et, dans une moindre mesure, ceux des chevaliers teutoniques d'après le »Tresslerbuch« (1399–1409). La cour tyrolienne a rémunéré des ménestrels, des jongleurs de passage et des *Minnesänger*, dont, en 1299, Heinrich von Meissen, connu sous le nom de Frauenlob, ainsi que Regenbogen, chanteur de passage en 1302; mais aucun ›roi‹ n'est cité.

En revanche, les comptes du duc de Bavière Albrecht II, à Straubing, contiennent les années 1368–1371 et 1389–1393[32] et ont été classés par le responsable des comptes du duc, Wolfhart Helttampt, en six catégories de personnels gagés[33]. Les ménestrels se rencontrent dans presque toutes les catégories, mais c'est surtout dans celle des domestiques et des serviteurs préposés à l'hôtel qu'ils sont mentionnés. Les six, ou environ six, ménestrels du duc[34] ont à leur tête un ›chef‹ des ménestrels d'Albrecht, nommé Liebel der Pfeiffer (le *piper*). À la même époque, l'usage du terme »Herold« apparaît dans les comptabilités ducales bavaroises et germaniques en général. Le terme ne semble pas distinct de »ménestrel«[35]. Cette confusion entre les deux charges existe à la même époque à la cour d'Angleterre.

Quant au livre de comptes des chevaliers teutoniques, le »Marienburger Tresslerbuch« (1399–1409)[36], contemporain des comptes de la cour de Straubing, à une époque où la

---

[29] DOBOZY, Re-membering the Present (voir n. 11), p. 158.
[30] Otto STOLZ, Der geschichtliche Inhalt der Rechnungsbücher der Tyroler Landesfürsten von 1288–1350, Innsbruck 1957; Christoph HAIDACHER, Die Älteren Tiroler Rechnungsbücher (IC. 277, MC 8). Analyse und Edition, Innsbruck 1993.
[31] DOBOZY, Re-membering the Present (voir n. 11), p. 149–156.
[32] Frits VAN OOSTROM, Court and Culture. Dutch Literature, 1350–1450, translated by Arnold POMERANS, Berkeley 1992, p. 17.
[33] DOBOZY, Re-membering the Present (voir n. 11), p. 155.
[34] Ibid.: les joueurs de trompes (flûtes?, ici »pipers«) ou de chalemies Liebel, Hensel et Haider, les trompettistes Pertold et Liebel ou Lieblein, et Chuntz le joueur de tambour en 1389; Ullein le jeune piper est ajouté en 1390; Heintzl, un joueur de luth, rejoint la cour en 1392.
[35] Le terme »piper«, c'est-à-dire joueur d'instruments à vent, comme la flûte, la trompe, la chalemie, la bombarde, apparaît 56 fois dans les comptabilités d'Albrecht, »vièleurs« 49 fois, »hérauts« 24 fois, »trompettistes« 12 fois, »joueurs de tambours« 3 fois, voir ibid., p. 157.
[36] Erich JOACHIM (éd.), Das Marienburger Tresslerbuch der Jahre 1399–1409, Königsberg 1896 (réimpr. Bremerhaven 1973).

cour à Marienburg est très active politiquement, il montre que la commanderie recevait des chanteurs, des conteurs, et des ménestrels soit de passage, soit attachés comme domestiques à un prince invité, soit venus des villes de la région[37]. Les activités militaires de la commanderie expliquent la présence importante des ménestrels, ainsi que des hérauts trompettistes et joueurs de tambours, qui ne sont pas nécessairement attachés à la commanderie, mais qui la servent occasionnellement[38]. Le grand maître des Teutoniques a à son service Pasternak, le chef des ménestrels.

Les archevêques, enfin, ont non seulement des musiciens à leur cour[39], mais certains ont également un roi des ménestrels. C'est le cas de l'archevêque de Mayence en 1385, qui a désigné un *künig fahrender liute* de l'archevêché (et non de la cour), nommé Brachte[40].

LES COURS DUCALES ET ROYALES EN ITALIE

La situation dans les cours princières italiennes est similaire à celle des cours germaniques. Il semblerait que le titre de »roi des ménestrels« ou d'un équivalent n'existe pas. Les travaux d'Allan W. Atlas[41], de Nicoletta Guidobaldi[42] ou de Iain Fenlon[43] sur la musique dans les cours italiennes montrent que ce titre et cet office n'existent pas. Faut-il pour autant en conclure que la fonction n'existe pas? Allan W. Atlas, par exemple, confirme dans ses études sur la musique à la cour aragonaise de Naples au XVe siècle l'existence d'une »chambre royale de la musique« – une *camera della musica* – dans les deux principales résidences royales, à Capoue et à Castelnuovo, chacune ayant son propre *governor*[44].

---

[37] Les comptabilités mentionnent surtout des »spillute« (33), des »pfifer« (14), des »hérauts« (10), des »sprecher« (6), des »fideler« (6), des »trumper« (joueurs de trompes, 6), des »trompeler« (joueurs de tambours, 3), des »kokeler« (jongleurs, 3), des »tumeler« (acrobates, 3), un »senger«, un »basuner« (trompette) et un »gernder« (amuseur itinérant), voir DOBOZY, Re-membering the Present (voir n. 11), p. 162–163.

[38] Par exemple, Swowen et ses compagnons ménestrels et hérauts sont payés en 1408 et 1409 pour avoir servi les chevaliers, voir JOACHIM (éd.), Das Marienburger Tresslerbuch (voir n. 36), p. 470, 481, 557, 578. Voir aussi DOBOZY, Re-membering the Present (voir n. 11), p. 166.

[39] Keith POLK, German Instrumental Music of the Late Middle Ages. Players, Patrons and Performance Practice, Cambridge 1992, p. 104–106.

[40] DOBOZY, Re-membering the Present (voir n. 11), p. 189.

[41] Allan W. ATLAS, Music at the Aragonese Court of Naples, Cambridge 1985.

[42] Nicoletta GUIDOBALDI, La Musica di Frederico. Immagini e suoni alla corte di Urbino, Florence 1995.

[43] Iain FENLON, The Status of Music and Musicians in the Early Italian Renaissance, dans: Le concert des voix et des instruments à la Renaissance, actes du XXXIVe colloque international d'études humanistes, Tours 1991, p. 57–70.

[44] *Bartolomeo de Pistoja governava la camera de la Musica al Castello de Capuana et Joan della Musica governava la camera della Musica al Castello novo*, ATLAS, Music (voir n. 41), p. 105. Cette chambre royale venait en complément de la »chambre de musique« et comprenait des chanteurs, des joueurs d'instruments à cordes et à clavier.

LA COUR DES DUCS VALOIS DE BOURGOGNE

Dans un tout autre contexte, la cour de Bourgogne sous les ducs Valois a été servie par des ménestrels de cour portant le titre de »roi des ménestrels«. Tout d'abord, le duc de Bourgogne a continué de verser une sorte de rente viagère de cinquante couronnes d'or de France à *Jean Hannelet, roi des ménestreux du pays de Hainaut* du comte Guillaume IV de Bavière, quand ce dernier est décédé en 1417[45]. À cette date, sous le règne de Jean sans Peur, il ne semble pas établi qu'un roi des ménestrels en titre serve la cour officiellement. C'est plutôt sous Philippe le Bon que deux ›rois‹ réputés apparaissent dans les comptabilités de l'hôtel: Verdelet[46] et Jean Caresme, »roy des menestriers«, cité à partir de 1449 dans les ordonnances de l'hôtel de Philippe le Bon[47]. Leur place semble similaire à celle des rois des ménestrels à la cour royale.

LES ROIS ET LEURS ›ROIS‹

LE ROYAUME DE FRANCE

À l'hôtel du roi, le roi des ménestrels porte le titre de »roi« et occupe, comme les autres rois de la maison (roi des ribauds, roi des hérauts, etc.), une charge domestique. Un état des officiers de l'hôtel de Philippe le Bel en 1288 classe un *rex flaiotelus*, c'est-à-dire un »roi des joueurs de flûtes« aux côtés du roi des hérauts[48]. Plus tard, grâce aux statuts de l'association parisienne des ménestrels, conservés dans le Trésor des chartes, on sait que c'est Pariset, *menestrel le roy*, du roi de France Philippe V le Long, qui présenta le 14 septembre 1321 le règlement des onze articles au prévôt de Paris. Ses successeurs à la cour du roi de France furent en fait les mêmes que ceux qui se succédèrent à la tête des ménétriers de Paris: après le premier roi, Robert Caveron (1338–1350), il y eut Coppin de Brequin, mentionné en 1357, 1362 et 1367; Jehan Caumez en 1387; Jehan Portevin en 1392; Hennequin Poitevin de 1408 à 1410; Jehan Boisard dit Verdelet en 1420; enfin Jean Facien l'aîné en 1422[49].

LA COUR D'ANGLETERRE

La cour d'Angleterre est l'une des rares cours qui soient bien documentées sur le roi des ménestrels. Une ordonnance d'Henri II place au même rang les *joculatores* et les *armaturos*[50]. La particularité de la cour anglaise est en effet que le roi des ménestrels

---

[45] Edmond VAN DER STRAETEN, Les ménestrels aux Pays-Bas du XIIIᵉ au XVIIIᵉ siècle, Bruxelles 1878 (réimpr. Genève 1972).
[46] Lille, ADN, B 1957, fol. 271v.
[47] Holger KRUSE, Werner PARAVICINI (éd.), Die Hofordnungen der Herzöge von Burgund, t. 1: Herzog Philipp der Gute 1407–1467, Ostfildern 2005 (Instrumenta, 15), p. 311, 418.
[48] Johann Peter VON LUDEWIG (éd.), Reliquiae manuscriptorum omnis aevi diplomatum ac monumentorum ineditorum adhuc, vol. 12, Francfort/M., Leipzig 1741, p. 25: *Ministeralli: Robertus de Berneville, Guillelmus de Baudrecent, Rex Heraudum, Rex Flaioletus*.
[49] FARAL, Les jongleurs (voir n. 7), appendice II, p. 269, appendice III, p. 326.
[50] Ibid., appendice II, p. 269.

était tantôt nommé *reges haraldorum,* roi des hérauts, tantôt *reges ministrellorum*[51]. Ce qui signifie que le roi des ménestrels et le roi des hérauts étaient souvent la même personne (souvent mais pas toujours), mais aussi que le roi des ménestrels n'était pas nécessairement un ménestrel.

Sous Edouard Ier (1272–1307), et principalement à partir de 1306, deux rois ont successivement régné, le roi Robert Parvus, qui était à la fois chef des trompettistes et écuyer (page, *squire-at-arms*), puis le roi Caupenny, ou Capiny, joueur de tambour. Edouard II (1307–1327) emploie lui aussi plusieurs rois: le roi Robert, William de Morle, le roi de North qui était harpiste. Edouard III (1327–1377) a pour roi des hérauts et portant ce titre Andrew Norreys, puis Cayser, enfin William Volaunt, roi des hérauts et des ménestrels. Richard II (1377–1399) a à son hôtel John Camuz, roi des ménestrels en 1387, ainsi que huit trompettistes, deux joueurs de naquaires, un joueur de tambour, et d'autres ménestrels[52]. Il n'y a pas de roi des ménestrels sous Henri IV (1399–1413) ni sous Henri V (1413–1422), même si celui-ci avait à son service à l'hôtel vingt-sept ménestrels, ce qui montre que le rapport entre le titre de »roi des ménestrels« et les ménestrels eux-mêmes ou la musique n'est pas toujours évident. Enfin, à partir de 1464, le *rex* échange son titre contre celui de »marescallus«, également répandu auprès des hérauts, et est de plus en plus appelé en langue vernaculaire »roi des maréchaux«[53].

Tous ces rois des ménestrels sont des ›rois‹, ils ont des prérogatives royales qui les placent en face à face avec le ›vrai‹ roi.

II. LA ROYAUTÉ DU ROI DES MÉNESTRELS

UN TITRE, UNE COURONNE ET UN SCEAU

L'origine du titre comme le ou les processus de nomination ne sont ni connus ni fixés. À la reconnaissance d'un talent au XIIIe siècle succéderont aux XIVe et XVe siècles des signes distinctifs de ›royauté domestique‹: une couronne, un royaume, des gages.

---

[51] Richard RASTALL, The Minstrels of English Royal Households, 25 Edward I–1 Henry VIII. An Inventory, dans: Royal Musical Association Research Chronicle 4 (1964), p. 1–41. Il y avait aussi un roi des fous. Pour l'histoire de l'office d'armes en Angleterre, voir Anthony Richard WAGNER, Heralds of England. A History of the Office and College of Arms, London 1967; sur les relations étroites entre hérauts d'armes et ménestrels voir Torsten HILTMANN, Spätmittelalterliche Heroldskompendien. Referenzen adeliger Wissenskultur in Zeiten gesellschaftlichen Wandels (Frankreich und Burgund, 15. Jahrhundert), Munich 2010.
[52] Il est cité dans une charte de 1387, voir Charles du Fresne DU CANGE, Glossarium mediae et infimae latinitatis, t. 4, Paris 1937–1938 (réimprimé Graz 1954), p. 394, »Rex Ministellorum«: *Supplicavit nobis Johannes Caumz Rex Ministrallorum nostrorum, qui versus diversas partes transmarinas transire proponit.*
[53] Edmund Kerchever CHAMBERS, The Mediaeval Stage, t. 2, Oxford 1903, p. 239.

LE TITRE DE »PRINCE DU PUY« ATTRIBUÉ PAR LES PAIRS

En ce qui concerne les puys et les confréries, il est possible que les procédés d'élection décrits dans les règlements soient identiques entre le »prince du puy« ou »roi des ménestrels« et le »maître«[54]. Les règlements des confréries (Arras, Amiens) parlent de l'élection du maître, du *maïeur*, du *maior*, mais ils ne mentionnent pas le »prince« ou le »roi«[55]. Or, souvent les historiens de la littérature ou de la musique ont tendance à confondre les deux. Mais il semblerait que le maître élu annuellement à la confrérie ne soit pas nécessairement le prince ou le roi du puy[56]. Les fêtes du Puy, par exemple celles des fêtes de la Confrérie de Notre-Dame du puy d'Amiens, qui avaient lieu le 2 février, le jour de la Purification de la Vierge, comportent des concours de poésie lyrique et des jeux dramatiques, sous la direction du maître aidé de l'assemblée des notables, y compris des ecclésiastiques, et des maîtres rhétoriciens. Toutefois, c'est à l'issue du puy que le »prince du puy« était désigné pour la durée de un an, tout en n'étant pas le maître de la confrérie ni du puy[57].

LE TITRE DE »ROI DES MÉNESTRELS« ATTRIBUÉ AU TROUVÈRE DE LA COUR PRINCIÈRE

Dans les cours seigneuriales des XIIIe et XIVe siècles, le mode et les critères d'attribution du titre de »roi des ménestrels« ne sont pas connus. Ils semblent reposer sur le bon vouloir du prince et sur les relations de fidélité et de service qui unissent un ménestrel à son protecteur. Jean de Condé, au XIVe siècle, a reçu une gratification testamentaire de la part de la comtesse Jeanne de Valois à son vieux serviteur Le Roy, peut-être en remerciement de ses services et en raison de son grand âge?

Quant au roi des ménestrels de l'hôtel princier au XVe siècle, il est difficile de connaître les motifs et les rituels d'attribution, hormis supposer que le titre était attribué par le prince au plus compétent et au plus fidèle serviteur. Le roi des ménestrels du comte de Hainaut Guillaume IV de Bavière, Jean Hannelet, au service du duc de Bourgogne après la mort du comte en 1417, détenait un sceau figurant trois hanaps ou canettes avec en légende »S. Jehan Hanelet«[58]. Et le duc Philippe le Bon a nommé Verdelet roi des ménestrels sans doute pour son savoir-faire de musicien, dont les qualités sont vantées par Martin Le Franc dans le »Champion des Dames«: *Jamais on n'a compassé / N'en doulchaine, n'en flaiolet / Ce qu'ung nagueres trespassé / Faisoit, appelé Verdelet*[59]. De même, Jean Caresme, jeune et habile musicien d'origine

---

[54] FARAL, Les jongleurs (voir n. 7), p. 140–141.
[55] Nigel WILKINS, Music and Poetry at Court. England and France in the Late Middle Ages, dans: Vincent J. SCATTERGOOD, James W. SHERBONE (dir.), English Court Culture in the Later Middle Ages, Londres 1988, p. 183–206, ici p. 185. Pour le texte des règlements, voir FARAL, Les jongleurs (voir n. 7), p. 140–141; et BUTTERFIELD, Poetry and Music (voir n. 1), p. 133–134.
[56] WILKINS, Music and Poetry (voir n. 55), p. 185.
[57] FARAL, Les jongleurs (voir n. 7), p. 140–141.
[58] VAN DER STRAETEN, Les ménestrels (voir n. 45), p. 180.
[59] Paris, BNF, ms. fr. 12476, fol. 98 (1442).

très modeste, reçoit du duc de Bourgogne en 1450 le titre de »roi des ménestrels« pour avoir, avec ses musiciens, joué aux joutes de Bruges[60].

LE TITRE DE »ROI DES MÉNESTRELS« ATTRIBUÉ PAR LE ROI

Du point de vue des rapports entre les deux royautés, les documents comptables semblent attester que le titre de »roi des ménestrels« est attribué par le roi lui-même dans les confréries et à l'hôtel.

Dans les confréries, le roi des ménestrels est, à Paris, nommé par le roi de France[61]: il n'est pas un roi élu annuellement, mais un roi en titre, ménestrel issu de la maison royale, qui, d'après les statuts de 1321, exerce de véritables fonctions que nous allons voir plus loin. Pour les fêtes de la confrérie, il porte une couronne[62], de même que, à la cour de France, les rois des hérauts reçoivent du roi le titre et une couronne[63]. Sans l'accord du roi et sans les confirmations successives des statuts par les autres rois de France – Charles VII, Louis XI, Charles VIII, Louis XII et François 1er –, jamais le métier et la confrérie n'auraient existé. C'est le roi de France qui à la fois a créé l'office de roi des ménestrels à sa cour et l'a concédé à la confrérie. La confrérie est une émanation et un prolongement de la cour de France.

À Vienne, à la même époque, la situation est similaire. La confrérie est en rapport étroit avec le développement de la cour ducale des Habsbourg, de son organisation et de son administration centralisées. Car elle a été créée avec le soutien du duc, elle a été fondée à partir de sa cour, et non par des musiciens municipaux. Parmi les nouveaux offices créés à la maison ducale, celui de l'»officier de justice de haut chambellan« fut directement placé sous l'autorité du duc et servait à contrôler et à diriger tous les domestiques, dont les ménestrels[64]. Plus tard, en 1354, les frères élurent Peter von Ebersdorf, haut chambellan d'Autriche, comme avocat légal (*vogt*) de la confrérie[65].

---

[60] Jeanne MARIX, Histoire de la musique et des musiciens à la cour de Bourgogne sous le règne de Philippe le Bon (1420–1467), Strasbourg 1939 (réimpr. Genève 1972), p. 119, cf. Lille, ADN, B 2004, fol. 101.

[61] Léon GAUTIER, Les épopées françaises, Osnabrück 1966, p. 166–167.

[62] *Pour une couronne d'argent que le roi donna le jour de la Tiphaine au roi des ménestrels*, Comptes pour la rançon du roi Jehan, cité par GAUTIER, Les épopées (voir n. 61), p. 167, n. 1.

[63] Dans une charte de 1362, le roi de France donna à Copin du Brequin »une couronne d'argent […] donnée le jour de la Tiphaine au Roy des Ménestrels«, FARAL, Les jongleurs (voir n. 7), Appendice II, p. 269. Pour les rois d'armes, voir Gert MELVILLE, »…et en tel estat le roy Charles lui assist la couronne sur le chief«. Zur Krönung des französischen Wappenkönigs im Spätmittelalter, dans: Marion STEINICKE, Stefan WEINFURTER (dir.), Investitur und Krönungsrituale. Herrschaftseinsetzungen im kulturellen Vergleich, Cologne, Weimar, Vienne 2005, p. 137–161, ainsi que HILTMANN, Spätmittelalterliche Heroldskompendien (voir n. 51).

[64] Hans AMON, Das Spielgrafenamt in Österreich unter und ob der Enns, dans: Jahrbuch des Vereins für Geschichte der Stadt Wien 42 (1986), p. 7–33, ici p. 11; Franz HADAMOWSKY, Wien – Theatergeschichte. Von den Anfängen bis zum Ende des Ersten Weltkriegs, Vienne 1988, p. 25; DOBOZY, Re-membering the Present (voir n. 11), p. 188.

[65] AMON, Das Spielgrafenamt (voir n. 64), p. 11.

UN POUVOIR TERRITORIAL?

LE TERRITOIRE: UNE VILLE, UN ROYAUME?

Le roi des ménestrels possédait un titre, et ce titre lui donnait un pouvoir sur un ›royaume‹. Dans les comptabilités royales de France, pour les années 1357 et 1362, le roi Coquin du Brequin est nommé *roy des menestres du royaume de France*[66]. Est-ce que cela signifie qu'il est le roi des ménestrels du roi de France, que son royaume équivaut alors à celui du roi de France? La royauté du roi des ménestrels s'exercerait-elle sur un territoire, comme celle du véritable roi, car il n'y a pas de royauté sans domaine et parce que le roi doit vivre du sien?

La nature du territoire peut varier. D'une part, il peut s'agir du territoire de la ville. Alors qu'il s'agit d'un roi qui, peut-être, n'est pas à son service, Philippe le Bel nomme Jean Charmillon roi des jongleurs de la ville de Troyes en 1296[67]. De même, le roi accorde la fondation de l'association parisienne en 1321 sur le territoire de la ville de Paris. Le territoire urbain fonde alors son autorité, puisque les statuts confirmés en 1407 rappellent que les ménestrels *estrange ou de notre royaume, sont et seront tenuz de aller par devers le dit Roy des menestriers ou ses deputez pour faire serement d'accomplir et parfaire toutes les choses cy-après declairées*[68].

D'autre part, certaines possessions territoriales des princes pourraient correspondre au ›royaume‹ de leur roi des ménestrels. Les rois des ménestrels qui tiennent leurs écoles dans une ville portent parfois, dans les comptabilités urbaines, une indication géographique qui marque leur origine et leur espace de pouvoir: le *roi des ménestrels de Haynaut* se déplace à Mons avec ses musiciens pour tenir son école[69].

À la cour d'Angleterre, il en va de même. Chaque roi des hérauts/ménestrels provenait d'une partie différente du royaume, selon les relations pacifiques ou guerrières que le roi entretenait avec ses voisins[70]. Pour l'espace germanique, rappelons enfin le cas de l'archevêque de Mayence en 1385 qui a désigné un *künig fahrender liute* de l'archevêché, et non de la cour[71]. Le comte palatin de Rhénanie, quant à lui, a désigné Wernher, un de ses joueurs de trompes domestiques, roi des ménestrels sur son territoire[72]. Ces grands princes allemands reprendraient alors le modèle des cours royales anglaise et française, et non celui des cours princières, certes puissantes, mais rarement pourvues d'un roi des ménestrels.

---

[66] FARAL, Les jongleurs (voir n. 7), Appendice II, p. 269.
[67] Ibid., appendice III, n° 292, p. 327 et 369, registre des grands jours tenus à Troyes: *Johannes dictus Charmillons, juglator, cui dominus rex per suas litteras tanquam regem juglatorum in civitate Trecensi magisterium juglatorum quemadmodum suae placeret voluntati concesserat.*
[68] GAUTIER, Les épopées (voir n. 61), p. 168, n. 2.
[69] *Au roy des menestreurs de Haynaut et à plusieurs compaignons ménestrels qui, en son quaresme, avoient tenut leur escolles en la ville de Mons, fut donnet de courtoisie en ayde de fraix par yaulx fais... iiij liv. x s.*, cité par VAN DER STRAETEN, Les ménestrels (voir n. 45), p. 180.
[70] DOBOZY, Re-membering the Present (voir n. 11), p. 171.
[71] Ibid., p. 189.
[72] Ernst SCHUBERT, Fahrendes Volk im Mittelalter, Bielefeld 1995, p. 136.

Sur ce territoire, le roi des ménestrels occupait une place stratégique et politique plus importante que le statut ne le laisse paraître.

MESSAGER ET ESPION DU ROI

Pour le roi, l'ancrage territorial de ses rois des ménestrels et des hérauts avait une importance politique, car ils connaissaient bien les langues et les dialectes, les figures héraldiques des chevaliers, les généalogies familiales des différentes parties du royaume. Ménestrels (de guerre, trompettes de guerre) et hérauts étaient présents à la cour comme sur les champs de bataille. La parenté entre le ménestrel et le héraut est récurrente, en particulier en Angleterre. Cette double fonction provient en grande partie de la polyvalence des domestiques de l'hôtel qui servaient le roi à la guerre et/ou à la cour. Son détenteur était le ›roi‹ non seulement pour ses supposées qualités musicales (sans doute les moins requises), mais surtout pour sa fidélité et la confiance que le roi pouvait lui accorder dans des missions d'espionnage ou requérant un messager[73].

Toutefois, ces missions ne sont pas sans danger. En effet, son statut de roi des ménestrels et donc ses liens avec le roi l'exposent politiquement. Quand le duc de Bedford devint régent à Paris[74], les Anglais confisquèrent en 1422 la maison de Jean Verdelet, *ménétrier du roi* depuis 1416. De même, Jean Facien, fils de Jehan Facien l'aîné, roi des ménestrels à Paris, a vu sa maison *assis en la rue Saint-Martin où pend l'enseigne de la fleur de lys rouge* confisquée par les partisans du roi de France parce que son père avait servi à la cour de Bourgogne[75].

UNE ROYAUTÉ DOMESTIQUE ET RÉMUNÉRÉE?

À la cour, les rémunérations que le ›roi‹ perçoit rappellent son statut de domestique, de serviteur, et marquent ses liens de dépendance à l'égard de celui qui l'emploie et qui lui attribue sa royauté.

En effet, comme les autres domestiques, il reçoit des gages, il bénéficie de la largesse et des cadeaux du prince, que celui-ci soit son protecteur ou non. À la cour de Straubing, le roi Liebel reçoit des gratifications consignées dans les comptabilités ducales en paiement de ses services domestiques et pour ses déplacements dans les autres cours[76]. À la cour d'Angleterre, le roi Edouard II octroie des maisons à son

---

[73] Constance BULLOCK-DAVIES, Menestrellorum Multitudo. Minstrels at a Royal Feast, Cardiff 1978, p. 43; DOBOZY, Re-membering the Present (voir n. 11), p. 173.

[74] Le duc de Bedford maintint une chapelle avec les chantres des deux nations anglaise et bourguignonne: WILKINS, Music and Poetry (voir n. 55), p. 187; MARIX, Histoire de la musique (voir n. 60), p. 77–78.

[75] Henri SAUVAL, Les antiquités de la ville de Paris, t. III. Comptes des confiscations de Paris depuis le 20 décembre 1423 à la Saint-Jean 1427, Paris 1724 (réimpr. 1973), p. 301 et 323.

[76] Voir pour l'année 1392: *Liebl dem pfeiffer zerung mit der aventewr zu dem hof Herrn Vasnacht iij. l.; Perchtolden dem pusawner desglichs mit der aventewr ij. l.*, cité par DOBOZY, Re-membering the Present (voir n. 11), p. 155.

ménestrel William de Morlee, autrement connu comme le *roy de North*[77]. Quant au roi Edouard III, il offre à son roi des ménestrels un échiquier, c'est-à-dire un clavicorde[78].

Le roi des ménestrels à la tête de la confrérie perçoit non pas des gages mais des taxes: il n'est pas un domestique du roi, sauf quand il remplit aussi l'office de roi des ménestrels à la cour. Concrètement, le roi de la confrérie des ménétriers de Paris percevait la taxe levée sur les candidats à la maîtrise, qui étaient *tenuz de païer vint solz parisis d'entrée audit Hôpital et audit Roy des ménestrelz*[79]. Et, dans l'exercice de la justice, il touchait la moitié du produit de toutes les amendes, l'autre moitié revenant au roi de France[80]. Son cas est intéressant, puisqu'il venait en fait de la cour du roi où il était aussi roi des ménestrels, donc où il occupait une charge domestique à l'hôtel. Transféré à l'association de métier parisienne en 1321, il a vu d'années en années ses attributions augmenter. Confirmé par les statuts de 1407, son rôle évolue vers une sorte de véritable gouvernement de la confrérie, ce qui signifie qu'il doit veiller à l'application du règlement dont les ménestrels se sont pourvus[81]; il doit faire respecter les droits et les devoirs des membres et exercer la police du métier, donc la justice en dernière instance. Il doit aussi rencontrer et examiner les candidats au métier, établir la durée de l'apprentissage et décerner les maîtrises. Il exerce ses pouvoirs également sur les ménestrels qui n'ont pas prêté serment.

III. LE ROI DES MÉNESTRELS, MAÎTRE ET POÈTE?

Comme son titre l'indique, il n'est pas qu'un ›roi‹, il est aussi un ménestrel, un *menestrellus*, c'est-à-dire un ministre, un serviteur, un domestique, qui appartient à la *curia* et parfois à la *familia*, à l'entourage proche du prince. Cette première définition pose les liens proches, que l'on pourrait qualifier de »parenté sociale«[82] entre le ménestrel et son protecteur. L'une des fonctions du ménestrel est de jouer d'un instrument et de chanter. À ce titre, il entretient quelques liens avec la musique, qui ne sont pas évidents au premier abord dans la documentation comptable. Quant aux sources lyriques, musicales et iconographiques, elles n'ont pas vocation à nous renseigner sur les fonctions concrètes, réelles, du roi des ménestrels. En revanche, elles en donnent une image idéale, et, dans quelques rares cas, cette figuration idéalisée est une création du roi des ménestrels lui-même, à destination de son protecteur et de sa protectrice.

---

[77] ID., Ménestrels, dans: Françoise FERRAND (dir.), Guide de la musique au Moyen Âge, Paris 1999, p. 522.
[78] Edwin M. RIPIN, Chekker, dans: Stanley SADIE (dir.), New Grove Dictionary of Musical Instruments, vol. 1, Londres, New York 1984, p. 347. Voir Louis DOUËT D'ARCQ, Comptes de l'hôtel des rois de France aux XIVᵉ et XVᵉ siècles, Paris 1845, p. 241, 248, 273.
[79] GAUTIER, Les épopées (voir n. 61), p. 179, n. 1.
[80] Ibid., p. 179.
[81] Ibid., n. 68.
[82] Je remercie Philippe Maurice de m'avoir suggéré l'idée et la formule.

UN MAÎTRE DES ÉCOLES

Tout d'abord, les rapports entre le roi des ménestrels et la musique passent par la formation musicale. En effet, les rois des ménestrels s'occupent d'organiser les »écoles« de ménestrels – *scolae mimorum* ou *scolae ministrorum* – qui se tenaient principalement dans les villes du nord de la France – en Normandie, en Champagne, dans le Hainaut, le Brabant, la Flandre. On observe la concomitance géographique entre les rois des ménestrels de cour et ceux des villes de puys. Ces écoles avaient lieu sans doute annuellement et généralement en période de carême quand les fêtes n'étaient pas autorisées. Les comptabilités urbaines et princières les mentionnent régulièrement, témoignant de la vitalité de ces rencontres musicales du XIIIe au XVe siècle. Les écoles réunissaient aussi bien les ménestrels des confréries, des villes (du nord de la France, de l'Empire, de Bourgogne, d'Angleterre)[83] que ceux des cours (de Bourgogne, dont on a beaucoup de témoignages dans les comptabilités ducales[84], de Champagne, de Savoie[85], de France, etc.), ainsi que ceux que l'on pourrait nommer les »jongleurs«, musiciens itinérants et non attachés à une cité ou à une cour. Ainsi rassemblés pendant plusieurs jours, les ménestrels échangeaient leurs connaissances pratiques et techniques, ils entretenaient ou achetaient des instruments de musique, ils se retrouvaient pour jouer ensemble, se perfectionner, apprendre de nouvelles mélodies, former les plus jeunes.

D'après les comptabilités urbaines, les rois des ménestrels étaient les organisateurs des écoles de ménestrels qu'ils convoquaient et présidaient. Les statuts du 24 avril 1407 de l'association parisienne confirment à l'article 10 ce qui avait été accordé en 1321, à savoir que *aussy ne pevent ou doivent yceulx menestrelz commancier escolle pour monstrer ne apprendre menestrandise, se ce n'est par le congié et licence desdiz Roy ou deputez*[86].

La ville de Beauvais était particulièrement réputée pour ses écoles, qui attiraient beaucoup de musiciens venus des *grans seigneurs du royaume de France*[87] et des autres villes du nord de la France, comme Abbeville[88].

---

[83] Craig WRIGHT, Music at the Court of Burgundy, 1364–1419. A Documentary History, Henryville 1979; Martine CLOUZOT, Le son et le pouvoir en Bourgogne au XVe siècle, dans: Revue historique 302 (2000), p. 615–628.

[84] Par exemple Dijon, ACO, B 1452, fol. 65: *Aux menestriers de monseigneur le duc de Bourgogne pour don fait à eulx par monseigneur, ceste fois, de grace especial pour aller aux escoles, par mandement de monseigneur sans autre quittance, donné xxv de mars ccclxxvij, c fr.*

[85] Les écoles se tenaient chaque année tantôt à Lyon, tantôt à Genève, tantôt à Bourg-en-Bresse. Guido CASTELNUOVO, Peintres et ménétriers à la cour de Savoie, sous Amédée VIII (1391–1451). Salaires, statuts et entregent, dans: Nicoletta GUIDOBALDI (dir.), Regards croisés. Musique, musiciens, artistes et voyageurs entre France et Italie au XVe siècle, Paris, Tours 2002.

[86] GAUTIER, Les épopées (voir n. 61), p. 168, n. 2.

[87] *Aus menestreux de nos grans seigneurs du royaulme de France et d'aultres pays qui tinrent leurs escoles au dit Beauvais au mi-quaresme l'an mil ccc iiij^{xx} et v; leur fut donné par deliberacion x frans qui valent viij livres*; et: *Item, aux menestrieux et corneurs qui firent à Beauvais leur feste est assemblée en caresme*; et: *Aux menestrés de M. de Croy, xvj sous […] pour aller*

Toutefois, si les documents attestent bien la tenue des écoles, ils ne mentionnent que rarement le roi des ménestrels et son rôle de président, si ce n'est pour quelques villes seulement. Il ne faut donc pas généraliser quelques cas particuliers et donner plus d'importance à un titre et à un rôle somme toute assez peu répandus.

UN MAÎTRE DE CÉRÉMONIE

Le roi des ménestrels sert le prince principalement en étant responsable des cérémonies. Les fonctions de maître de cérémonie existent peut-être dans toutes les cours ayant un roi des ménestrels, mais la documentation manque souvent. Elles sont toutefois connues à la cour du duc de Bavière Albrecht II, à Straubing, pour les années 1368–1371 et 1389–1393, avec Liebel dem Pfeiffer qui dirige les cérémonies[89]. Et elles sont très bien décrites à la cour d'Angleterre.

À la cour d'Angleterre, Edouard Ier a donné de grandes fêtes à Londres à la Pentecôte le 22 mai 1306 en l'honneur de l'adoubement du prince de Galles, Edouard, et de trois cents autres futurs chevaliers. Beaucoup d'autres rois étaient présents à ces fêtes: *le roy de Champaigne, le roi Caupeny, le roi Baisescue, le roi Marchis, le roy Druet*[90]. D'après les comptabilités de l'hôtel, le maître de cérémonie de cette grande fête politique était le roi des ménestrels et des hérauts, le *reges heraldorum*[91]. Héraut et/ou ménestrel, il annonçait les invités, proclamait leur nom de famille et décrivait leurs armoiries, il leur désignait leur place à la cour selon un protocole féodal et hiérarchique, il vérifiait ceux qui manquaient. Son rôle était donc dans un premier temps de repérer les invités, de les identifier, de les reconnaître et de leur attribuer leur place. En cela, il était à la fois un héraut et un ménestrel, mais aussi et surtout il était un informateur de choix pour le roi.

Maître du protocole, il devait régler le bon déroulement des cérémonies d'entrée en chevalerie aussi bien avec les ménestrels – ceux de la cour d'Angleterre et ceux qui venaient des autres cours[92] – qu'avec les hommes d'armes[93]. Avec les ménestrels, il

---

apprendre a l'escole à Beauvais, comme ilz ont accoustumé d'aller chascun an [...], cité ibid., p. 176, n. 1.

[88] *A plusieurs menestrels d'Abbeville* [...] *pour aller as escolles a Beauvais cest quaresme*, cité ibid.

[89] Il a pour devoir de planifier, d'organiser et de diriger les divertissements, c'est-à-dire tout ce qui constitue ce que l'on nomme une fête. Il est possible qu'il dirige aussi les domestiques qui accompagnent les invités, DOBOZY, Re-membering the Present (voir n. 11), p. 155.

[90] FARAL, Les jongleurs (voir n. 7), p. 268.

[91] BULLOCK-DAVIES, Menestrellorum multitudo (voir n. 73), p. 40.

[92] Par exemple, le joueur de vièle du roi allemand Albrecht Ier, Conrad Pefer ou Fefer, avait été envoyé par son protecteur auprès du roi Edouard Ier, les comptes allemands attestent sa présence à Londres pendant l'hiver 1305–1306, DOBOZY, Re-membering the Present (voir n. 11), p. 170.

[93] Anthony WAGNER, Heralds and Heraldry in the Middle Ages. An Inquiry into the Growth of the Armorial Function of Heralds, Oxford ³2000, chap. 11.

préparait les performances musicales en groupe, les interludes, les mises en scène des divertissements, les ébattements des convives. Le jour de l'adoubement, il assurait avec les ménestrels et les hérauts les interludes musicaux insérés dans les rituels de la cérémonie – la messe, l'adoubement proprement dit, la procession et le banquet. À l'issue de ces festivités, le roi d'Angleterre fit un don de deux cents marcs au roi des hérauts et des ménestrels de sa cour, Robert Parvus, qui à son tour les distribua aux autres ménestrels et hérauts. Ce geste de distribution incombait au roi des ménestrels, tout comme il était de la responsabilité du roi des hérauts au sein de son office[94].

LE POÈTE DE LA REINE: LE »RESTOR DU PAON« ET PHILIPPA DE HAINAUT

Le manuscrit du »Roman d'Alexandre« conservé à Oxford[95] date des années 1338–1340 et contient le roman proprement dit, suivi d'autres œuvres poétiques[96]. Ce long poème narratif fut composé par Jean dit Brisebarre[97], trouvère réputé de Douai (mort avant 1340) pour la reine Philippa de Hainaut, la femme du roi d'Angleterre Edouard III (1327–1377), dans le but de prolonger les »Vœux du paon« de Jacques de Longuyon[98], qui sont eux-mêmes une continuation importante de la légende d'Alexandre le Grand. Il est très orné de musiciens, en particulier à la fin du manuscrit, où se trouve le »Restor du paon«, consacré aux ébattements de la cour royale[99]. Ce document occupe une place particulière dans l'enquête sur le roi des ménestrels, dans le sens où il concentrerait par le texte – l'écriture et la vocalité, pour reprendre les formules de Paul Zumthor[100] –, par la musique – un refrain est noté sur une portée à lignes rouges au folio 181 verso – et par le décor iconographique et musical le statut et le rôle idéalisé du roi des ménestrels.

---

[94] BULLOCK-DAVIES, Menestrellorum multitudo (voir n. 73), p. 35. Pour la répartition des largesses chez les hérauts, voir Ferdinand ROLAND (éd.), Parties inédites de l'œuvre de Sicile, héraut d'Alphonse V roi d'Aragon, maréchal d'armes du pays de Hainaut, auteur de Blason des couleurs, Mons 1867, p. 96, et les quittances correspondantes dans la base de données Heraudica, base de données et collection des sources en plein texte pour la recherche sur les hérauts d'armes. Conçue et dirigée par Torsten HILTMANN, avec la collaboration de Franck VILTART, Henri SIMONNEAU et Nils BOCK, Internet: http://www.heraudica.org (mise en ligne en cours), sources, n° 11241: *garny de quittance dudit roy d'armes d'Artois contenant affirmacion d'avoir bailliee et distribuee ladicte somme aux dessusdiz heraulx et poursivans, à chacun sa porcion selon son endroit.*

[95] Oxford, Bodleian Library, Bodley 264.

[96] Paul MEYER, Alexandre le Grand dans la littérature française du Moyen Âge, vol. 2, Paris 1886, p. 269–270.

[97] Sylvie LEFÈVRE, Jean Le Court, dit Brisebarre, dans: HASENOHR, ZINK (dir.), Dictionnaire (voir n. 17), p. 801–802.

[98] EAD., Jacques de Longuyon, dans: EAD., ZINK (dir.), Dictionnaire (voir n. 17), p. 734–736.

[99] Philippe MÉNARD, Les illustrations marginales du Roman d'Alexandre, dans: Herman BRAET, Guido LATRÉ, Werner VERBEKE (dir.), Risus Mediaevalis. Laughter in Medieval Literature and Art, Leuven 2003, p. 75–118.

[100] ZUMTHOR, La poésie et la voix (voir n. 21), p. 91–115.

Jean Brisebarre présente le roi des ménestrels comme étant le meneur du récit. Peut-on penser qu'il s'agit de l'auteur lui-même? Le texte et les images l'évoquent en mettant en valeur son statut de juge, de poète, de détenteur et de transmetteur de la mémoire d'un récit fameux. On aurait là un cas assez unique de »figuration« du roi des ménestrels, à la cour royale d'Angleterre, entre une réalité sociale, curiale, et un imaginaire lyrique et chevaleresque. Une telle position au sein de la société de cour, dont il assure à la fois le divertissement, la mémoire et la transmission des valeurs, est un signe de distinction sociale et de savoir poétique d'importance. On peut émettre l'hypothèse que, par cette mise en scène narrative, l'auteur montre le modèle idéal du roi des ménestrels, tout en se distinguant de cette figure: il n'est pas un ménestrel, il est un poète au service de la reine sachant composer, écrire et chanter.

Dans le cadre de la cour d'Angleterre, Jean Le Court évoque, dans le deuxième quart du XIVe siècle, quelques exploits d'Alexandre, puis il mentionne un dîner pour lequel le héros Porrus avait tué un paon – son poème est la description de la cérémonie de vœux chevaleresques sur l'oiseau. Après cette cérémonie, Alexandre propose que chacun donne son jugement sur la manière dont les vœux ont été réalisés. Un prix est décerné à celui qui s'engage à accomplir le plus noble exploit. Le rôle de meneur et de juge des débats revient au *roi des menestreus*, nommément cité dans le texte. Car si les chevaliers ont l'habitude de se battre magnifiquement, ils ne sont pas pour autant de bons juges des prouesses héroïques. C'est dans la partie du livre la plus consacrée à la vie de cour et aux joutes verbales entre chevaliers pour une reine (Candace dans le texte et Philippa en tant que dédicataire) que les musiciens donnent, sous l'égide du *roi des menestreus*, une dynamique visuelle, poétique et musicale à la narration.

Dans ces deux cas poétiques et courtois exceptionnels – Adenet le Roi et Marie de France ainsi que Jean Brisebarre et Philippa de Hainaut –, le rapport du roi des ménestrels avec la royauté transite par la poésie à destination d'une royauté féminine. Le roi des ménestrels serait dans ce cas à la fois un trouvère dont le statut et le talent de poète sont reconnus et une figure de l'amour courtois hérité de la lyrique des troubadours du XIIe siècle.

CONCLUSION

L'enquête sur les mentions des rois des ménestrels est guidée par une mutation dans la nature même des documents. Le rapport entre cette royauté particulière et les ménestrels est de fait établi par la nature documentaire, dont l'examen conduit à proposer des définitions qui varient d'un type de source à un autre. Au XIIIe siècle, les mentions émanent principalement des villes du nord de la France et des cours de Champagne et de Hainaut, pour des raisons politiques et sociales, car il y a généralement un roi des ménestrels à la cour seigneuriale et dans les villes relevant du territoire et de l'autorité d'un seigneur. À partir du XIVe siècle, en se gardant de tout systématisme, deux modèles de ›royauté‹ semblent se dégager à l'échelle européenne: les monarchies centralisées, comme l'Angleterre et la France, imitées par les cours princières qui leur sont liées territorialement et familialement (la Champagne, le Hainaut, la Bourgogne, par exemple), ont à leur service un roi des ménestrels en titre à l'hôtel; alors que les cours allemandes et italiennes de l'Empire germanique n'emploient pas de roi des ménestrels, mais une foule de ménestrels, ministériaux ou itinérants, chanteurs, poètes, simples jongleurs ou *Minnesänger* de grand renom.

Le roi des ménestrels ne représenterait donc pas nécessairement le meilleur poète musicien. Sa raison d'être à la cour et ses fonctions seraient alors intrinsèquement liées à la position idéologique, politique et sacrée du roi. À partir du XIVe siècle, dans les cours princières et royales, la documentation mentionnant le roi des ménestrels change, elle devient comptable et émane de l'hôtel, faisant de ce ›roi‹ un domestique, pourvu d'un titre dont les fonctions sont liées à un office professionnel: le prince ou le roi lui a délégué une autorité lui donnant un pouvoir, peut-être de commandement, en tout cas d'intermédiaire et de médiateur entre le roi, le groupe des ménestrels, la cour et parfois la ville *via* la confrérie de métier. Cet office place le roi des ménestrels en dialogue avec le roi; il marque une distinction entre une royauté céleste, sacrée et éternelle, et une royauté déléguée, transposée et révocable.

HENRI SIMONNEAU

Le roi d'armes dans les Pays-Bas bourguignons d'après une ordonnance de 1497

L'office d'armes reste aujourd'hui une institution médiévale relativement peu connue, malgré les récents travaux le concernant[1]. Apparus dans la deuxième moitié du XIIe siècle, les hérauts d'armes, évoluant dans le monde des chevaliers, des tournois, puis des cours, se sont progressivement constitués en un office hiérarchisé et codifié. Théoriquement, trois étapes peuvent émailler la carrière d'un officier d'armes: il est d'abord poursuivant d'armes, puis peut être promu héraut d'armes, et, enfin, un petit nombre pouvait accéder au grade le plus élevé, celui de roi d'armes. C'est cette dernière fonction qui nous intéresse ici. Elle soulève la question des relations de hiérarchie et d'autorité que sous-entend l'utilisation du terme »roi«, vis-à-vis des officiers d'armes mais aussi de la noblesse. Le glissement sémantique qui se produit entre le XIVe siècle, où l'on parle de »roi des hérauts«, et le XVe siècle, où apparait la notion de »rois d'armes«, semble chargé de sens.

Les Pays-Bas bourguignons ont connu une évolution sans doute assez proche de celle de l'Angleterre ou de la France dans le développement de l'office. La prééminence d'un officier d'armes suprême, tel Jarretière en Angleterre ou Montjoie dans le royaume de France[2], s'affirme progressivement dans la première moitié du XVe siècle; celle de Toison d'or dans les territoires bourguignons date de la création de l'ordre de chevalerie éponyme en 1430. Cependant, ce n'est qu'avec une ordonnance publiée le 5 mars 1497 que l'office d'armes dans les pays bourguignons est aussi formellement soumis à la direction d'un tel office en tant que »premier roi d'armes«.

---

[1] Voir Bertrand SCHNERB (dir.), Le héraut d'armes, figure européenne (XIVe–XVIe siècle), Lille 2006 (= Revue du Nord 88 [2006], p. 463–848); Torsten HILTMANN, Spätmittelalterliche Heroldskompendien. Referenzen adeliger Wissenskultur in Zeiten gesellschaftlichen Wandels (Frankreich und Burgund, 15. Jahrhundert), Munich 2010 (Pariser Historische Studien, 92). Voir aussi la base de données Heraudica, s'articulant autour d'une base de données de textes interrogeables sur les hérauts d'armes dans les sources bourguignonnes entre 1383 et 1519: Heraudica, base de données et collection des sources en plein texte pour la recherche sur les hérauts d'armes. Conçue et dirigée par Torsten HILTMANN, avec la collaboration de Franck VILTART, Henri SIMONNEAU et Nils BOCK, Internet: http://www.heraudica.org (mise en ligne en cours). Voir aussi ma thèse de doctorat en cours, sous la direction de Bertrand Schnerb, à l'université Charles-de-Gaulle/Lille III: Les hérauts d'armes dans les Pays-Bas bourguignons de Charles le Téméraire à Charles Quint (1467–1519).

[2] L'assimilation entre le »premier roi d'armes« et Montjoie semble, dans le contexte de la guerre civile, avoir mis du temps à s'imposer: Gert MELVILLE, Le Roy d'armes des François, dit Montjoye. Quelques observations critiques à propos de sources traitant du chef des hérauts de France au XVe siècle, dans: Jacqueline HOAREAU-DODINAU, Pascal TEXIER (dir.), Anthropologies juridiques. Mélanges Pierre Braun, Limoges 1998, p. 587–608.

L'étude de cette ordonnance et de la situation de l'office de roi d'armes dans les Pays-Bas bourguignons à la fin du Moyen Âge permet de dégager les relations hiérarchiques qui organisent l'office, entre des rois d'armes, attachés à une marche d'armes, et des hérauts et poursuivants qui ne le sont pas, mais aussi les prérogatives que possèdent les rois d'armes dans leur juridiction vis-à-vis de la noblesse.

LES FONCTIONS DU ROI D'ARMES
À LA COUR BOURGUIGNONNE

Les rois d'armes que nous rencontrons régulièrement à la cour bourguignonne, au XVe siècle, sont au nombre de six: les rois d'armes d'Artois, de Brabant, de Flandre, de Hainaut, le roi des Ruyers et Toison d'or, roi d'armes de l'ordre de chevalerie ducal. Mais la royauté d'armes est une institution bien antérieure au XVe siècle, avec le terme de *roi des hiraus* ou de *rois hiraut*, dont on retrouve déjà les traces au XIIIe siècle dans des œuvres littéraires. Quelquefois, leurs noms nous sont connus. Dans »Le tournoi de Chauvency«, Jacques Bretel cite les surnoms de quatre rois des hérauts présents lors de l'événement: Grehei, Fildor, Maignien et Huvelle[3].

Progressivement, ces officiers intègrent certaines cours. Un état des officiers de l'hôtel de Philippe le Bel en 1288 mentionne un *rex heraudum*[4]. De même, tout au long du XIVe siècle, la cour anglaise accueille un roi des hérauts, qui pouvait aussi être mentionné en tant que roi des ménestrels[5].

En ce qui concerne les Pays-Bas, les actes et les sources comptables nous donnent de précieuses informations à partir du XIVe siècle[6]. En 1362 apparaît dans le comté de Hollande un *conninc van den Ruyeren* nommé Jan Van Steensel, au service de Zweder Van Abcoude puis, par la suite, du comte Albert, dont il reçoit une pension annuelle[7]. En 1376, le roi des hérauts de Brabant annonce à Valenciennes des joutes qui doivent se tenir en Brabant[8]. Un paiement du receveur général du comté de Hollande sous

---

[3] Jacques BRETEL, Le Tournoi de Chauvency, éd. par Maurice DELBOUILLE, Liège 1932, v. 2066: *Si ont les rois hiraut mandez / Grehei, Fildor, Maignien, Huvelle*; voir aussi Jakemes, Le Roman du Castelain de Couci et de la dame de Fayel, éd. par Maurice DELBOUILLE, Paris 1936, v. 2002: *Li roi di hiraus qui ih furent*. Sur les hérauts d'armes dans la littérature des XIIe et XIIIe siècles, voir Dominique DANY, Le personnage du héraut d'armes à travers quelques œuvres des XIIe et XIIIe siècles, mémoire de maîtrise sous la direction de M. Antonioli, université de Lyon 3 (1989).

[4] Johann Peter VON LUDEWIG (éd.), Reliquiae manuscriptorum omnis aevi diplomatum ac monumentorum ineditorum adhuc, vol. 12, Francfort/M., Leipzig 1741, p. 25.

[5] Richard RASTALL, The Minstrels of English Royal Households, 25 Edward I–Henry VIII. An Inventory, dans: Royal Musical Association, Research Chronicle, 1964, IV, p. 1–41. Voir aussi la contribution de Martine CLOUZOT dans le présent volume.

[6] Pour la période 1383–1519, voir la base de données Heraudica (voir n. 1).

[7] Wim VAN ANROOIJ, Spiegel van ridderschap. Heraut Gelre en zijn ereredes, Amsterdam 1990, p. 72.

[8] Valenciennes, AM, CC 733, fol. 15v: *Au roy des hiraus de Braibant, liquels avoit criiet ou markiet une fieste de joustes qui devoit y estre en Braibant, donnet de courtoisie dou command de prevost et les jurés j frank françois de xxvj s. vj d.*

Albert de Bavière, daté de 1385, fait apparaître »Barbençon«, roi des hérauts de Hainaut[9]. Jean Sper, *rex heraldorum comitatus Arthesie*, quant à lui, est anobli en 1388 par le roi de France[10]. En 1398, Le roi d'armes de Flandre ainsi que les rois d'armes de Champagne, de Corbie et d'Artois reçoivent cinq livres et cinq sous de la ville de Tournai pour avoir assisté aux fêtes de la ville de Bruges[11].

C'est toutefois au cours du XVe siècle que les rois d'armes entrent à la cour des ducs de Bourgogne. Dès la fin du XIVe siècle, Philippe le Hardi avait à son service un roi des hérauts[12]. Les rois d'armes d'Artois et de Flandre apparaissent au début du siècle suivant dans l'entourage de Jean sans Peur[13]. Les rois de Brabant, des Ruyers et de Hainaut sont attestés dans l'hôtel ducal respectivement en 1442[14], 1431[15] et 1450[16]. Il est à noter que le roi des Ruyers disparaît des Pays-Bas avec le départ de Maximilien[17].

Toison d'or est beaucoup mieux connu[18]. Cet office est créé en même temps que l'ordre de chevalerie du même nom, en janvier 1430. Ses fonctions sont clairement précisées dans les statuts: il a la charge de porter les lettres du souverain aux membres de l'ordre, il est le maître de cérémonie de tous les chapitres et réunions de la Toison

---

[9] La Haye, Algemeen Rijksarchief, Archief van de graven van Holland, 1239, fol. 88v: *Item, opten heiligen kersts dach gheg. tot Keynoet bi mijns heren bevelen daer meester Jacob die boetscip of edede Godekijn van Tricht, den coninc vanden hyrauden, iij gulden. Item, sander den coninc vanden herauden wt Enghelant, v gulden. Item, Barbantson, den coninc vanden hyrauden wt Heneg., iij gulden. Item, Gommeg., den heraude, gheg. j gulden. Item, noch Simpol, den heraude, gheg. j gulden, facit te zamen xiij gulden.*

[10] Louis DOUËT-D'ARCQ (éd.), Choix de pièces inédites relatives au règne de Charles VI, Paris 1863–1864, t. 1, p. 88–90. Voir Bertrand SCHNERB, Rois d'armes, hérauts et poursuivants à la cour de Bourgogne sous Philippe le Hardi et Jean sans Peur (1419–1467), dans: ID., Le héraut d'armes (voir n. 1), p. 529–557, ici p. 531–532.

[11] Extraits d'anciens comptes (XIVe–XVe siècle), dans: Bulletins de la société historique et littéraire de Tournai 5 (1858), p. 61–228, p. 145.

[12] Heraudica (voir n. 1), sources, n° 14.720: *Au roy des hiraux de notre tresredoubté monseigneur de Bourgogne, liquelx vint a Douay nonchier un behourt qui devoit estre a Bruges, au mardi xj^e jour de march l'an iiij^{XX} xij, a lui donné en grace xxxv s.*

[13] Voir SCHNERB, Rois d'armes (voir note 10), p. 545–555.

[14] Heraudica (voir n. 1), sources, n° 90.395.

[15] Ibid., sources, n° 90.085.

[16] Ibid., sources, n° 10.727.

[17] Harm VON SEGGERN, Hermann von Brüninghausen. Wappenkönig der Ruwieren, dans: Stephan SELZER, Ulf Christian EWERT (dir.), Menschenbildner. Individuum und Gruppe im Blick des Historikers, Berlin 2002, p. 109–117.

[18] C'est le premier titulaire de cet office, Jean Lefèvre, seigneur de Saint-Rémy, qui est le mieux connu: François MORAND (éd.), Chronique de Jean Le Fèvre, seigneur de Saint-Rémy, transcrite d'un manuscrit appartenant à la bibliothèque de Boulogne-sur-Mer, 2 vol., Paris 1876–1881. Pour sa personne, voir René DE BELLEVAL, Toison d'or et sa famille, dans: Revue nobiliaire héraldique biographique nouvelle série 3 (1867), p. 529–540. Sur son office en tant que tel, Torsten HILTMANN, Tournois et héraudie. Une avance bourguignonne?, dans: ID., Werner PARAVICINI, Franck VILTART (dir.), La cour de Bourgogne et l'Europe. Le rayonnement et les limites d'un modèle culturel (sous presse). Concernant les titulaires suivants: Gilles Gobet et Thomas Isaac, la thèse de l'auteur apportera des biographies développées.

d'or, et est tenu de connaître et de rapporter *diligenment des proesses et haulx faiz et honnorables du souverain et des chevalliers de l'ordre*[19].

Progressivement au cours du XVe siècle, il devient le premier roi d'armes, le ›roi des rois d'armes‹ pour ainsi dire. L'évolution de l'office de »roi des hérauts« puis de »roi d'armes« est assez remarquable. Le roi des hérauts apparaît de façon précoce pour encadrer le monde itinérant et mouvant des hérauts et des ménestrels. C'est sans doute la raison pour laquelle durant tout le Moyen Âge, les officiers d'armes et les ménestrels connaissent une ascension parallèle. Il n'est pas rare de trouver jusqu'au XVe siècle, des rois d'armes qui furent aussi rois des ménestrels, ou encore à la fin du ce siècle, des dons en largesse faits au nom des officiers d'armes, trompettes et ménestrels regroupés[20].

Les fonctions du roi d'armes, telles que nous les présentent les registres de la Recette générale des toutes les finances de Bourgogne, ne diffèrent pas fondamentalement de celles des hérauts d'armes en général. Les tâches qui incombent aux officiers d'armes sont très souvent liées à la messagerie et aux ambassades. Les missions des officiers d'armes peuvent être classées en cinq catégories: administration, apparat, diplomatie, militaire et divers (achats, ports de cadeaux, etc.)[21]. Or, au XVe siècle, il apparaît clairement que plus de la moitié des missions confiées aux rois d'armes sont de caractère diplomatique et surtout que les missions dites d'apparat (liées aux fêtes, joutes, obsèques, aux chapitres de la Toison d'or) sont confiées presque exclusivement à des rois d'armes et que les hérauts et poursuivants y sont très largement sous-représentés. Il est clair également que la Recette générale des toutes les finances ne nous présente qu'un aspect très partiel des fonctions des rois d'armes. Cependant, il apparaît concrètement que ces derniers, présents à la cour, exercent beaucoup plus une fonction de représentation que les grades inférieurs de l'office.

Les traités sur l'office d'armes, recueillis par les hérauts d'armes dans les différentes compilations sur leur office, détaillent aussi quelques éléments importants sur le choix et l'élection du roi d'armes[22]. L'un d'entre eux, le traité »Selon les dits« qui traite les

---

[19] Sonja DÜNNEBEIL, Die Protokollbücher des Ordens vom Goldenen Vlies, 2 vol.: Herzog Philipp der Gute 1430–1467, mit Aufzeichnungen des Wappenkönigs Toison d'or, Regesten und dem Text der Ordensstatuten, Stuttgart 2002, t. 1, p. 212, § 42.

[20] Par exemple, pour le nouvel an 1467, Heraudica (voir n. 1), sources, n° 12.860: *Aux roys, heraulx, poursievants d'armes, trompettes et menestrelz de mondit seigneur, la somme de xlviij l. dudit pris, pour don a eulx fait par monseigneur pour leur estrene au nouvel an lxvj icy par ledit mandement garny de certifficacion sur ce servant ladicte somme de xlviij l.* Sur les relations étroites qui lient l'histoire des hérauts et celle des ménestrels, voir HILTMANN, Spätmittelalterliche Heroldskompendien (voir n. 1).

[21] Stéphane THURET, Les officiers d'armes du duc de Bourgogne Philippe le Bon (1419–1447), mémoire de maîtrise sous la direction de Philippe Contamine, université Paris-Sorbonne (1993); Georges-Xavier BLARY, Une figure de l'autorité. L'office d'armes à la cour de Bourgogne (1404–1467), mémoire de master II, sous la direction de Bertrand Schnerb, université Charles-de-Gaulle/Lille III, 2006; Henri SIMONNEAU, Les hérauts d'armes au service de Philippe le Beau, mémoire de DEA sous la direction de Jean-Marie Moeglin, EPHE (2003).

[22] Voir, par exemple, Ferdinand ROLAND (éd.), Parties inédites de l'œuvre de Sicile, héraut d'Alphonse V roi d'Aragon, maréchal d'armes du pays de Hainaut, auteur de Blason des cou-

origines mythiques de cet office, explique, par exemple, la raison pour laquelle Jules César aurait demandé la création des rois d'armes:

Item, et pour ce que la humaine fragilité est encline à mal et que de grand multitude sans ordre s'ensieult confusion, adfin que l'institution desditz héraulx, si noble et tant expédiente à la chose publicque et al honneur de chevallerie, ne feust blesciée et mainsprisiée par la multiplication dudit office, l'empereur ordonne que en chascun royaulme et chascune province et marche feust ordonné ung hérault honneste et discret, couronné par le roy ou prince dudit pays ou province, lequel soit appellé roy[23].

Les nouveaux rois d'armes, anciens hérauts ou maréchaux d'armes, sont choisis grâce aux avis de la noblesse de la marche d'armes à laquelle ils aspirent. Ils sont couronnés et prêtent ensuite serment. Ils sont assistés dans leur mission par un maréchal d'armes, qui remplace, en son absence, le roi d'armes dans sa marche[24].

Les marches d'armes peuvent apparaître telles les »juridictions« des rois d'armes. Il est quelquefois difficile de déterminer quel est l'espace réellement sous la responsabilité de tel ou tel roi d'armes, puisqu'il ne correspond pas forcément aux frontières des duchés ou comtés. Ainsi, un manuscrit décrivant les marches du royaume de France au milieu du XVe (ou au début du XVIe) siècle nous donne de précieux renseignements quant aux »frontières« des marches d'Artois et de Flandre:

La marche d'Arthois est grande et s'extend jusques au pays de Haynnau qui n'est point de ladite marche d'Arthois mais en la conté de Saint-Pol, de Boullongne, de Ghisnes et de Faulquenberghe, et s'appellent Artisiens aux armes. [...] La marche de Flandres ne s'extend que en la conté de Flandres et d'Aloost jusques au pays de Brabant et crie ›Flandres au lyon‹[25].

Nous ne connaissons pas de description précise des marches de Hainaut et de Brabant, mais l'ex-libris de Gilles de Rebecques contenu dans un exemplaire de la cour amoureuse de Charles VI est peut-être un précieux indice:

Ce livre appertient et est a Gilles de Rebecque, Roy d'armes des Marches de Haynnau, de Hollande, de Zeelande, de la basse Frise, de Namur et la conté de Cambrezis. 1498[26].

leurs, Mons 1867, p. 92. Sur cette collection des textes et sur les *compendia* des hérauts d'armes en général, voir en détail HILTMANN, Spätmittelalterliche Heroldskompendien (voir n. 1).

[23] ROLAND (éd.), Parties inédites (voir n. 22), p. 58.
[24] Sur le couronnement et le serment du roi d'armes des François, duquel parlent plusieurs textes, voir Gert MELVILLE, Der Brief des Wappenkönigs Calabre. Sieben Auskünfte über Amt, Aufgaben und Selbstverständnis spätmittelalterlicher Herolde (mit Edition des Textes), dans: Majestas 3 (1995), p. 69–116; ID., »…et en tel estat le roy Charles lui assist la couronne sur le chief«. Zur Krönung des französischen Wappenkönigs im Spätmittelalter, dans: Marion STEINICKE, Stefan WEINFURTER (dir.), Investitur und Krönungsrituale. Herrschaftseinsetzungen im kulturellen Vergleich, Cologne, Weimar, Vienne 2005, p. 137–161; HILTMANN, Spätmittelalterliche Heroldskompendien (voir n. 1).
[25] Paris, BNF, NAF 1075, fol. 36r–38v. Sur le contexte de ce traité des marches, voir MELVILLE, Le Roy d'armes (voir n. 2), p. 602, ainsi que HILTMANN, Spätmittelalterliche Heroldskompendien (voir n. 1).
[26] Carla BOZZOLO, Hélène LOYAU (éd.), La cour amoureuse dite de Charles VI, t. 1, Paris 1982–1992, p. 7.

Il s'agit ici, sans doute, des territoires sous la responsabilité du roi d'armes de Hainaut, bien que tous ces territoires ne soient pas frontaliers.

La fonction de roi d'armes des Ruyers semble, en revanche, beaucoup plus une dignité honorifique dont le territoire reste difficile à définir. Johan Huizinga et Wim van Anrooij s'accordent à définir sa juridiction dans un secteur compris entre la Meuse et le Rhin[27]. Olivier de La Marche, dans son »Estat de la Maison du duc Charles de Bourgogne«, précise: *Et au regart du roy des Royers il se nomme par le marquis du Sainct Empire, et se crée par l'Empereur*[28]. Les ducs de Bourgogne Philippe le Bon et Charles le Téméraire possédaient dans leur titulature le titre de marquis du Saint-Empire[29].

Les deux Bourgognes (duché et comté) font quant à elles partie de la marche de Champagne[30]. Sur la totalité de ces territoires, les textes de la fin du XVe siècle le rappellent, c'est à Toison d'or que revient la primauté sur tous les autres rois d'armes.

L'ORDONNANCE DU 5 MARS 1497

Rares sont les textes émanant du pouvoir central qui régissent l'office d'armes et encore moins sont ceux qui détaillent les prérogatives du roi d'armes. C'est ce qui rend l'ordonnance du 5 mars 1497 aussi importante. Il existe aujourd'hui, à ma connaissance, deux copies de cette ordonnance, toutes les deux datent du XVIe siècle.

La première fait partie du compendium de Jean de Francolin (1520–1580), héraut Bourgogne et roi d'armes de Hongrie. Cet ouvrage fut sans doute rédigé entre 1556 et 1560. En effet, il est dédicacé au

treshault, trespuissant et invicible prince Ferdinande, par la divine clemence empereur des Romains tousjours auguste, roy de Germanie, d'Ongrie, de Boheme, etc., archiduc d'Austrie, duc de Bougoingne, conte de Tirole, etc., mon tresredoubtez et tresclement seigneur[31].

Or, Ferdinand Ier succéda à Charles Quint en 1556 (définitivement élu le 24 mars 1558) et mourut en 1564. De plus, Jean Francolin se présente alors comme *treshumble et indigne herauldt d'armes* [sous le nom de Bourgogne] *de votre sacrée majesté*

---

[27] Voir VAN ANROOIJ, Spiegel van ridderschap (voir n. 7), p. 67–77; Johan HUIZINGA, Ruyers et Poyers, dans: Wirtschaft und Kultur. Festschrift zum 70. Geburtstag von Alfons Dopsch, Baden (Autriche) 1938 (réimpr. Francfort/M. 1966), p. 535–546.
[28] Olivier DE LA MARCHE, Mémoires, éd. par Henri BEAUNE et Jean D'ARBAUMONT, 4 vol., Paris 1883–1888, t. 4, p. 68.
[29] Le marquisat du Saint-Empire correspond à la région d'Anvers. C'est pourquoi il apparaît souvent au XIVe siècle dans les Pays-Bas.
[30] Paris, BNF, NAF 1075, fol. 36r–v: *La marche de Champaigne qui est grande marche et est la marche de la ducé et conté de Borgongne, la ducé de Bar, la ducé de Savoye, le Daulphiné, la conté de Vallentinois, la princhaulté d'Orenge, la conté de Venicy qui est au pappe, la conté de Provence et de Nice, la riviere de Genves et bien avant es Ytalles, et sont touttes ces nations champenois aux armes. Et si en est aussy la conté de Tonniere separée. Et est la cry de conte de Champagne passavant.*
[31] Vienne, ÖNB 7223, fol. 5r.

imperiale[32]. Nous savons qu'il devient roi d'armes en 1560[33]. Ce compendium rassemblant des textes évoquant les droits et privilèges des officiers d'armes est aujourd'hui conservé à la Österreichische Nationalbibliothek à Vienne sous le numéro 7223.

La deuxième, plus dégradée, fait partie du manuscrit 626 de la bibliothèque municipale de Lille, lui aussi recueillant des textes concernant l'office d'armes.

Selon l'une ou l'autre version, la datation diverge. Le manuscrit viennois donne la date de 1496 (a.st. et 1497 en n.st.), tandis que la copie lilloise avance celle de 1470. Cette deuxième option n'est pas possible puisqu'il est fait, notamment, explicitement référence à Philippe, archiduc d'Autriche, et à Jeanne de Castille. Or, leur mariage ne fut célébré que le 20 octobre 1496. La datation que propose la copie viennoise, le 5 mars 1497, est plus convaincante, puisqu'elle se situe trois jours après la publication de la grande ordonnance de l'hôtel de Philippe le Beau[34].

Le texte de l'ordonnance de 1497 cite plusieurs personnages comme ses auteurs: Claude de Toulongeon; Jehan de Trazegnies; Antoine de Salenone/Soleuvre; Louis de Vauldrey et Beaul de Bosenton[35].

Tous ces personnages sont comptés dans l'ordonnance d'hôtel de 1497, à l'exception de Claude de Toulongeon (v. 1420–v. 1504). Ce dernier, fils d'Antoine de Toulongeon, seigneur de la Bastie, devient chevalier de la Toison d'or en 1481. Il fut l'un des principaux opposants à Louis XI en Bourgogne, à la mort de Charles le Téméraire. Sous le règne de Maximilien et de son fils, il occupe plusieurs fonctions importantes: en 1477, il est conseiller et chambellan de l'archiduc, et, en 1493, il siège au conseil de justice du jeune Philippe. Mais en 1497 il n'est pas le *premier grand maistre d'hostel*, fonction dans laquelle le texte de l'ordonnance de 1497 le présente. À cette date-là, cette fonction est remplie par Baudouin de Lannoy, accompagné d'Olivier de La Marche comme premier maître d'hôtel[36].

Le jeune Jean II de Trazegnies (1470–1550) est appelé à faire une longue carrière aux côtés des Habsbourg. Dans l'ordonnance d'hôtel du 2 mars 1497, il est compté dans l'office de la paneterie. Il figure parmi les chambellans de Philippe le Beau durant les deux voyages d'Espagne de 1502 et de 1506 et reçoit le collier de la Toison d'or lors du dix-huitième chapitre de l'ordre tenu à Bruxelles en 1516[37].

Antoine de Salenone (version de Vienne) ou de Soleuvre (version de Lille) reste relativement difficile à identifier. L'édition de l'ordonnance de l'hôtel de Philippe le Beau mentionne un *seigneur de Soleuvre*, chambellan. Cependant, le vrai seigneur de Soleuvre de cette époque est Thiébaut XI de Neufchâtel. Par contre, un Antoine de

---

[32] Ibid.
[33] Voir Egon VON BERCHEM, Die Herolde und ihre Beziehung zum Wappenwesen. Eine vorläufige Materialsammlung zur Geschichte des Heroldswesens, dans: Donald L. GALBREATH, Otto HUPP (dir.), Beiträge zur Geschichte der Heraldik, Berlin 1939, p. 117–219, ici p. 150–156.
[34] Frédéric Auguste DE REIFFENBERG (éd.), État de l'hôtel de Philippe le Bel, duc de Bourgogne, en 1496 à Bruxelles, dans: Compte-rendu des séances de la Commission royale d'histoire, 1re série 11 (1846), p. 678–718.
[35] Vienne, ÖNB 7223, fol. 166r (voir annexe).
[36] REIFFENBERG (éd.), État de l'hôtel (voir n. 34), p. 686.
[37] Hans COOLS, Mannen met macht. Edellieden en de moderne staat in de Bourgondisch-Habsburgse landen (1475–1530), Zutphen 2001, p. 404.

Salenone existe bien[38]. Ce personnage est mentionné dans une ordonnance de l'hôtel de Maximilien de novembre 1477 comme chambellan, aux côtés de Claude de Toulongeon et une lettre de sa main décrit son parcours comme homme de guerre au service de Charles le Téméraire, puis de Marie de Bourgogne et de son mari[39]. La transcription étant variable, il est possible qu'Antoine de Salenone (de la version de Vienne) et le seigneur de Soleuvre (de la version de Lille) soient une seule et même personne.

Louis de Vauldrey, en 1497, est chambellan de Philippe après avoir été celui de Maximilien et, comme l'indique l'ordonnance, capitaine de la garde[40].

Enfin, Veaul (ou Le Beau) de Bosenton, quant à lui, s'il est qualifié ici de maître d'hôtel de Jeanne de Castille, est mentionné comme écuyer d'écurie dans l'ordonnance de 1477 et comme sommelier de corps au sein de la fourrière dans celle de 1497.

À travers ce texte, il faut voir aussi la marque d'un homme qui n'est pas cité mais qui a une grande influence dans l'évolution de l'office d'armes à la cour bourguignonne à cette époque: Thomas Isaac – roi d'armes de la Toison d'or depuis 1493 et auteur d'un autre traité sur l'office d'armes[41]. Durant la période où il est officier de l'ordre de chevalerie (jusqu'en 1527), de nombreux écrits touchant l'office d'armes ont été rédigés, et, au sein de l'ordonnance de 1497, le premier roi d'armes possède une place de choix. Entre cette ordonnance et le traité de Thomas Isaac existent de nettes similitudes, notamment dans la formulation, c'est le cas du premier article de l'ordonnance de 1497. Dans le texte de Thomas Isaac, dans le chapitre concernant le »chef des officiers d'armes«, les mêmes expressions sont utilisées:

L'ordonnance de 1497	Traité de Thomas Isaac
[1] *Premierement, nous voulons et ordonnons que le souverain et premier roy d'armes aye et jouysse de toutes ses libertez et franchises comme le plus souverain en l'office d'armes*[42].	[6] *Item ont ordonnez qu'il y eust ung premier et principal roy d'armes [...] et qu'icelluy jouysse de toutes ses libertez et franchises comme souverain en l'office d'armes*[43].

D'autres chapitres, notamment celui sur les »visitations« ou l'enregistrement des armoiries, confirment la proximité de ce texte avec ceux qui émanent de la main de Thomas Isaac (ou vice versa).

---

[38] Ibid., p. 397.
[39] Joseph CHMEL (éd.), Monumenta Habsburgica. Sammlung von Actenstücken und Briefen zur Geschichte des Hauses Habsburg, Vienne 1855, p. 424. Dans cette lettre, malheureusement non datée, mais adressée à Maximilien, Antoine de Salenone rappelle qu'il a loyalement servi Charles le Téméraire et Marie de Bourgogne, comme capitaine à la tête de cent lances. Il réclame 2000 francs de gages qui lui sont dus pour ses services et parce que ses terres en Bourgogne ont été pillées par les Français.
[40] COOLS, Mannen met macht (voir n. 37), p. 405. Vauldrey fut également homme d'armes de la garde de Charles le Téméraire en 1473 et 1474, voir Franck VILTART, La garde de Charles le Téméraire, mémoire de maîtrise, université Charles-de-Gaulle/Lille III (2001), p. 245.
[41] Vienne, ÖNB 7223, fol. 143r–165v.
[42] Ibid., fol. 166v (voir annexe).
[43] Ibid., fol. 147v–148r.

Cette ordonnance n'est cependant pas sans antécédents non plus. Elle correspond presque exactement dans les termes (à quelques exceptions près) aux »Ordonnances et statuts de Thomas de Lancastre pour la réforme et le bon gouvernement de l'office d'armes (1417)«[44]. Ce texte, daté de 1417, fixe les privilèges et prérogatives du roi d'armes de la Jarretière, créé en 1415, et dont l'autorité se heurte à celle des autres rois d'armes anglais déjà en place.

Le connétable dont il est fait mention dans ce texte est sans aucun doute Thomas de Lancastre, qui, même s'il ne fut pas connétable d'Angleterre, fut connétable de l'armée en 1417[45]. Il eut un rôle important dans l'organisation de l'office d'armes anglais, et notamment dans l'établissement du roi d'armes Clarenceux, équivalent du roi d'armes Norroy dans les provinces méridionales d'Angleterre. Il est d'ailleurs intéressant de constater que la version bourguignonne a conservé la mention du connétable, alors qu'il n'existait pas à la fin du siècle de connétable dans les Pays-Bas bourguignons. De même, quand le texte bourguignon parle d'agir en *honneur et bon plaisir du roy*[46], il s'agit d'une copie de la version anglaise, Philippe le Beau ne devenant roi de Castille qu'à la mort d'Isabelle, en 1504.

Les deux textes sont presque identiques. Deux articles, le sixième et le douzième, ne sont pas placés exactement au même endroit, mais aucun n'a été omis. On peut noter deux différences notables entre les deux écrits, dues à la transposition de l'Angleterre aux Pays-Bas bourguignons. Dans l'ordonnance de 1417, Jarretière est explicitement désigné comme le premier roi d'armes, alors que Toison d'or n'est jamais directement cité pour cette fonction. Le contexte anglais peut expliquer la raison de cette mention: Jarretière est depuis peu à la tête de la hiérarchie de l'office d'armes anglais et son autorité est encore très largement contestée par les rois d'armes des provinces. C'est même à sa requête que ce texte a été rédigé. Toison d'or, au contraire, n'a jamais vu sa place contestée depuis 1431. Cependant, ce texte a sans doute comme objectif de mieux organiser la hiérarchie dans les possessions bourguignonnes, alors même qu'aucun texte dans ce sens n'avait jamais émané de la cour bourguignonne[47].

De même, il est fait mention dans le texte anglais des *quatre roys d'armes*. Il s'agit ici de Vaillant, Marche, Lancastre et Faucon[48]. On rappelle la place de chacun, sous l'autorité du premier roi d'armes. L'auteur de l'ordonnance bourguignonne ne semble

---

[44] Ce texte est livré en annexe et en confrontation avec l'ordonnance bourguignonne. Malgré les doutes qui ont pu être avancés sur son authenticité, Anthony Wagner pense que nous pouvons le considérer comme un texte authentique, voir Anthony WAGNER, Heralds and Heraldry in the Middle Ages. An Inquiry into the Growth of the Armorial Function of Heralds, Oxford ³2000, p. 61–63. Pour cette ordonnance et le contexte de sa genèse, voir aussi ID., Heralds of England. A History of the Office and College of Arms, Londres 1967, p. 67; Hugh Stanford LONDON, Anthony WAGNER, The Life of William Bruges, the First Garter King of Arms, Londres 1970, p. 12–18.
[45] Cf. WAGNER, Heralds and Heraldry (voir n. 44), p. 59–60.
[46] Vienne, ÖNB 7226, fol. 169r (voir annexe, § 8).
[47] Cf. WAGNER, Heralds and Heraldry (voir n. 44), p. 62.
[48] Sur la raison de l'absence des autres rois d'armes, à savoir Aquitaine, Clarenceux, Guyenne, Irlande, Leicester et Norroy, voir LONDON, WAGNER, The Life of William Bruges (voir n. 44), p. 17.

pas avoir eu besoin de rappeler les juridictions de chacun des rois d'armes des Pays-Bas, établies depuis longtemps.

En utilisant comme modèle cette ordonnance, les auteurs de ce texte organisent l'office d'armes bourguignon dans une configuration sans doute ancienne mais surtout anglaise. Il faut alors se demander pourquoi avoir attendu aussi longtemps pour réglementer une institution qui était constituée de longue date en Angleterre comme en France. Il est fort probable que le contexte de la fin du XVe siècle ait été favorable à l'apparition de ce texte. En Angleterre et en France, le pouvoir royal se fait plus interventionniste quant au contrôle de la noblesse. Les »visitations«, recensements étroits de la population noble, ont pu exister dès le milieu du siècle, mais semblent connaître un regain d'intérêt chez les rois de France et d'Angleterre. En 1487, en France, Charles VIII demande au héraut Bourbon, en l'installant maréchal d'armes des Français, de recenser les armes de la noblesse du royaume, de Dauphiné et de Provence[49]; en Angleterre, le 26 juin 1498, Henri VII publie un mandement où il annonce que Jarretière et Clarenceux ont reçu l'autorisation d'examiner les armoiries et emblèmes de la noblesse anglaise, de les enregistrer et de les réformer, conformément au serment qu'avaient prêté les rois d'armes[50]. Le contexte bourguignon était, quant à lui, propice à la parution d'une telle ordonnance. Les tensions qui existaient durant les années 1480 entre la maison de Habsbourg, d'une part, et une partie de la noblesse des Pays-Bas et la France, d'autre part, s'apaisent avec l'affirmation de Philippe le Beau à la tête de l'État, ce dernier et la cour se réorganisent, et l'ordonnance de l'hôtel de mars 1497 y participe. Mais cette dernière prend place aussi plus largement dans un lent processus de renforcement du contrôle de la noblesse par le pouvoir central.

Trois thèmes sont développés dans l'ordonnance de 1497: la supériorité et la primauté de Toison d'or et des rois d'armes sur les autres officiers; la mise en place des chapitres des hérauts d'armes; et, enfin, les prérogatives importantes du roi d'armes dans sa marche quant au contrôle des armoiries.

L'AUTORITÉ DU PREMIER ROI D'ARMES SUR LES AUTRES OFFICIERS

Les rares mentions dans les sources que nous possédons nous apprennent que les rois d'armes étaient chargés de répartir entre les officiers d'armes les largesses du prince[51]. Les traités de hérauts soulignent d'ailleurs la nécessité de leur présence lors de toute promotion de hérauts, encore une fois, sans que nous soyons capables d'affirmer que cela fut toujours le cas[52]. Cependant, à travers l'ordonnance de 1497, la supériorité des

---

[49] Paris, BNF, Clairambault 902, fol. 30r–32r; voir aussi HILTMANN, Spätmittelalterliche Heroldskompendien (voir n. 1).
[50] Adrian AILES, Le développement des »visitations« de hérauts en Angleterre et au pays de Galles 1450–1600, dans: SCHNERB (dir.), Le héraut d'armes (voir n. 1), p. 659–679.
[51] ROLAND (éd.), Parties inédites (voir n. 22), p. 200–203.
[52] Les sources comptables ne font en effet référence qu'au prince et jamais aux personnes présentes lors du baptême ou de la promotion.

rois d'armes, et particulièrement du premier d'entre eux, est nettement affirmée[53]. Le texte est très clair: Toison d'or (même s'il n'est pas explicitement cité) est le premier roi d'armes et exerce son autorité sur l'ensemble des officiers d'armes et notamment sur les autres rois d'armes. Le vocabulaire utilisé pour affirmer sa supériorité est riche: »premier roi«, »souverain« et »chef«. À ma connaissance, c'est ici la première mention de l'utilisation du terme de »premier roi d'armes« dans les Pays-Bas. Elle réapparaît de façon récurrente dans les sources comptables bourguignonnes dès le début du XVIe siècle[54] et est reprise dans le traité de Thomas Isaac[55]. Désormais, tout ce qui relève de l'autorité d'un roi d'armes est aussi une compétence du premier d'entre eux.

Pour comprendre l'apparition de cette hiérarchie, il faut faire le parallèle entre l'organisation de l'ordre de la Jarretière en Angleterre et la situation française. Le roi d'armes Jarretière est clairement défini, dès 1415, comme étant le premier des rois d'armes anglais, possédant une prééminence sur les autres rois, même si son autorité mit beaucoup de temps à s'affirmer face à l'hostilité de ceux-ci[56]. Le modèle même de l'ordonnance de 1497, celle qui fut établie par Thomas de Lancastre en 1417, lui est dédié et cherche à asseoir sa primauté. En France, la qualification de Montjoie comme premier roi d'armes date du début du XVe siècle, même si la situation de guerre civile a retardé sa mise en application sur l'ensemble du royaume[57]. Les situations en France et en Angleterre ont sans aucun doute influencé l'évolution de l'office d'armes à la cour bourguignonne. Toison d'or a toujours eu une place particulière aux côtés du prince. Dès la création de cet office, Jean Lefèvre de Saint-Rémy, son premier occupant, s'est vu qualifié de conseiller du prince, et ce titre est toujours resté attaché au roi d'armes de l'ordre. Celui-ci occupe alors un office de grand prestige; il est le *Primus inter pares*, l'ordonnance insiste clairement sur ce point.

Les rois d'armes ont une marche, un territoire attitré dans lequel ils exercent leur autorité. Ce n'est pas le cas des hérauts ou des poursuivants d'armes. Les hérauts, nous dit le texte, doivent les honorer et reconnaître comme il se doit. Mais surtout, le texte

---

[53] Vienne, ÖNB, 7223, fol. 166v–167r (voir annexe, § 1, 2, 3).

[54] Heraudica (voir n. 1), sources, n° 14.512: *A Thomas Ysaac, dit Thoison d'or, conseiller et premier roy d'armes d'iceulx seigneurs, ladite somme de cent livres dudit pris, que mesdits seigneurs par leurs lettres patentes données en leur ville d'Anvers le vij^e jour dudit mois de février xv^c sept et par l'advis de madite dame de Savoye [...]*.

[55] Vienne, ÖNB, 7223, fol. 147v–148r: *Item ont ordonnez qu'il y eust ung premier et principal roy d'armes, maistre et superieur sur tous les aultres qui s'entende aux ceremonies et qu'icelluy jouysse de toutes ses libertez et franchises comme souverain en l'office d'armes, ausquelz tous les aultres roys, heraulx et poursuyvans d'armes obeyront comme au chef dudit office, si comme l'empereur est principal au monde, aussi le premier par luy institué est imperial et les aultres sont soubz luy et que soubz les roys d'armes, il y eust un mareschal ou lieutenant pour regir et gouverner ledit office en absence dudit roy d'armes, qu'aussi pour requerir aulx roys et princes les droictz d'honneur de l'office.*

[56] WAGNER, Heralds of England (voir n. 44), p. 40: Jarretière fut reçu à sa création comme *premier et chef en dict office d'armes*; l'auteur pense que Jarretière mit en fait plusieurs siècles à imposer sa prééminence, voir ibid., p. 63; voir aussi LONDON, WAGNER, The Life of William Bruges (voir n. 44), p. 16–18. Sur les influences anglaises en Bourgogne et le rayonnement du modèle bourguignon; voir HILTMANN, Tournois et héraudie (voir n. 18).

[57] Voir MELVILLE, Le Roy d'armes (voir n. 2), p. 601.

multiplie les interdictions envers les hérauts et les poursuivants d'armes, qui, pour tout ce qui concerne l'organisation de fêtes, l'octroi ou l'enregistrement d'armoiries, ne peuvent prendre d'initiative sans en faire expressément la demande au roi d'armes de la marche, ou, le cas échéant, à Toison d'or[58]. Il semble donc que les hérauts et les poursuivants reconnaissent tous les rois d'armes comme leurs supérieurs, mais ne sont soumis à leur autorité qu'en fonction du territoire dans lequel ils se trouvent et en dernière instance directement à Toison d'or.

Ce qui ressort finalement de cette ordonnance, ce n'est pas tant que le roi d'armes est le chef des hérauts. Jamais un roi n'a de rôle suprême dans le choix des nouveaux officiers. C'est une prérogative exclusive du prince. En revanche, il possède une autorité et des privilèges dans sa marche qui le rendent responsable et seul juge de la qualité du travail effectué. Le roi d'armes de la Toison d'or, qualifié de »premier roi«, me semble, par sa proximité avec le prince, jouer le rôle d'un intermédiaire entre l'autorité centrale et la hiérarchie interne de l'office[59]. C'est ainsi qu'il faut comprendre sa prééminence.

LES CHAPITRES DES HÉRAUTS D'ARMES

L'ordonnance de 1497 soulève pour la première fois l'existence dans les Pays-Bas bourguignons d'un collège de hérauts. Cette institution existait déjà en France, avec la création en 1407 du collège des hérauts à l'église Saint-Antoine-le-Petit, dont nous savons peu de choses[60], et en Angleterre, en 1420, puis dans sa forme définitive vers 1470[61]. En fait, dans cette ordonnance plusieurs termes sont utilisés: »chapitre« (cinq fois), »collège« et »compagnie«[62], parfois ensemble.

Chaque roi d'armes semble pouvoir être en mesure de tenir un chapitre dans sa marche. Les chapitres servent en fait à préparer l'organisation des cérémonies et à contrôler la qualité du travail effectué par les officiers d'armes, tant pour l'octroi d'armoiries que pour la tenue de toute cérémonie du ressort des hérauts. Le collège est ainsi un tribunal où les hérauts et poursuivants peuvent apporter leurs plaintes, mais où les rois d'armes peuvent établir des règles plus strictes en ce qui concerne la tenue des cérémonies et homogénéiser leurs pratiques. Cela est répété deux fois.

Mais la question de l'existence d'un collège de hérauts ou de la tenue de chapitres reste problématique. À la différence de l'Angleterre, les Pays-Bas bourguignons ne nous fournissent aucune source qui puisse attester l'existence, ne serait-ce qu'une seule fois, de la tenue de ce genre de réunion. Il existe cependant, dans un traité de Thomas Isaac, des références explicites au collège de hérauts, concernant les procès pouvant toucher des officiers d'armes:

---

[58] Vienne, ÖNB, 7223, fol. 168v, 170v–171r (voir annexe, § 7 et 12).
[59] Les références faites dans l'ordonnance du connétable sont à attribuer au modèle anglais de l'ordonnance de Thomas de Lancastre, dit: »grand sénéchal d'Angleterre et connétable«.
[60] HILTMANN, Spätmittelalterliche Heroldskompendien (voir n. 1).
[61] WAGNER, Heralds of England (voir n. 44), p. 123–134.
[62] Vienne, ÖNB, 7223, fol. 168v–171r (voir annexe, § 8, 11, 13).

Que nulle justice eust a mectre la main sur eulx, pour quelques cas que se fut, mais quant ung herauldt ou poursuyvant faict une faulte, ledit roy ou son lieutenant d'armes le doibt punir et chastier, car l'office est si noble et si digne et de grande importance que si ung officier d'armes est accusé pour cas digne de mort, il ne peult ny ne doibt estre mis es mains du speculateur ou bourreaul sans premier le degradé dudit office comme plus a plain est cy apres contenu. Et nulz officier d'armes ne se doibt ou peult plaindre d'aulcune aultre officier d'armes son compaignon a nulz juges ou superieurs, quelx qu'ilz soyent, fors seullement au premier roy d'armes et en la compaignie des roy et officiers d'armes lesquelx mectront d'accord lesdites plainctes et parties en leurs chappitre egalement sans aucune faveur ou partialité. Et si accorder ne se peuvent, la complaincte doibt venir a la congnoissance du connestable ou mareschal pour sur ce avoir reformation, s'il est possible[63].

L'ordonnance, qui est à l'origine un texte anglais, cherche à mettre en place un tel collège. Or, nous savons qu'un premier collège des rois d'armes et hérauts d'Angleterre s'est tenu à Rouen le 5 janvier 1420. Cependant, on peut penser que les officiers d'armes, réunis lors des nombreuses cérémonies telles que les tournois, les entrées royales, les mariages ou les funérailles, pouvaient tenir des réunions, peut-être informelles et irrégulières, mais qui pouvaient tenir lieu de chapitre.

LE ROI D'ARMES ET LA NOBLESSE: LES VISITATIONS

Enfin, un dernier point intéressant soulevé par cette ordonnance est le rapport qu'entretiennent les rois d'armes avec la noblesse. Le texte fait mention de visitations, même si, là encore, le terme n'est pas utilisé[64].

Le but des visitations est en fait de recenser la population noble d'une province, pour pouvoir estimer ainsi le nombre d'écuyers et de chevaliers qui ont des devoirs militaires envers le prince. Il en est fait explicitement mention dans ce texte: *principallement de ceulx qu'ilz doibvent porter cottes au service de nostre souverain seigneur*. Ce qui est marquant, c'est que l'on confère aussi aux rois d'armes une autorité légale, juridique, en ce qui concerne l'attribution et l'enregistrement des armoiries. Thomas Isaac, dans son traité qui date du premier tiers du XVIe siècle[65], utilise l'expression de »notaire d'armes«, qui me semble bien refléter cette évolution dans l'office de roi d'armes[66]. Celle-ci me semble encore une fois à mettre en relation avec la situation

---

[63] Ibid., fol. 148r–v.
[64] Ibid., fol. 167v (voir annexe, § 4). Le terme utilisé dans le traité de Thomas Isaac est fort proche de la formulation employée dans l'ordonnance de 1497, voir ibid., fol. 149v–150r: *Le premier roy d'armes ou son mareschal et tous aultres roys d'armes en leurs provinces sont tenuz de visité une fois l'an tous les seigneurs, princes et barons d'icelle leur province et leurs gratiffier en tout honneur et par especial doibvent faire leurs debvoir et diligence d'avoir congnoissance de tous les estatz des nobles et gentilzhommes et d'avoir leurs noms et surnoms, de ceulx qu'ilz doibvent pourter cottes et iceulx avec leurs armes et les noms de leurs yssues, enregistrer avec leurs differences*.
[65] HILTMANN, Spätmittelalterliche Heroldskompendien (voir n. 1).
[66] Paris, BNF, ms. fr. 25.186, fol. 11v. Il s'agit d'une version abrégée du traité de Thomas Isaac conservé sous sa forme complète dans le compendium de Francolin, Vienne, ÖNB 7223, fol. 143r–165v. Seul le texte de la BNF utilise l'expression de »notaire d'armes«.

française mais surtout anglaise. En France, si les visitations sont mentionnées dès la création du collège des hérauts français à Saint-Antoine-le-Petit en 1407, il n'est pas possible, face à l'absence de preuves tangibles, d'en assurer l'existence[67]. En Angleterre, en revanche, les visitations sont sous l'autorité des rois d'armes Clarenceux et Norroy, Jarretière pouvant aussi exercer son autorité ce domaine. À partir de 1439, les rois d'armes étaient explicitement chargés de l'octroi et de la confirmation des armoiries[68]. En Angleterre, le premier recensement armorial connu date de 1483, et c'est peut-être aussi le cas en France[69]. Ce phénomène semble plus tardif en Bourgogne, bien que les premières mentions de visitations aient pu apparaître déjà sous Charles le Téméraire[70]. On peut néanmoins voir que le développement des visitations suit une tendance qui renforce le pouvoir et l'autorité des rois d'armes. Cependant, ce paragraphe soulève un autre problème: nous n'avons aucune trace d'une quelconque visitation dans les Pays-Bas bourguignons au XVe ou au XVIe siècle, organisée ou non par des officiers d'armes. Il me semble toutefois que nous percevons ici une certaine volonté du pouvoir central d'exercer un contrôle de plus en plus étroit sur l'attribution et le recensement de la noblesse dans ses territoires et de confier par conséquent aux rois d'armes de véritables prérogatives d'ordre juridique en matière d'armoiries. Nous n'assistons en fait qu'au début d'un long processus qui se développera tout au long du XVIe siècle pour prendre fin, en France, avec la création de l'office des »juges d'armes« en 1615[71].

---

[67] Dans un traité idéalisé consacré à Montjoie, premier roi d'armes de France, largement répandu dans les *compendia* de l'office d'armes, on peut lire une des visitations devaient consister en des voyages *par toutes les provinces et marches de ce royaulme en la compaigne de notables Roys d'armes et Heraux avec la commission du Roy par ses Lettres Patentes à tous les Princes, Contes, Vicontes, Barons, Banerés, Baceliers, et aultres fiefs previleges, seullement pour savoir la noblesse de son Royaulme, et lesquelles sont les plus anchiennes, et de ceulx faire un extrait à fasson d'un livre à part de chascune marche, ou seront leurs noms et surnoms, les crois et leurs armes, blasons et tiltres naturels.* Tous les trois ans, les rois d'armes devaient se réunir pour dresser un état de la noblesse de France. Cité d'après l'article »Heraldus«, dans: Charles Du Fresne seigneur DU CANGE, Glossarium mediae et infimae latinitatis, t. 4, Paris 1937–1938 (réimpr. Graz 1954), p. 186–188, qui publie une partie de ce traité. Pour les détails de ce texte voir HILTMANN, Spätmittelalterliche Heroldskompendien (voir n. 1).
[68] AILES, Le développement (voir note 50), p. 660.
[69] HILTMANN, Spätmittelalterliche Heroldskompendien (voir n. 1).
[70] Isidore Stein d'Altenstein reproduit, sans citer la source, une ordonnance qu'il affirme dater de Charles le Téméraire: *Item quand ils* [les officiers d'armes] *alloient faire leurs visites et chevauchées, par diverses Provinces desquelles ils portoient le nom, pour s'enquérir des antiquitez des Maisons, dresser leurs généalogies, lignes et quartiers et tenir note des armoiries et titres des Gentilshommes dans leurs registres et cartulaires de Noblesse, iceux leur donnoient un marcq d'argent pour leur droit avec leurs salaires; et quand ils alloient redresser les excès commis contre les ordonnances souveraines au fait des dites armoiries et titres, les Roys ou Princes leur en faisoient donner à charge des transgresseurs d'icelles,* Isidore STEIN D'ALTENSTEIN, Notice sur l'institution et l'office des Hérauts d'armes aux Pays-Bas, dans: Bulletin et annales de l'Académie d'archéologie de Belgique 2 (1844), p. 410–424.
[71] Sur les juges d'armes, voir Alain de GROLÉE-VIRVILLE, Les d'Hozier. Juges d'armes de France, Paris 1978. Quant aux fonctions des hérauts et rois d'armes à l'Époque moderne, voir: Luc DUERLOO, Privilegies uitbeelden. De zuidnederlandse wapenkoningen en wapenkunde in de eeuw der Verlichting, Bruxelles 1991; Christophe PARRY, Les hérauts d'armes dans les relations internationales, dans: Revue d'histoire diplomatique 114 (2000), p. 251–259.

CONCLUSION

Finalement, cette ordonnance bourguignonne, bien que très largement inspirée du modèle anglais, est à prendre en considération dans l'évolution de l'office d'armes dans les Pays-Bas bourguignons à la fin du Moyen Âge. Le traité de Thomas Isaac s'en inspire clairement dans certains de ses passages. Mais quelle qu'ait été la véritable influence de cette ordonnance sur l'organisation de l'office d'armes dans les Pays-Bas bourguignons (et les sources, hormis au sujet de la primauté du premier roi d'armes, ne nous permettent guère de nous faire une opinion précise), ce texte nous donne une image des évolutions en cours. L'office d'armes à la fin du Moyen Âge est à un moment charnière. Alors que, progressivement, les poursuivants et les hérauts d'armes se font moins nombreux dans les cours, les rois d'armes voient leurs privilèges et leur autorité se renforcer. La royauté d'armes à la fin du XVe siècle, finalement, ne vise pas tant à organiser l'office, à contrôler le choix de nouveaux officiers, qu'à se recentrer autour d'une autorité plus affirmée sur ce qui touche aux questions héraldiques ainsi qu'à l'organisation des fêtes et cérémonies qui concernent la noblesse. L'apparition de l'office de juge d'armes en 1615 n'est finalement que l'achèvement de ce processus. Le »roi des hérauts« s'est progressivement transformé en »roi d'armes«, avant que les fonctions du roi d'armes soient attribuées à deux personnages différents: le roi d'armes continue d'exister, en remplissant des missions diplomatiques et surtout une fonction de représentation, tandis qu'au juge d'armes incombent les tâches d'enregistrement et de contrôle des armoiries.

Le roi d'armes dans les Pays-Bas bourguignons 59

ANNEXE

Ordonnances et statuts concernant le premier roi d'armes (1497)

A. Original perdu.
B. Copie du XVIᵉ siècle. Vienne, ÖNB 7223, fol. 166r–171v.

Ordonnances et statutz faictz par messeigneurs messire Claude de Toulonjon, seigneur de la Bastie, chevalier et premier grand maistre d'hostel de treshault et trespuissant seignour Philippe, archiduc d'Austriche, etc., Jehan de Trezegnies, seigneur dudit lieu, messire Anthoinne de la Sallenone, seigneur dudit lieu aussi chevalier, conseiller et chamberlain de mondit treshonoré et tresredoubté seigneur, Louys de Vauldrey, escuyer, capitaine de la garde, le seigneur Veaul de Bosenton, maitre d'hostel de madame, madame [fol. 166v] la princesse de Castille, etc., le cinquiesme jour de mars de l'an mil quattre cens quattre vingts et seize.

[1] Premierement, nous voulons et ordonnons que le souverain et premier roy d'armes aye et jouysse de toutes ses libertez et franchises comme le plus souverain en l'office d'armes, et que tous aultres roys d'armes, heraulx et poursuyvans l'honnorent et reverent comme chief et principal dudit office et selon la teneur de sa creation et institution.

[2] Item, que tous les aultres roys d'armes se honnorent et reverent l'ung a l'aultre selon l'ancienne coustume et creation d'ung chascung comme son [fol. 167r] frere et compaignon d'armes, et en toutes manieres, tant en parolles comme en faictz entre toutes manieres de gens privement et appartement et tant envers les estrangiers comme entre eulx mesmes en tous temps et lieu et que nulz d'eulx reprouve l'autre, sur peine de cent solz pour chascune fois.

[3] Item, nous voulons que chacun heraudt en semblable maniere se porte envers son compaignon comme dessus et que chascung d'eulx, courtoisement et reveremment, se deportent envers tous roys d'armes ainsi qu'il appartient et les honnorent en faictz et en dictz. Que semblablement chacun pour-

Ordonnances et statuts de Thomas de Lancastre pour la réforme et le bon gouvernement de l'office d'armes (1417)

Reproduit à partir de WAGNER, Heralds and Heraldry (voir n. 44), p. 136–138.

Les ordonnances et estatutz que furent faictes de par le treshault et puissant Prince Thomas de Lancastre filz et frere au tresnobles Roys d'Angleterre et de France, Duc de Clarence, Counte d'Aumarle grant Seneschal d'Angleterre et Connestable etc... pour reformacion et bonne gouvernement en l'office d'armes.

Premièrement nous voulons et ordonnons que Jarretière Roy d'armes des Anglois ait et jouysse toutes ses libertees et franchises comme Souverain en l'office d'Armes, et que tous aultres Roys d'armes herauldz et poursuyvantz l'honneurent et reverencent comme chief et principal dudit office selon la teneur de sa creacion.

Item que tous les aultres Roys d'armes honnoreront et reverenceront l'ung l'autre selon l'ancienete et creacion de chacun comme son compaignon et frere d'armes en toutes manières tant en parolle que en faict entre toutes manières de gens pryveement et apertement aussi bien estrangers eulx meismes comme aultres en tout temps et lieu et que nul d'eulx reprouve l'autre sur paine.

Item nous voulons que chacun herault en semble manière se porta en vers son compaignon et herault comme devant, et que chacun d'eulx courtoisement et reverentement soy comporte envers tous Roys d'armes ainsi qu'il appartient et les honnourent en faict et en dit, et semblablement nous voulons que

suyvant se maintienne humblement et benignement, pourtans dehues reverences a tous les roys et herauldtz d'armes, ainsi que dict est cy dessus, sur peine, etc. [fol. 167v]

[4] Item, nous voulons et estroictement chargeons et commandons que le premier roy d'armes et generalement tous aultres roys d'armes doiresenavant chacun d'eulx en leurs provinces facent dehuement et diligemment leurs debvoirs d'avoir congnoissance de tous les estatz nobles, chevaliers, gentilzhommes, habitans et demeurans en icelle, les noms desquelx armes, estatz et noblesses et principallement de ceulx qu'ilz doibvent pourter cottes au service de notre souverain seigneur, lieutenans et commissaires, escripre et enregistrer et les noms de leurs yssues avec leur vraye difference, pour souvenance et perpetuelle memoire, sur peinne, etc.

[5] Item nous voulons que nulz des roys d'armes en la province et marche d'aulcung aultre roy donnent armes [fol. 168r] a quelque personne que ce soit si elles ne sont vrayement et dehuement enregistrées et au regard et sceu du premier roy d'armes ou du roy d'armes de la marche ou que les armes seront données et que ce soit au despens de celluy qui les donne ou de celluy qui les prend et que deans six sepmainnes apres la donation d'icelles soyent enregistrées, et ce a peinne de cent solz de celluy qui donne lesdites armes et si aultrement sera faict, se sera a son grant peril et peinne.

[6] Item, nous voulons que aulcungs n'ayent ou ousent a presumer ou entreprendre de chercher ou avoir congnoissance desdites armes ou d'aulcunes de gens d'estatz ou gentilzhommes sans la licence du premier roy d'armes de la marche dont sera ledit gentilhomme, et ce sur peine, etc. [fol. 168v]

[7] Item, ne voulons ou permectons que aulcung herault ose ou presume de donner aulcune maniere d'armes de quelque personne que se soit de sa propre volunté et faculté, sans le sceu, licence et consentement du premier roy d'armes ou du roy d'armes de la marche et province de cui sera faicte la supplication ou requeste et que sur toutes

chacun poursuyvant soy maintiengne humblement et benignement portant due reverence a tous les Roys et heraultz d'armes ainsi que dit est sur paine.

Item nous voulons et estroictement chargeons et commandons que Jarretière généralement et tous aultres Roys d'armes en leur propre prouince d'oresenavant facent leur debvoir diligemment d'avoir congnoissance de tous les estatz nobles et gentilz habitantz & demourantz en icelle, les noms des ditz estatz et nobles et principallement de ceulx qui doibvent porter cotes au service nostre Souverain seigneur, son lieutenant ou Commissaires de cestuy Royaume, et que tous leurs moeuz pour l'augmentacion de la science, et les dictes doubtes resolvees par bonne deliberacion et déterminées véritablement, pour perpétuelle memoire soient registrees sur paine.

Item nous voulons que nul des quatre Roys d'armes dedens la province et marches d'aucun aultre donne armes a aucune maniere de personne s'elles ne vrayment enregistrées au registre du premier Roy d'armes ou du Roy d'armes de la marche ou lesdits Armes sont données et que se soit aux coutz et labeur de celluy qui les donne ou de celluy qui prent icelles, et que ce soit dedens six sepmaines apres que lesditz armes sont données sur peine de Cent solz Sterlings de celluy qui donne lesditz armes et s'ainsi ne le fait a son grant peril sur peine.

Item nous Voulons que aucun herault ne presume entreprendre a donner aucune maniere a donner aucune maniere d'armes de sa propre auctorité a aucune personne sans le consentement, licence et seel du premier Roy d'armes ou du Roy d'armes de la marche et province ou la requeste est faicte et que armes ne soient pas données a aucune ville ou

Le roi d'armes dans les Pays-Bas bourguignons   61

armes ne soyent données a ung vil et deshonneste personnaige mais a ceulx qu'ilz sont vertueulx et de bonnes mœurs, le tout faisant avec meure et bonne deliberation de conseil, sur peine, etc.

deshonneste personne mais a ceulx qui sont vertueux, honnestes et de bonne substance et que ce soit fait par bonne deliberacion sur peine de parjure.

Item nous voulons que aucune ne presume sur luy entreprendre pour faire serche ou avoir congnoissance d'aucunes armes, d'aucun estat ou gentilhomme sans la licence du premier roy d'armes de la marche dont est ledit gentilhomme sur paine.

[8] Item, afin que plus grand honneur, meilleur reigle et gouvernement puisse estre entre tous les officiers d'armes et pour l'augmentation de plus grandes sciences, laquelle doibt croist[fol. 169r]re journellement entre eulx, qu'aussi pour reformer ledit estat et chastier les delinquans, a l'honneur et bon plaisir du roy, nous voulons que le premier roy d'armes et chacuns autres roys d'armes en leurs marche assignent et tiennent dehuement leurs chappitre ainsi que nécessité le requiert ou requerra. Et que nulz roys d'armes refuse de monstrer et enseigner a aucungs herauldtz ou poursuyvans qui d'aucunes doubtes le vouldroient courtoisement mouvoir. Et si en celle doubte ne le pouvoit ayder ou conseiller adoncques en advertira ledit roy d'armes, le grand maistre d'hostel ou connestable pour avoir conseil et deliberation d'icelle, semblablement d'ung herauldt a ung roy d'armes et d'ung poursuyvant a ung herauldt et que si bonnement ne le peuvent faire ilz y pourvoyeront [fol. 169v] d'ung chappitre foecial par lequel ladite doubte sera resolue.

Item afin que plus grant honneur, meilleure regle et gouvernement puissent être pourveuz entre tous les officiers d'armes a leur comfort et consolacion, et aussi pour augmentacion de plus grande science estre journellement entre eulx obtenue a l'honneur et bon plaisir du Roy aussi pour faire corrections et pugnissementz des offences et pour avoir due reformacion, nous voulons que le premier Roy d'armes generalement et chacun Roy d'armes en sa marche duement tiennent leurs chapitres ainsi que necessité le requiert, et que nulz Roy d'armes refuse a monstrer et duement tiennent leurs chapitres ainsi que necessité le requiert, et que nulz Roy d'armes refuse a monstrer et enseigner aucun herault ou poursuyvant qui de aucunes doubtes les vouldront courtoisement mouvoir. Et se touchant ce ne leur povoient aider adoncques il monstrera ladite doubte au Connestable pour avoir la declaration d'icelle. Nous voulons aussi que s'aucun poursuyvant demande aucune doubte a aucun Roy d'armes que ledit Roy d'armes luy demonstrera ou aultrement le limittera a ung herault qui touchant ce l'enseignera s'ainsi le scait faire, et sinon adoncques ledit Roy d'armes l'enseignera s'il le scait, ou aultrement il provocquera ung chapitre auquel ladite doubte sera la solve par tout le chapitre.

[9] Item nous voulons que a chacung chappittre certainnes doubtes soyent mehnées et mises en avant pour augmentation de la science et icelles par bonnes preuves, moyens et deliberations resolues et determinées veritablement et icelles enregistrées pour perpetuelle mémoire, sur peine, etc.

Item nous voulons que en chacun chapitre certaines doubtes soient moeuz pour l'augmentacion de la science, et les dictes doubtes resolvees par bonne deliberacion et déterminées véritablement, pour perpétuelle memoire soient registrees sur paine.

[10] Item, que tous et chacuns officiers

Item que chacun officier d'armes use et hante

d'armes usent et hantent honnestes places et bonne compaignies, evitant et fuyant toutes places et personnes qu'ilz publicquement soient scandalizez, et soyent de bon, [fol. 170r] honneste et vertueulx deportement et qu'ils se gardent de honte et vicieulx lengnaiges, et sur tout de parler publicquement ou manifestement de choses villaines et infames, ains s'applicquent a estudier, lire libvres de bonnes moeurs et eloquences comme chronicques, histoires, actes et gestes d'honneurs et de faictz d'armes, la proprieté et blason des herbes, pierres, animaulx a quattre piedz, voulantes et reptiles et couleurs afin qu'ilz puissent plus promptement et seurement assigner, blasonner et ouctroyer armes a chacune personne comme le cas le requerra, et qu'aussi il puisse estre trouvé plus acceptable et capable de dignité et estre a preferé a ung aultre plus grande dignité et office comme l'on voit journellement, et ce sur peinne, etc. [fol. 170v]

honestes places et bonne compaignie et qu'il évite toutes places et personnes qui manifestement et apertement sont scandalisées et qu'il soit de bon et honneste comportement et manière, qu'il se garde de honte et de vicieux langaige, et sur tout riens de parler apertement aucune villanye en presence du peuple, et en temps convenyent qu'il s'applicque a lire livres de bonnes moeurs eloquence, cronicques actes et gestes d'honneur faictz d'armes, et la proprieté des couleurs, herbes et pierres, affin que par ce ilz puissent plus proprement et convenientement assigner armes a chacune personne ainsi qu'il appertient si que par icelle grace il puissent estre plus acceptables et commendables et dignes d'avoir preferrement et approucher et venir a honneur sur paine.

Item nous voulons que nul herault presume de deviser aucuns enterrementz pour aucun estat gentil ou noble homme ne de mettre sur leur costes d'armes avecques leurs appertenaunces sans la licence du premier Roy d'armes ou du Roy d'armes de la marche. Et que nul des aultres Roys d'armes soy presume mesler en aultres marches sans licence comme dessus est relate sur paine.

[11] Item, que nulz officiers d'armes d'ici en avant se compleigne a aulcung estat ou gentilhomme d'aulcung officier d'armes fors seullement a la compaignie, college ou chappitre des roys et officiers d'armes, lesquelx y adresseront ladite plainte entre eulx mesmes et en leurs college ou chappittre indifferemment ou egalement sans aulcune faveur ou persuasion. Et que si d'avanture ne se peuvent accordez, ilz s'en doibvent conseiller au grand maistre d'hostel ou connestable pour avoir sur ce l'advis d'eulx ou melioration, s'il est possible.

Item que nulle manniere d'officier d'armes d'icy en avant soy complaigne a aucun estat ou gentilhomme encontre aucun officier d'armes fors seulement a la compaignie des Roys et officiers d'armes premièrement, lesquelz redreceront ladite complainte entre eulx meismes ou aultrement en leur chapitre indifferentement et également sans aucune faveur ou parcialite. Et s'aucune redresse ne peult estre la obtenue adoncques se peult complayndre au Connestable pour avoir sur ce reformacion s'il est possible.

[12] Item, nous voulons que nul herauldt presume de diviser aulcungs enterremens pour aulcung estat gen[fol. 171r]til ou noble, ny de mectre sus leurs cottes d'armes avec leurs appartenances sans premierement avoir licence du premier roy d'armes ou du roy

d'armes de la marche ou que se doibt faire
ledit enterrement, et que nulz roy d'armes ose
ou presume s'entremesler en autre marches
fors a la sienne sans licence du premier et
superieur roy d'armes comme dessus, et ce
sur peyne, etc.

[13] Item, nous voulons que toutes manieres de solemnitez, actes solemnelz et faictz de noblesses, autant touchant les officiers d'armes que aultrement, soyent par iceulx officiers d'armes veritablement et indifferemment enregistrez sans faveur, persuasion ou plaisirs aulcungs par le premier roy d'armes, s'il est present, ou par le roy d'armes de la province, et ce avec l'advis et consentement des aultres roys d'armes et que avant que commencer aulcune solemnité ou actes d'armes lesdits officiers d'armes tiengnent ung chappitre et communicquent entre eulx la matiere comme elle se doibt faire, commencer, parfaire et finir.

Item nous voulons et chargeons que toutes manières de solemnitees, actes solemnelz et faitz des nobles aussi bien touchant les faitz d'armes comme aultrement soient véritablement et indifferentement registrez, sans faveur, aucune parcialitee ou plaisir, par le premier Roy d'armes s'il est present et par le Roy d'armes de la province, et avecques l'advis et assent des aultres Roys d'armes, et que les ditz officiers d'armes devant aucune solemnite ou solempne acte d'armes tiennent ung chapitre et communicquent entre eulx mesmes la matière.

KATIE STEVENSON

The Scottish King of Arms
Lyon's Place in the Hierarchy of the Late-Medieval Scottish Elite

From the early fifteenth century, Lyon King of Arms was the principal herald of the Scottish royal household[1]. His responsibilities were diverse and included at various times: the carrying of important royal letters; diplomatic duties; organising and participating in royal ceremonies, such as coronations, weddings, funerals and tournaments; acting as advocate for the king, as well as private clients; judging the allegations of misconduct amongst the officers of arms; and the recording of armorial bearings both granted and deprived[2]. His title was derived from the association of the Scottish crown with the symbol of the lion, considered by contemporary medieval commentators to be the *king of bestes*[3]. While heralds had been active throughout Europe from as early as the twelfth century, they did not acquire named titles until the fourteenth century. Lyon first emerged in the historical record in 1377, as Lyon Herald. He was called Lyon King of Heralds by 1388 and Lyon King of Arms by 1412. Although Lyon was evidently the most senior officer of arms, he was not consistently styled king of arms until the latter part of the sixteenth century[4]. His titles of »Herald« and »King of Arms« were interchangeable during the fifteenth and early sixteenth centuries and were not an indication of any rise or fall in his status. From 1412 he was, without question, the premier herald of the kingdom and, with no order of chivalry emerging in Scotland in the fifteenth or sixteenth centuries, his status was never usurped by another king of arms[5]. While a herald might be employed by an aristocratic family or a member of the

---

[1] I would like to thank Dr Gordon Pentland of the University of Edinburgh and Dr Jackson W. Armstrong of the University of Aberdeen for their help in preparing this essay.
[2] Katie STEVENSON, The Officers of Arms of Late Medieval Scotland. A Reappraisal, in: ID. (ed.), The Herald in the Late Middle Ages. A European Perspective, forthcoming.
[3] Luuk A. J. R. HOUWEN (ed.), The Deidis of Armorie. A Heraldic Treatise and Bestiary, vol. i, Edinburgh 1994, p. 20. The royal arms of Scotland are charged with a lion rampant, see for example London, BL, Add. 45133, fol. 46v. During the fifteenth century there were other instances where the lion was explicitly linked with royal authority. In the 1440s, the chronicler Walter Bower reported that James I had a huge brass bombard gun brought from Flanders in 1430, inscribed around its girth in gold lettering with the lines: *For the illustrious James, worthy prince of the Scots. / Magnificent king, when I sound off, I reduce castles. / I was made at his order; therefore I am called »Lion«*. Donald E. R. WATT (ed.), Scotichronicon by Walter Bower, vol. viii, Aberdeen 1993–1998, p. 263–265.
[4] John STUART et al. (ed.), The Exchequer Rolls of Scotland, Edinburgh 1878–1908, vol. ii, p. 553, vol. iii, p. 170, 191, 692.
[5] In England and Burgundy upon the foundation of orders of chivalry, kings of arms connected with the order were created who had a higher status than the other kings of arms, Torsten HILTMANN, Tournois et héraudie. Une avance bourguignonne?, in: ID., Werner PARAVICINI,

royal family, the king of arms was the exclusive officer of the sovereign and acted as his representative[6]. However, whilst Scottish kings of arms bore the king's own armorial coat, so too did the heralds for whom he was responsible[7]. The king of arms, although wearing the royal arms so conspicuously on his tabard, used his own arms on his seal for both royal and personal business, demonstrating that while closely connected to the king, he was seen by contemporaries as an individual quite distinct from the monarch[8].

This level of individual authority raises intriguing questions about his role as king of arms in a small kingdom on the fringes of Europe. Thus this essay seeks to determine what jurisdiction and authority he had in the kingdom and how this was reflected in his quasi-royal status. It will also assess the Lyon's status in the hierarchy of the Scottish administration and challenge the dominant thinking on the pre-eminence of the Scottish king of arms. In particular, this essay aims to determine just how far Lyon King of Arms can be deemed an ›other‹ king, who enjoyed authority or jurisdiction distinct from that of the crown.

There is little surviving Scottish evidence to demonstrate how a man was selected for the office of king of arms. However, it was common that Lyon had previously held a lesser heraldic office, indicating that some prior experience of heraldic duties was important. For example, Henry Thomson of Keillour had been Islay Herald before his investiture as Lyon in 1496, Sir William Cumming of Inverallochy had been Marchmont Herald before 1512, Thomas Pettigrew had been Angus Herald prior to 1519, Sir

---

Franck VILTART (ed.), La cour de Bourgogne et l'Europe. Le rayonnement et les limites d'un modèle culturel (forthcoming); Katie STEVENSON, The Unicorn, St Andrew and the Thistle. Was there an Order of Chivalry in Late Medieval Scotland?, in: Scottish Historical Review 83 (2004), p. 3–22.

[6] Anthony WAGNER, Heralds of England. A History of the Office and College of Arms, London 1967, p. 7.

[7] John H. Stevenson wrote that Lyon »certainly wore the king's own armorial coat, which no other subject, not even the king's son and heir might do«, but this is incorrect, as all heralds wore the royal arms. John H. STEVENSON, Heraldry in Scotland, vol. ii, Glasgow 1914, p. 38. See for example Thomas DICKSON, Sir James Balfour PAUL (ed.), Accounts of the Lord High Treasurer of Scotland, Edinburgh 1877–1916, vol. i, p. cxciii, vol. ii, p. 188; Exchequer Rolls of Scotland (as in n. 4), vol. xvii, p. 170, 283; and Edinburgh, NLS, Acc. 9309, Seton Armorial 1591. See also London, BL, Harley MS 6149, fol. 134–139v which may have Scottish provenance and implies the right of a herald to wear his lord's arms all over his person, see HOUWEN (ed.), Deidis of Armorie (as in n. 3), vol. i, p. li.

[8] See for example Sir William Cumming of Inverallochy's seal (Lyon, 1512–1519) showing three garbs with a bullet at fess point all within a bordure engrailed and Sir Robert Forman of Luthrie's personal seal (Lyon, 1555–1567), which was used on official documents, now in the Lyon Office, Edinburgh (official seal on two certificates of proclamation dated 22 September 1564). John H. STEVENSON, Marguerite WOOD (ed.), Scottish Heraldic Seals. Royal, Official, Ecclesiastical, Collegiate, Burghal, Personal, Glasgow 1940, vol. i, p. 7, vol. ii, p. 360, 307; James Balfour PAUL, Heraldry in Relation to Scottish History and Art. Being the Rhind Lectures on Archaeology for 1898, Edinburgh 1900, p. 81. This seems to have been standard practice on seals of all royal officers, see Thomas THOMSON, Cosmo INNES (ed.), The Acts of the Parliaments of Scotland, Edinburgh 1814–1875, vol. ii, p. 359 (hereafter Acts of the Parliaments of Scotland).

David Lindsay of the Mount had been Snowdon Herald prior to 1542, and Sir Robert Forman of Luthrie was Ross Herald prior to 1555[9]. Lyons held their office in perpetuity and, during the fifteenth and early sixteenth centuries, appear to have been unable to demit their commission. Thomas Pettigrew, Lyon King of Arms, for example, stayed in office long after he was deemed unfit to perform his duties. Instead, during his incapacity, Sir David Lindsay of the Mount, Snowdon Herald, regularly acted on his behalf, such as at the funeral of Queen Madeleine in 1537, where Lindsay was restyled *Lyoun herald*[10]. Here, the temporary taking of the name without the higher status of king of arms did indicate that James V felt it imperative to have the presence of Scotland's chief officer of arms, but yet was unable to grant Lindsay this status while Pettigrew was still principal herald. Holding the office in perpetuity was soon untenable and from the mid-sixteenth century, when Sir Robert Forman stepped down in 1567, Lyons were able to resign their posts. Lyons were now also able to be deprived of office, and after only six months Forman's successor, Sir William Stewart, was stripped of his status for necromancy and conspiracy to kill the regent[11].

The ceremony by which Lyon was granted his office is equally obscured by lack of surviving evidence. Indeed, it is not until 1494 that we have any Scottish evidence for how an investiture of any herald or pursuivant might occur, let alone for the king of arms[12]. The spurious suggestion that Robert I created Lyon King of Arms in 1318 by »girding him with the belt of knighthood and assigning a salary of £100«, after which Lyon »took the oath of fidelity before the High Altar of Arbroath« is lacking in supporting evidence of contemporary authenticity[13]. Moreover, Lyon was never in receipt of such a vast salary and his annual income during the fifteenth century never peaked over £30 *per annum*[14]. By 1527, the records of the lords of council reveal that the investiture ceremony for a herald or pursuivant involved swearing an oath to the Lyon, whereupon he gave arms to them and presented the new officer to the king and the lords. He also registered their name with the clerks of the signet so that the new offi-

---

[9] Exchequer Rolls of Scotland (as in n. 4), vol. xii, p. 508; Sir Francis James GRANT (ed.), Court of the Lord Lyon. List of His Majesty's Officers of Arms and Other Officials with Genealogical Notes, 1318–1945, Edinburgh 1945, p. 1.

[10] Accounts of the Lord High Treasurer (as in n. 7), vol. vi, p. 423; Carol EDINGTON, Court and Culture in Renaissance Scotland. Sir David Lindsay of the Mount (1486–1555), East Linton 1994, p. 27.

[11] Ibid., p. 41.

[12] London, BL, Harley MS 6149, fol. 134r–139v. This treatise first deals with the history of the office of arms, followed by sections on the creation and office of a pursuivant, the pursuivant's oath, the creation and office of a herald, the punishment of heralds and pursuivants in the case of misbehaviour, the colours in arms, and some common charges. The treatise ends rather abruptly with an explanation of the difference between officers of arms and minstrels.

[13] GRANT, Court of the Lord Lyon (as in n. 9), p. i. For comparable legends about the history of the office of *Montjoie*, the highest king of arms in France, see Torsten HILTMANN, Spätmittelalterliche Heroldskompendien. Referenzen adeliger Wissenskultur in Zeiten gesellschaftlichen Wandels (Frankreich und Burgund, 15. Jahrhundert), Munich 2010, chap. 4.1.2.

[14] Accounts of the Lord High Treasurer (as in n. 7), vol. i, p. cxcvii.

cers' titles could be inserted into the king's correspondence where appropriate[15]. Lyon's own investiture is far less clear. However, an indication has survived from evidence of the late-medieval Scottish coronation ceremony. As part of these proceedings the king of arms was ritually crowned and vested with his tabard and baton of office[16]. This was a ceremonial bond between king and principal herald which would serve to reinforce the quasi-royal status of the king of arms in carrying out his duties, both domestically and internationally.

This status was further strengthened by the crown that adorned his head. In the mid-fifteenth century this was most likely to have been a plain circlet crown, similar to James II's crown represented in the »Scots Roll of Arms« at folio 46v[17]. Lyon's crown was mostly likely a replica of this circlet but without the decorative gemstones. Imperial crown iconography was introduced to Scotland during the last quarter of the fifteenth century and cemented by James V with the refashioning of the king's crown in 1540 for the coronation of Mary of Guise[18]. It can be assumed that Lyon's crown soon mirrored the imperial crown of Scotland, as we know that when Sir Alexander Durham of Largo was invested as Lyon in 1660 he wore a gold imperial crown that echoed the crown of Scotland but without decorative jewels[19]. The use of a similar crown for Lyon was a deliberate design to reflect royal status, reinforced by its ceremonial wearing.

It is most probable that Lyon was admitted into his office by royal hands, an investiture hinted at by Adam Loutfut, Kintyre Pursuivant, in his late-fifteenth-century »Deidis of Armorie«. The »Deidis« states:

as the auld histories sais, nan of quhat estait he be suld mak herauld bot he be king, duk or erll, prince, baroun, and of sa gret antiquitie that scantly is thar memour of the lignie quhar-of he descendit[20].

As Lyon was the king's principal heraldic officer, it is most likely that the king personally invested the king of arms. In England, elite aristocrats might be given the au-

---

[15] Robert Kerr HANNAY (ed.), Acts of the Lords of Council in Public Affairs 1501–1554, vol. i, Edinburgh 1932, p. 260–261, 12 July 1527.
[16] Roderick J. LYALL, Medieval Scottish Coronation Service. Some Seventeenth-Century Evidence, in: Innes Review 28 (1977), p. 7–10.
[17] London, BL, Add. 45133, fol. 46v.
[18] See for example the silver groat of James III from the 1480s, Edinburgh, National Museums of Scotland, H.C2566; the beautiful illumination of a jewelled crown on the Scottish ratification of the marriage contract between Margaret Tudor and James IV in 1502, London, National Archives, E39/81; and the plate in a book of hours of James IV kneeling at prayer before an altar decorated by the Scottish royal coat of arms, Vienna, ÖNB, Codex Lat. 1897, fol. 24v. For more on imperial crown iconography see Roger A. MASON, This Realm of Scotland is an Empire? Imperial Ideas and Iconography in Early Renaissance Scotland, in: Barbara CRAWFORD (ed.), Church, Chronicle and Learning in Medieval and Early Renaissance Scotland. Essays Presented to Donald Watt on the Occasion of the Completion of the Publication of Bower's Scotichronicon, Edinburgh 1999, p. 73–91.
[19] PAUL, Heraldry in Relation to Scottish History and Art (as in n. 8), p. 91.
[20] HOUWEN (ed.), Deidis of Armorie (as in n. 3), vol. i, p. 7.

thority to create heralds, although never kings of arms, which was the exclusive preserve of the king. For example, on his appointment to Captain of the Fleet in 1452, John Talbot, earl of Shrewsbury, was given power to create by oath as many heralds and pursuivants as he pleased and to give them orders as he saw fit, but kings of arms were excluded from his authority[21]. Likewise, in 1398, Robert III of Scotland probably created Rothesay Herald as an officer of arms for his son, David, upon his receipt of the dukedom of Rothesay[22]. Although private officers of arms were common in the late Middle Ages, it was inconceivable that in Scotland a king of arms could operate outside of royal authority. But it was authority over the making of private and royal heralds, without first consulting the king of arms, which was raised as an issue in the late fifteenth century by Adam Loutfut, Kintyre Pursuivant in his »Deidis of Armorie«. He wrote:

princis, lordis and barounys, knychtis and squyeris, and ilkane be thaimselff wald mak officiaris of armes at thar will and pleasance, nocht knawand giff thai war men of gud fame and honour and haffand in thaim wit, prudens, discrecioun, lawte, and wisdom to keip and excers weil the said office to the honour of all gentilmen [...] becaus they call nocht the auld kingis of armes and herauldis that knawis thaim tharin and aucht to be present at the makyn of thaim[23].

The good quality of the officers of arms was obviously a key issue and one which warranted stern rebuke from commentators. Thus the implication here was that the king of Scots was still very much in control of the choice and creation of heralds and kings of arms during the fifteenth century. It was thus most probably the normative case that Lyon was given his quasi-royal status of king of arms by the hands of the king of Scots himself.

THE QUASI-ROYAL STATUS OF LYON

Reflected in his version of the Scottish king's crown, was Lyon's status as a special officer of the kingdom. John H. Stevenson has suggested that during the fifteenth and sixteenth centuries Lyon was on a much more equal footing with the other heralds than he was during later periods[24]. However, he was patently of the highest status and this was expressed in the duties he carried out. These ranged from diplomacy to ceremonial functions; legal and advocatory work; and the collection of heraldic information[25].

---

[21] A. R. WAGNER, H. S. LONDON, Heralds of the Nobility, in: George Edward COKAYNE (ed.), The Complete Peerage of England, Scotland, Ireland, Great Britain and the United Kingdom, vol. xi, London 1910–1959, app. C, p. 43.
[22] Stephen I. BOARDMAN, The Early Stewart Kings. Robert II and Robert III, 1371–1406, East Linton 1996, p. 206–209; Accounts of the Lord High Treasurer (as in n. 7), vol. i, p. cxciv.
[23] HOUWEN (ed.), Deidis of Armorie (as in n. 3), vol. i, p. 5.
[24] STEVENSON, Heraldry in Scotland (as in n. 6), vol. ii, p. 421.
[25] In »Heraldry in Scotland«, John H. Stevenson gives only three classes of duty »past and present« of the officers of arms of Scotland: the first, the carrying and delivering of royal messages; second, the directing and marshalling of royal and public ceremonies; and third, attending to the enforcement of the law of arms and making grants of arms. He does not identify the

The most commonly performed duty of any herald was the delivery of royal communications, and Lyon seems to have been chosen to represent Scotland on highly significant occasions, when only the premier officer of arms would suffice. From the late fourteenth century, Lyon was regularly sent to England, Flanders, Bruges, Zeeland, Denmark, Norway, Rome, France, and Portugal[26]. He was described in December 1478 as an ambassador, an orator and a commissioner for the king of Scots, a clear indication that it was Lyon, not the magnates and prelates present in many diplomatic corps, who was charged to act as the king's main spokesman[27]. He carried letters under the Great Seal, renewed treaties and negotiated the royal family's marriages[28]. There might also be a ceremonial element to these duties, such as in 1543 when Lyon returned to Henry VIII the garter, collar and other accoutrements of the Order of the Garter which had belonged to James V[29]. His domestic duties mostly differed little from the other heralds, with orders including tax collection, delivering of the king's

---

fourth duty of procurator and royal advocate, STEVENSON, Heraldry in Scotland (as in n. 7), p. 52. The most sensible comment Innes of Learney made on this subject was that »Lyon was essentially a great officer of the court, much more than a mere recorder of arms and pedigrees«, Thomas INNES OF LEARNY, The Style and Title of ›Lord Lyon King of Arms‹, in: Juridical Review 64 (1931), p. 197–220, see p. 198.

[26] See for example, Exchequer Rolls of Scotland (as in n. 4), vol. ii, p. 117, vol. vi, p. 308; Accounts of the Lord High Treasurer (as in n. 7), vol. i, p. 46, 50, 127, 279, 325, 388, vol. ii, p. 114, 122, 132, 352, 361, 427, 478, vol. iii, p. 278, vol. iv, p. 27, 417, 501; R. H. BRODIE (ed.), Letters and Papers, Foreign and Domestic of the Reign of Henry VIII, Preserved in the Public Record Office, the British Museum and Elsewhere, London 1920, vol. i, no. 788, 789, 795, 1826, 2239, 5641; Acts of the Parliaments of Scotland (as in n. 8), vol. ii, p. 143; George NEILSON et al (ed.), Acta Dominorum Concilii. Acts of the Lords of Council in Civil Causes, vol. i, Edinburgh 1839–1993, p. 56, 77; J. BAIN (ed.), Calendar of Documents Relating to Scotland A.D. 1108–1526, vol. iv, Edinburgh 1881–1888, no. 1421, 1501, 1505, 1697; Rawdon BROWN (ed.), Calendar of State Papers and Manuscripts Relating to English Affairs, Existing in the Archives and Collections of Venice and in Other Libraries of North Italy, vol. i, London 1864, no. 769; D. MACPHERSON et al. (ed.), Rotuli Scotiae in Turri Londinensi et in Domo Capitulari Westmonasteriensi Asservati, vol. ii, London 1814–1819, p. 63, 227; London, BL, Cott. Caligula, B.I. 161: Antwerp 23 August 1531; ibid., Royal, 18 B. VI 315: Holyrood 21 March 1543.

[27] Rotuli Scotiae (as in n. 26), vol. ii, p. 456.

[28] See for example the letter of Margaret Tudor to Henry VII in 1514, BRODIE (ed.), Letters and Papers of Henry VIII (as in n. 26), no. 5614, p. 933; London, BL, Cott. Caligula, B.I. 161: Antwerp 23 August 1531; Acts of the Parliaments of Scotland (as in n. 8), vol. ii, p. 143, 207; Calendar of Documents (as in n. 26), vol. iv, no. 1501, 1505; John Younge, Somerset Herald, The Fyancells of Margaret, Eldest Daughter of King Henry VIIth to James King of Scotland. Together with her Departure from England, Journey into Scotland, her Reception and Marriage There, and the Great Feasts Held on that Account, in: Thomas HEARNE (ed.), Joannis Leland Antiquarii de Rebus Britannicis Collectanea, vol. iv, London 1774, p. 264. For more on the role of Lyon and, in particular, Snowdon Herald, in the negotiation of royal marriages, see Katie STEVENSON, Royal Propaganda. Snowdon Herald and the Cult of Chivalry in Late Medieval Scotland, in: Charles J. BURNETT (ed.), Genealogica et Heraldica Sancta Andreae MMVI, (forthcoming).

[29] London, BL, Royal 18 B.VI 315: Holyrood 21 March 1543.

letters and issuing summons to the lords of council[30]. However, Lyon was often chosen to represent the king and meet important visitors to Scotland, such as when he was sent to meet and escort to Edinburgh the Englishmen who were carrying an instalment of Princess Cecilia's dower at Candlemas of 1477[31].

Frequent travel and missions of diplomacy meant that Scottish kings of arms required certain skills, such as languages, and ideally should have been well acquainted with the customs and topography of the kingdom to which they were journeying[32]. The royal libraries provided Lyon with useful information, and contained, for instance, the »Travels of Sir John Mandeville«, which had been copied for James III in 1467[33]. James III also received a copy of the travel diary of Anselm Adornes of Bruges, whom the king had encouraged to visit the Holy Land around 1470[34]. Owners of private libraries might have freely lent books and manuscripts or consultation might have been allowed on site. Certainly these libraries held works of interest to Scottish heralds. For example, a work that contained long sections on heraldry, the »Law of Armys«, was translated rather liberally into Scots from Honoré Bouvet's »Tree of Battles« for Sir William Sinclair, earl of Orkney in 1456[35]. Sir William Cumming of Inverallochy, Marchmont Herald (later Lyon), also had a collection of relevant works in his library. In 1494, at Cumming's request, Adam Loutfut, Kintyre Pursuivant, copied and translated a large number of materials related to the function of heralds[36]. In part of this manuscript, the »Deidis of Armorie«, Kintyre Pursuivant recorded that

the herrauldis and pursewantis suld knaw the salutacionis forsaid as pertenis thaim till do honour til al statis and tharby til knaw and wndirstand all otheris salutacionis quhilk pertenis to the stait of this warld, and that is richt necessair to thar office[37].

---

[30] Edinburgh, NAS, GD160/4/6, GD160/118/8, GD160/133/1, GD160/126/3, GD160/528/8; Acts of the Parliaments of Scotland (as in n. 8), vol. ii, p. 284; Accounts of the Lord High Treasurer (as in n. 7), vol. i, p. 180; William FRASER, The Douglas Book, vol. ii, Edinburgh 1885, p. 91, n. 1; PAUL, Heraldry in Relation to Scottish History and Art (as in n. 8), p. 82.
[31] Calendar of Documents (as in n. 26), vol. iv, no. 1445. Other heralds also performed tasks of this nature, such as Snowdon Herald, who met Spanish ambassadors on their arrival to Scotland in 1489 and conveyed them to James IV. Accounts of the Lord High Treasurer (as in n. 7), vol. i, p. xci, 117, 393; STEVENSON, Royal Propaganda (as in n. 28).
[32] Pierre CHAPLAIS, English Diplomatic Practice in the Middle Ages, New York 2003, p. 140.
[33] Exchequer Rolls of Scotland (as in n. 4), vol. vii, p. 500.
[34] Jacques HEERS, Georgette DE GROER (ed.), Itinéraire d'Anselme Adorno en Terre Sainte (1470–1471), Paris 1978.
[35] Jonathan A. GLENN (ed.), The Prose Works of Sir Gilbert Hay, vol. II: The Buke of the Law of Armys, Edinburgh 2005, p. cxxxvii–cxlv.
[36] There are four complete surviving Scots versions, London, BL, Harley MS 6149; Oxford, Queen's College, Ms. 161; Edinburgh, NLS, Adv. MS 31.5.2; ibid., Adv. MS 31.3.20. See also ibid., Adv. MS 31.7.22 and London, College of Arms, MS 19. For a near contemporary manuscript worthy of comparison see Edinburgh, NLS, Adv. MS 31.6.5 which is connected to John Meldrum, Marchmont Herald, c. 1515. For these kinds of heraldic text collections in France and Burgundy, which may constitute the origin of these Scots manuscripts, see HILTMANN, Spätmittelalterliche Heroldskompendien (as in n. 13).
[37] HOUWEN (ed.), Deidis of Armorie (as in n. 3), vol. i, p. 10.

Here Cumming and other heralds could read how to address the different ›estates‹ of Europe, including the emperor, the king of France and England, dukes, earls, barons and knights; the Pope, cardinals, archbishops, bishops, abbots and abbesses; the colleges of priors, parliament, and high officials of state[38].

Lyon King of Arms also had essential language skills and could offer immediate translation services. For example, in a letter from Lord Dacre to the Lords of Council, he reported that Lyon King of Arms (Cumming of Inverallochy) met with Dacre at Harbottle in England on 7 August 1515, and showed him a letter from the duke of Albany, which was in French. Dacre, who must have been unable to read French, had Lyon translate this for him on the spot. Dacre then enclosed, in his letter to the Lords, both Albany's original letter and Lyon's translation of it[39]. It was presumably essential for the Scottish officers of arms to be well versed in international customs and languages. The king of arms, evidently, was required to be a talented diplomat and linguist.

Alongside his diplomatic duties, Lyon had a prominent role in the ceremonies held by the king, such as feasts, funerals, parliaments, marriages, weddings, christenings, and coronations[40]. At Scottish coronations, as suggested above, Lyon King of Arms played a significant role and the heralds had available to them numerous treatises on types of investiture and their duties at these events[41]. He also acted as a royal representative at foreign coronations, such as in 1399 when Henry Greve, king of the heralds of Scotland, attended the coronation of Henry IV of England[42]. At royal ceremonies it was the Lyon's duty to cry largesse. There was advice available on how to cry largesse, and the Loutfut manuscript contains several folios outlining this practice in order that *herrauldis ande pursuewantis suld knaw quhen thair ar with princes and gret lordis how thair suld cry thar largesse the quhilkis ar cryit at gret festis*[43]. The crying of largesse was a regular feature also of Scottish ceremonies, and in 1503 Margaret Tudor's largesse was cried by Sir William Cumming, Marchmont Herald, at the banquet celebrating her marriage to James IV of Scotland[44]. This duty would normally have been carried out by Lyon King of Arms, especially as it was such an important

---

[38] Ibid., p. xiv, 7–10.
[39] BRODIE (ed.), Letters and Papers of Henry VIII (as in n. 26), vol. ii, no. 788, p. 210: Dacre to the Lords of Council, 7 April 1515.
[40] Accounts of the Lord High Treasurer (as in n. 7), vol. iv, p. 91, 112, 400, 407, vol. v, p. 97; Acts of the Parliaments of Scotland (as in n. 8), vol. iii, p. 444, 554.
[41] London, BL, Harley MS 6149, fol. 115v–124, 173v; Edinburgh, NLS, Adv. 31.7.22, fol. 34v–64v; LYALL, Medieval Scottish Coronation Service (as in n. 16), p. 7–10.
[42] Calendar of Documents (as in n. 26), vol. iv, no. 540.
[43] London, BL, Harley MS 6149, fol. 42r. For more on this see also HOUWEN (ed.), Deidis of Armorie (as in n. 3), vol. i, p. xxxix, xlii. For a French version of this text in the famous compendium of Sicily Herald, see Ferdinand ROLAND (ed.), Parties inédites de l'œuvre de Sicile, héraut d'Alphonse V roi d'Aragon, maréchal d'armes du pays de Hainaut, auteur de Blason des couleurs, Mons 1867, p. 200–203.
[44] Younge, The Fyancells of Margaret (as in n. 28), p. 295.

royal event. However, at this time Lyon was in Rome confirming a truce with England and so Cumming acted in his stead[45].

Perhaps the best known ceremonial functions of the king of arms were those he discharged at tournaments. At these events he, along with the other heralds, kept score sheets, judged blows, inspected arms and crests, and verified the heredity of participants[46]. Scottish evidence, however, is not always very revealing on this matter. It is now clear, for example, that Sir Alexander Nairn of Sandford, Lyon King of Arms, was present at a tournament at Stirling in 1449, though there is no indication of what his role was at this event[47]. In the late sixteenth century Pitscottie revealed something of the herald's duties at the tournament:

And everie man as he faught best gat his wapouns deliuerit to him be the king in this maner; he that ran the speir best, he gat ane speir witht gould deliuerit in to him witht gilt harnis thair to kepi in memorieall of his practick and ingyne thair to, and also the harrottis blasonitt him to be the best justar and rynnar of the speir in the realme amang his bretherine; and the battell axe deliuerit to him that faught best thariwitht, and in lykewyse the suord, hand bow and corse bow deliuerit be the heraldis the samin maner to them that wssit them best[48].

Lyon King of Arms, it seems, might have had a very prominent role in the tournament and by the sixteenth century there is evidence that he was in charge of organising and running the events. During James V's reign, for example, it was Sir David Lindsay of the Mount who planned the royal tournaments. This role informed his poetry and there are descriptions of the tournament for Queen Madeleine's entry in Scotland in 1537 in the »Deploratioun of the Deith of Quene Magdalene«[49]. Likewise, in the »Historie of Squyer Meldrum«, heralds are to be found supervising the jousting, marshalling the crowd and giving the signal to commence the fight[50]. Kings of arms could draw upon a range of manuals to help in these tasks, such as the Loutfut manuscript of 1494. This contained a number of short tracts on the organisation and ceremonial of tournaments, discussing the *maner how turnais was wont to be maid*[51]. In the early sixteenth century, Peter Thomson, Islay Herald, also had a copy of tournament rules that were at-

---

[45] Accounts of the Lord High Treasurer (as in n. 7), vol. ii, p. 361.
[46] Maurice KEEN, Chivalry, New Haven, London 1984, p. 137.
[47] J. M. THOMSON et al (ed.), Registrum Magni Sigili Regum Scotorum, vol. ii, Edinburgh 1882–1914, p. 319; Katie STEVENSON, Chivalry and Knighthood in Scotland, 1424–1513, Woodbridge 2006, p. 73; ID., Contesting Chivalry. James II and the control of chivalric culture in the 1450s, in: Journal of Medieval History 33 (2007), p. 197–214.
[48] Robert LINDSAY OF PITSCOTTIE, The Historie and Cronicle of Scotland from the Slaughter of King James the First to the Ane Thousande Fyve Hundreith Thrie Scoir Fyftein Zeir, vol. i, Edinburgh, London 1899–1911, p. 231–232.
[49] Douglas HAMER (ed.), The Works of Sir David Lindsay of the Mount 1490–1555, vol. i, Edinburgh, London 1931, p. 110, line 137.
[50] Ibid., vol. i, p. 157–158, lines 437–448; EDINGTON, Court and Culture (as in n. 10), p. 28–29.
[51] London, BL, Harley MS 6149, fol. 44r–49r, 109r–115v. For these kinds of manuscripts and the problems inherent in them, see HILTMANN, Spätmittelalterliche Heroldskompendien (as in n. 13).

tributed to Philip of France and a copy of an exposé of the arrangements for jousting at the marriage of Catherine of Aragon and Arthur, Prince of Wales, in 1501[52].

Yet Lyon's activities were not restricted to the ceremonial or diplomatic. Charles Burnett has remarked that it was during James IV's reign that Lyon became involved with the legal administration of Scotland[53]. While the lack of records prior to James IV's reign prohibit us from establishing if this was a long-standing function, from the late fifteenth and early sixteenth centuries, we find Lyon King of Arms acting as a procurator and advocate for the king[54]. Indeed, Lyon protected this king's judicial authority in 1515 when before the lords of council the dean of Glasgow, Robert Forman, asked to be excused from judgement because he was a churchman and the lords of council were a temporal court. James Wishart and Lyon King of Arms, the king's advocates who were prosecuting Forman, considered this appeal and, insisting their response be recorded in the resulting instrument, stated that »the king's grace is judge to all persons breaking the privileges of his realm and right so all judges that has the king's authority are judges to all such breakers of his privilege«[55]. Acting on behalf of the king in his legal matters was a natural extension of his quasi-royal authority.

Although in many domestic duties Lyon's role was similar to that of other heralds, the control of armorial bearings was an area which Lyon came to dominate as his role developed. The survival of early armorials shows that heralds must have been collecting armorial information from as early as the fourteenth century. There survives little evidence of visitations being carried out in Scotland in order to collect armorial information, although these were frequently executed in England[56]. However, the existence of Scottish rolls of arms, and the inclusion of substantial numbers of Scottish coats in foreign armorials, such as the »Gelre Armorial«, the »Armorial de l'Europe« and the »Armorial de Berry«, indicates that visitations might have occurred during the fifteenth and sixteenth centuries. The maintenance of records of Scottish armorial bearings which were granted or deprived seems to have occurred from the fifteenth century, although no formal register existed until the sixteenth century. By 1567 it is clear that there was an official »book of arms« or an armorial register from which parliament demanded that the arms of those forfeited for treason be deleted[57]. In 1581 we find a royal charter which granted James Stewart of Bothwellmure with the previously forfeited earldom of Arran, and that the new earl's »name, style, title, insignia and motto shall be inserted in the book of insignia in that place in which the earl of Arran was formerly«[58]. In a parliament of 1584 the name and arms of the deceased James Ross of Petthelves were ordered to be deleted from the book of arms on his forfei-

---

[52] Edinburgh, NLS, Adv. MS 31.7.22, fol. 3r–34r, 65r–69r.
[53] Charles J. BURNETT, Early Officers of Arms in Scotland, in: Review of Scottish Culture 9 (1995–1996), p. 3–13, see p. 6.
[54] Acts of the Lords of Council (as in n. 15), p. 40, 42–43, 49.
[55] Ibid., p. 42.
[56] PAUL, Heraldry in Relation to Scottish History and Art (as in n. 8), p. 89.
[57] Acts of the Parliaments of Scotland (as in n. 8), vol. ii, p. 572.
[58] STEVENSON, Heraldry in Scotland (as in n. 7), p. 62–63.

ture[59]. Although not yet under the jurisdictional authority of the king of arms, Lyon, like the other heralds, was probably involved in the collection, collation and maintenance of armorial information.

Francis Grant in the »Court of the Lord Lyon« made the rather bold claim that »since 1542 no grant of arms has been made by the king but by Lyon alone«[60]. He thus attributes the armorial roll of Sir David Lindsay as the first register of arms in Scotland and that this implied control by the king of arms[61]. However, this is far from an accurate interpretation. In England, in comparison, kings of arms (of which there were normally three) did make grants of arms during the fifteenth century, and it seems that Scottish antiquarians and historians have assumed an analogous situation in Scotland. There is, however, no evidence to suggest that this was the case. Indeed, English kings of arms appear to be rather remarkable, as throughout late medieval Europe it was most common for grants of arms to be made by the crown or parliament. This was not the case in England where the kings of arms were responsible for such grants[62]. Indeed, ample evidence survives to suggest that the pattern in Scotland was similar to Continental Europe with both the king and parliament exercising control over the granting of arms in the fifteenth and sixteenth centuries[63]. It is thus possible to suggest instead that the king was responsible for the issuing of armorial bearings in the fifteenth century, while officers of arms acted as record keepers. During the sixteenth and seventeenth centuries, as elsewhere in Europe, this power was gradually assumed by the king of arms[64].

HIERARCHY AND PRECEDENCE

During the fifteenth century heralds throughout Europe were becoming increasingly professionalised and, in some kingdoms, they gained collegiate incorporations. However, there is no indication that there was a desire on the part of the Scottish king or the officers of arms to move towards such incorporation. Indeed, this issue was not

[59] Acts of the Parliaments of Scotland (as in n. 8), vol. iii, p. 346.
[60] GRANT, Court of the Lord Lyon (as in n. 9), p. i.
[61] Edinburgh, NLS, Adv MSS 31.4.3; STEVENSON, Heraldry in Scotland (as in n. 7), p. 62; EDINGTON, Court and Culture (as in n. 10), p. 37. Edington suggests this armorial may have had a connection to a 1540 act of parliament which ordered that all sentences for treason passed in parliament or the justice courts should be authentically copied and gathered together in one book, in part because they may otherwise be destroyed, and in part because the memory of the traitors should remain to the shame and slander of their descendants, Acts of the Parliaments of Scotland (as in n. 8), vol. ii, p. 361. David Lindsay included in his armorial the arms of the majority of traitors named in that statute, an unorthodox move given that forfeiture also meant forfeiture of arms. Lindsay justified his inclusion of these arms on the grounds that it honoured their noble predecessors, shamed the guilty, and set an example which may deter others from such heinous crimes, Edinburgh, NLS, Adv MSS 31.4.3, fol. 53r.
[62] WAGNER, Heralds of England (as in n. 6), p. 67.
[63] Exchequer Rolls of Scotland (as in n. 4), vol. vi, p. 264, 580; Acts of the Parliaments of Scotland (as in n. 8), vol. i, p. 482–483, vol. ii, p. 102, 506, vol. iii, p. 232.
[64] Ibid., vol. iii, p. 554.

brought before parliament until the end of the sixteenth century. Although not a formal college, the number of heralds in Scotland increased during the fifteenth century and the king of arms assumed responsibility for this burgeoning number of officers. This authority was implied as early as 1406, when the short-lived office of Rothesay King of Arms was referred to in an order by Henry IV of England. This order clearly recognised that Rothesay had some control over the Scottish heraldic collective, as it gave permission for goods seized from Scottish merchants at Scarborough to be returned to the deputies of the king of arms, implying any heraldic representative of Rothesay's choosing[65]. During the rest of the century, records show that the king and parliament had firm jurisdiction over many matters that Lyon would eventually come to control, such as the granting of armorial bearings. But evidence also implies Lyon's hierarchical authority over the heralds: in 1488, for example, the full complement of the officers of arms served summons for treason on Lord Bothwell and, in this task, they were commanded by Lyon.

By 1517 there is more certain evidence that Lyon King was in charge of the officers of arms in a formal capacity. In a case before the lords of council, a messenger, John Adamson, was accused of failing to deliver important letters to Patrick Hepburn, sheriff of Berwick. He was found guilty of this crime and the lords ordered that Adamson was deprived of his arms by Lyon and punished in whichever way the king of arms felt expedient[66]. This was reiterated ten years later in 1527 by the lords of council who ordained that when couriers and messengers (lesser officers of arms) were not executing their duties appropriately that Lyon King of Arms should discharge them from their office and remove their arms. In addition to this, the lords ordered that Lyon King was to choose twelve *honest vertuus trew men* [...] *that he will ansuer for apoun his honour to execut thar offices justlie* so *that our soverane lord and his trew leigis may be weile and trewlie servit in tyme tocum in the said office*. Should these twelve fail in the execution of their duties, the *Lyoun tak thar armies fra thame and punys thar persons according to thar faultis*[67].

By 1541 the officers of arms themselves saw their office as subordinate to Lyon and that his was the sole jurisdictional authority under which they operated. However, when this notion was put to the lords of council, they did not agree. Their minutes record that *the lords do not accept the contention of John Meldrum, Marchmont Herald, that be privilege of his office na schereffis nor officiaris hes jurisdiction of him in his actionis bot alanerlie Lyon king of armes and the lordis of consale*[68]. In this case new ideas of Lyon's authority were being tested, and thus also the privileges of his subordinates. This, then, was not just about royal authority over the officers of arms, but also, much more significantly, about the authority and jurisdiction of other crown officers, in particular the regional sheriffs and senior household officials. The lords of

---

[65] Calendar of Documents (as in n. 26), vol. iv, no. 720.
[66] Acts of the Lords of Council (as in n. 15), p. 73, 3 January 1517. He was perhaps able to refer to the types of appropriate punishments as laid out in London, BL, Harley MS 6149, fol. 134r–139v.
[67] Acts of the Lords of Council (as in n. 15), p. 260–261, 12 July 1527.
[68] Ibid., p. 509.

council felt that the Scottish officers of arms could not act outside the authority of the king's representatives, as this would furnish them with privileges of immunity from certain officers. The quasi-royal status of Lyon made for difficult lines of demarcation of jurisdiction and authority.

However, later in the century steps towards Lyon's official autonomy were made. By 1567 parliament made provision for the reform of the office of arms, largely because the Lyon King at that time was wholly corrupt. Principally parliament's reform legislation dealt with capping the Lyon's fees when new officers were created[69]. By 1587 his supremacy over the other heralds was further formalised by an act that restricted the number of officers of arms of the kingdom to two hundred in total, seventeen of which were named officers. This act also insisted that Lyon King of Arms held a court in Edinburgh bi-annually where he should be available to hear complaints against his officers of arms[70]. This was followed in the 1590s by further reiteration of the earlier reforms and in 1592 parliament gave Lyon the task of ensuring that the numbers of officers and messengers of arms was kept within the prescribed limits[71]. The risk that Lyon might falsely declare or siphon off fines levied by his bi-annual court was recognised by parliament two years later. Parliament demanded to see the accounts of the Lyon and Lyon Clerk (the keeper of heraldic records from c. 1554) to ensure that the king was not being cheated of his due income from the penalties placed upon deprived officers of arms[72]. From this it is clear that although a premier royal officer, Lyon's power was subject to the careful scrutiny of parliament.

There remains one further issue of hierarchy and jurisdiction which needs to be clarified and that is whether the constable and marischal had authority over Lyon King of Arms and the heraldic officers subordinate to him. This was certainly the case in England, and a number of assumptions have been made about this situation in Scotland. John H. Stevenson in »Heraldry in Scotland« has argued that it was erroneously supposed, on an assumed analogy with the case of England, that Lyon was at one time subordinate to the marischal and constable of Scotland[73]. However, W. Croft Dickinson has suggested that while, in theory, final authority over the officers of arms rested with the constable, in practice Lyon King of Arms seems to have been the key figure[74]. It is unclear why writers on Scottish heralds have come to the conclusion that the marischal and constable had no authority over the officers of arms in Scotland, when the evidence does actually point to a relationship of this nature. The surviving description of a mid-fifteenth century coronation service (possibly James II's at Holyrood) sees in the early stage of the ceremony the marischal calling upon Lyon King of Arms and the heralds to sit down before the king. After this, the marischal swore in the Lyon and crowned him *with his auen Croune wich he is to wear at that Solenitie* [solem-

---

[69] Acts of the Parliaments of Scotland (as in n. 8), vol. iii, p. 44.
[70] Ibid., p. 449–450.
[71] Ibid., p. 555.
[72] Ibid., vol. iv, p. 66; GRANT, Court of the Lord Lyon (as in n. 9), p. 2.
[73] STEVENSON, Heraldry in Scotland (as in n. 7), p. 41.
[74] W. Croft DICKINSON, Courts of Special Jurisdiction, in: Introduction to Scottish Legal History, Edinburgh 1958, p. 397.

nity][75]. The marischal and constable's status at the ceremony was clearly superior to the Lyon's throughout. The marischal made demands upon the Lyon, such as having him cry out the oaths which he read to him, but also during the anointing of the king Lyon carried two *pigges of oyle*, one of which he then gave to the constable, and the other to the marischal[76]. They in turn handed these to the bishops who *poured it one the kinges head and vpoune one syde and the vther*[77]. A hierarchical subordination of Lyon to these great officers of state was thus clearly implied in the ritual aspects of this coronation ceremony.

Kintyre Pursuivant, in the »Deidis of Armorie«, also laid out ideas of precedence and hierarchy. Perhaps taking its cue in part from the treatise of Sicily Herald, the opening passages deal with how the various offices of arms were first founded in Julius Caesar's time[78]. Here the constable was given precedence, followed by the admiral, the marischal, the captains and then the heralds[79]. He wrote: *Bot of al thir offices the constable had the prerogatiue for to iuge and wndirstand the debates, discordis, and querellis that mycht be movit in al dedis of armes*[80].

The marischal's role, according to this text, was very much restricted to military matters:

the marschaillis ar ane office quhilk pertenis til haue the knawlege of batalyes be land and the governance of the sammyn, for thai represent the counstable[81]. *The heralds should be responsible for gangand and cumand betuix princis; mak gud and leil message of al thingis thai salbe chargit with and tharwithall leill and trew report*[82].

Similarly the problematic manuscript of the Order of Combats, which may date to James I's reign but of which there is only a seventeenth-century copy, gave centre stage to the constable and marischal during judicial duels, whereas the king of arms and heralds were commanded by the constable during these events[83]. Furthermore, in 1555, Sir David Lindsay of the Mount found a messenger guilty of malversation. Lindsay deprived the messenger of his arms and decreed that he should be delivered to the constable for punishment, a clear indication in this case that Lyon was acting as a subordinate officer[84]. Combined, this seems to provide evidence of a court of chivalry, similar to that which had operated in England since 1348 under the constable and mar-

---

[75] LYALL, Medieval Scottish Coronation Service (as in n. 16), p. 7.
[76] Ibid., p. 9.
[77] Ibid., p. 8.
[78] HOUWEN (ed.), Deidis of Armorie (as in n. 3), vol. i, p. xiii.
[79] Ibid., p. 1.
[80] Ibid.
[81] Ibid., p. 2.
[82] Ibid., p. 4.
[83] The Order of Combats for Life in Scotland as they are anciently recorded in ane old Manuscript of the Law Arms and Offices of Scotland pertaining to James I King of Scots, in: The Miscellany of the Spalding Club II, Aberdeen 1842, p. 387.
[84] Edinburgh, NLS, Adv. MS 34.6.24, fol. 139v, p. 277–278.

shal[85]. Although antiquarians have denied that the constable and marischal had authority over Lyon, as late as 1592 we find Lyon and the Earl Marischal in charge of determining precedence in parliament: their co-work here suggests that the two offices were still very much associated with one another[86]. Although further research will be illuminating, it is evident that, for some purposes, Lyon was subordinate to the constable and marischal during the fifteenth and sixteenth centuries.

There has been some confusion over the order of precedence (the internal hierarchy) of the officers of arms of Scotland, which warrants investigation as a final topic for consideration. Part of the difficulty comes from the heraldic officers not being a formally incorporated body until the end of the sixteenth century, thus keeping their organisation rather fluid until that time. However, in a status-conscious society such as late-medieval and early-renaissance Scotland there is no question that the rank and order of these men would have been well known and readily identifiable by indicators such as standard of dress and clear restrictions on permitted duties. Heralds, pursuivants, macers and messengers all fell under the authority of Lyon King of Arms. However, two Scottish antiquaries, Innes of Learny and Francis Grant, have suggested that macers took precedence over pursuivants[87]. Innes cites a 1587 act of parliament which lists Lyon King of Arms followed by *the ordainer herauldis, massirs and pursevantis*[88]. However, this is the only reference to this order of precedence and, in fact, there are dozens of other similar lists that place macers after pursuivants or fail to mention them at all. Earlier references, such as that of 3 September 1528, list the order of precedence as Lyon, the heralds and the pursuivants[89]. Pursuivants themselves saw their place in the heraldic hierarchy quite specifically as subordinate to heralds and not macers. Adam Loutfut, Kintyre Pursuivant, wrote around 1494 that he was the *obedient sone in the office of armes* to Marchmont Herald[90]. A poem contained in the same manuscript ends with an explanation of the three orders of heralds: pursuivants, heralds and kings of arms[91]. So it is evident that contemporaries viewed the hierarchical structure in this way. A single reference to macers in between heralds and pursuivants is, in this case, inadequate evidence to suggest that they were of a higher status than pursuivants. Moreover, in terms of titular officers, it was only king of arms, heralds and pursuivants that were granted new names, proof, in itself, that macers had a lower status.

---

[85] George D. SQUIBB, The High Court of Chivalry. A Study of the Civil Law in England, Oxford 1959, p. 1–28; WAGNER, Heralds of England (as in n. 6), p. 125, 130.
[86] Acts of the Parliaments of Scotland (as in n. 8), vol. iii, p. 554.
[87] Thomas INNES OF LEARNY, Sir William Cumming of Inverallochy. Lord Lyon King of Arms, 1512–1519, in: Juridical Review 55 (1943), p. 24–38, p. 25; GRANT, Court of the Lord Lyon (as in n. 9), p. ii.
[88] Acts of the Parliaments of Scotland (as in n. 8), vol. ii, p. 449; INNES OF LEARNY, Sir William Cumming of Inverallochy (as in n. 87), p. 25.
[89] Reports of the Royal Commission on Historical Manuscripts, Fifth Report, London 1870, Manuscripts of the Earl of Lauderdale at Thirlestane Castle, p. 612.
[90] London, BL, Harley MS 6149, fol. 78r.
[91] Ibid., fol. 155r.

Antiquarians interested in this subject have also suggested that, like England, Scotland was divided into provinces under the managements of deputies to the Lyon[92]. This appears, however, not to have been the case. There is no evidence to support this assertion and it seems that Lyon King of Arms managed Scotland and the king's heralds in entirety. There has also been something of an anachronistic assumption that, like today, there was a formal office of Lyon Depute[93]. There are no contemporary records of the title and it appears to be an office created towards the end of the seventeenth century[94]. Nor was there a marshal of arms who, as elsewhere in Europe, acted as a deputy to the king of arms[95]. However, as we have seen, there was some kind of backup system in place, during the fifteenth and sixteenth centuries, where experienced and senior heralds might become effectively »Acting Lyons« in situations where the king of arms may have been out of the kingdom or incapacitated: for example, Sir William Cumming of Inverallochy, Marchmont Herald in the 1490s, and Snowdon Herald, Sir David Lindsay of the Mount in the 1530s. Indeed, as Marchmont, Cumming was *Pryncipall Herauld* at the marriage celebrations for Margaret Tudor and James IV in 1503, and cried largesse, a role normally reserved for Lyon[96]. These cases seem to have been solely on merit and quality of the officer and were not formal positions of Lyon Depute. Instead, all heralds were seen as deputies of the king of arms, a natural extension of their role.

CONCLUSIONS

Lyon King of Arms is a difficult figure to trace in Scottish records and much that has been written about him, it now seems, has been rather misinformed. However, it is possible to establish with some certainty that he was the sole king of arms in Scotland after 1412. He was responsible for the increasing number of officers of arms during the fifteenth and sixteenth centuries and this included monitoring their activities and judging and punishing their misdemeanours. However, Lyon's responsibility was not independent of other members of the Scottish administration and he was directly answerable to the constable and marischal, to parliament and, ultimately, to the king. Therefore, Lyon did not operate as an ›other‹ king, as there were clear lines of authority into which his role fell. As a king of arms he did not have the jurisdictional independence one would expect from a king and thus Lyon's place in the heraldic hierarchy did not mirror the king of Scots' as the apex of the Scottish elite. Although quasi-royal, he was not independent but had an evolving role within the hierarchical structure of royal administration.

---

[92] STEVENSON, Heraldry in Scotland (as in n. 7), p. 45.
[93] INNES OF LEARNY, Sir William Cumming of Inverallochy (as in n. 87), p. 31.
[94] STEVENSON, Heraldry in Scotland (as in n. 7), p. 45.
[95] WAGNER, Heralds and Heraldry (as in n. 5), p. 43.
[96] Younge, The Fyancells of Margaret (as in n. 28), p. 295, 297, 300.

FRANCK VILTART

Le roi des ribauds à la fin du Moyen Âge
Une royauté infâme?

La société médiévale n'a pas échappé à la marginalité, à la délinquance et à la prostitution. Leurs différentes manifestations durent, à un moment ou à un autre, être tolérées ou tout du moins contenues dans des limites supportables pour les communautés dans lesquelles elles avaient lieu[1]. Rejetés dans certains quartiers, tous les individus menant une vie jugée déshonnête (prostituées, mendiants, vagabonds, etc.) ont pu ainsi se voir être encadrés et surveillés notamment par l'intervention d'officiers comme le roi des ribauds.

Depuis les dissertations des érudits Du Tillet, Fauchet et Pasquier, entre autres, les recherches sur l'office de roi des ribauds ont été améliorées par plusieurs découvertes et articles qui nous permettent aujourd'hui d'étudier, grâce à de nouveaux documents, cette ›autre‹ royauté, qui avait été rangée depuis trop longtemps parmi les curiosités de l'histoire médiévale pour »›ses fonctions aussi complexes qu'étendues, aussi bizarres que terribles[2]«. Parmi ces articles, je ne citerai que à titre d'exemple celui d'Anne Terroine, sur le roi des ribauds de l'hôtel du roi et les prostituées parisiennes, dont la richesse demeure inégalée[3]. Par une découverte dans une reliure d'un censier, Anne Terroine avait mis en valeur une pièce majeure pour l'étude de cet office de l'hôtel des rois de France et en particulier sur son lien étroit avec la prostitution parisienne au début du XVe siècle. Nous avons choisi de continuer la recherche sur cet office à travers plusieurs documents d'archives méconnus ou inédits.

L'office, qui apparaît et disparaît à la cour du roi de France puis dans celles des princes de la maison royale entre les XIIIe et XVe siècles, se diffuse dans de nombreuses villes et principautés françaises, mais aussi en Italie et dans l'Empire[4]. Chef de

---

[1] Je tenais à dédier cet humble article à la mémoire de Bronisław Geremek (1932–2008), dont l'œuvre ne cessera d'être une source d'inspiration: Bronisław GEREMEK, Inutiles au monde. Truands et misérables dans l'Europe moderne (1350–1600), Paris 1980; ID., La potence ou la pitié. L'Europe et les pauvres du Moyen Âge à nos jours, Paris 1986; ID., Criminalité, vagabondage, paupérisme. La marginalité à l'aube des Temps modernes, dans: Revue d'histoire moderne et contemporaine 21 (1974), p. 337–375.
[2] Paul LACROIX, dit Jacob Bibliophile, Les curiosités de l'histoire de France. Le roi des ribauds, Paris 1858, p. 45–72. Voir aussi Ludovic PICHON (éd.), Le roy des ribauds. Dissertations de Du Tillet, Claude Fauchet, Miraumont, Estienne Pasquier, recueillies et collationnées sur les textes originaux, Paris 1878.
[3] Voir Anne TERROINE, Le roi des ribauds de l'Hôtel du roi et les prostituées parisiennes, dans: Revue historique de droit français et étranger 56 (1978), p. 253–267.
[4] Pour l'Italie, voir Enrico ARTIFONI, I ribaldi. Immagini e istituzioni della marginalità nel tardo medievo piemontese, dans: Giovanni TABACCO (dir.), Piemonte Medievale. Forme del potere della societa, Turin 1985, p. 227–248; Luciano ROSSI, Notula sul Re dei Ribaldi, dans: Cultura Neolatina 33 (1973), p. 217–221. Pour l'Empire, voir Ernst SCHUBERT, Fahrendes Volk im

bande, auxiliaire militaire, officier municipal, officier chargé du contrôle et de l'accès à la cour des princes, la place accordée à ce personnage pose de nombreuses questions. Quels étaient les véritables pouvoirs de cet officier? Sur qui les exerçait-il vraiment? Il convenait d'interroger son royaume, celui des ribauds, avant de saisir les différentes fonctions de sa royauté, pour enfin déterminer sa place dans la société médiévale.

RIBAUDS ET RIBAUDES

Les différentes apparitions du roi des ribauds dans les sources ont souvent amené aux conclusions les plus variées sur cet office et sur son existence même. La charge de »roi des ribauds« ne fut en réalité pas figée, mais évolua du XIIIe au XVe siècle. La première apparition du roi des ribauds dans les sources date de 1214, dans une liste dressée des prisonniers de la bataille de Bouvines[5], bien que tout porte à croire qu'il devait exister depuis une date antérieure[6]. L'origine de cet office comme son évolution sont étroitement liées au terme qui a souvent posé problème, celui de »ribaud«[7]. Cela s'explique en partie par le caractère évolutif et parfois insaisissable de la définition que l'on accordait au Moyen Âge à ce terme et aux individus qu'il désignait. Donner à cette dénomination une seule définition serait hasardeux, mais il paraît nécessaire d'en saisir l'évolution pour comprendre comment la royauté des ribauds s'y rattacha.

Force est de constater que ce terme ne fut pas associé à la même signification tout au long du Moyen Âge, dans le royaume de France et au-delà[8]. En résumé: le vagabondage, la luxure, la prostitution, le jeu, le brigandage, la débauche, la force physique, mais aussi l'infamie, la vilenie et la mauvaise vie furent autant d'idées associées à un individu désigné comme »ribaud« dans les sources[9]. Les études menées jusqu'ici attestent qu'il s'agissait à l'origine de désigner par ce terme des troupes irrégulières qui suivaient l'ost royal en campagne, à partir du XIIIe siècle[10]. Signalés notamment pour

---

Mittelalter, Bielefeld 1995, p. 133–135 (d'après l'auteur, la ville de Cologne possédait en 1512 un *Bovenkönig*, proche du modèle du roi des ribauds).

[5] Georg WAITZ (éd.), De pugna Bovinensi. Catalogus captivorum, dans: Monumenta Germaniae Historica, Scriptores (in-folio) 26, Hanovre 1882, p. 390–393, ici p. 393.

[6] Un roi des ribauds apparaîtrait parmi les troupes royales lors de la conquête de Béziers en 1209, voir Eduard WECHSSLER, Das Kulturproblem des Minnesangs. Studien zur Vorgeschichte der Renaissance, Halle (Saale) 1909, p. 58.

[7] Voir le récent ouvrage de Nicole GONTHIER, Sanglant coupaul! Orde ribaude! Les injures au Moyen Âge, Paris 2007.

[8] Enrico ARTIFONI a montré l'importante présence de ces ribauds dans l'Italie du Nord au Moyen Âge, tout en essayant de mettre en évidence l'aspect hétéroclite des populations regroupées sous le nom »ribaud«, voir ARTIFONI, I ribaldi (voir n. 4).

[9] Voir Anne TERROINE, Le roi des ribauds (voir n. 3), p. 254. Son argumentation reprend de nombreuses références historiographiques, littéraires et lexicographiques concernant les occurrences du roi des ribauds. Chez Jean de Meung comme chez Eustache Deschamps, celui-ci inspire l'aversion, et le ribaud est celui qui vit dans la débauche, le jeu, l'ivrognerie et la crapule; SCHUBERT, Fahrendes Volk (voir n. 4), p. 17, il signale qu'en Angleterre, à la fin du Moyen Âge, le mot »ribaud« était employé comme un synonyme de »vagabond«.

[10] Ibid., p. 18.

leur efficacité lors des croisades, les ribauds demeuraient une force militaire efficace, qui semble avoir été réputée pour sa débauche et s'être fait connaître surtout pour sa violence extrême; deux idées que l'on retrouve étroitement liées au terme »ribaud« au bas Moyen Âge. Philippe Auguste fit de ses ribauds une force majeure de son armée. Ceux-ci pouvaient être des combattants armés ou non, auxquels l'assistance aux troupes régulières procurait un revenu, soit par l'aide logistique et le commerce avec elles, soit par le mercenariat et le pillage. On retrouve les traces de ces ribauds en Flandre, en 1291, dans la ville de Bruges, où un comte des ribauds, Jan Van Stevens, se place à la tête d'une bande armée lors de divers coups de main donnés aux troupes communales. Lui et ses hommes sont encore présents, en 1297, à l'expédition d'Ingelmunster ou encore à la bataille de Courtrai, en 1302. Ils se font remarquer en particulier pour la destruction, de nuit, de ponts sur la mer. Toujours à Bruges, ils transportent régulièrement les tentes et les pavillons de la ville emportés en campagne, les montent et les rapportent en ville où ils les font sécher[11]. Leur chef prend au comté de Flandre indifféremment le titre de comte ou de roi des ribauds, sans que l'on sache s'il était élu par ses troupes ou s'il s'imposa à leur tête[12]. Au XIVe siècle, Froissart, dans ses »Chroniques«, continue sans cesse d'opposer l'armée régulière à la *ribaudaille* qui suit à pied ou dans le charroi[13]. Il n'est donc pas étonnant de voir cette troupe auxiliaire faite de brigands proche des suiveurs de l'armée dont font partie les prostituées, les marchands et les valets.

En Toscane, le mot *ribaldi* apparaît très tôt également dans un sens péjoratif pour désigner les individus indésirables dans la cité, regroupant toujours des marginaux; il est parfois même utilisé dans un sens juridique pour désigner ce groupe social difficilement saisissable pour les autorités[14]. Il ne faudrait pas alors oublier l'étymologie du mot »ribaud«. Parmi les différentes études proposées, retenons celle de Paul Lacroix.

---

[11] Louis GILLIODTS-VAN SEVEREN (éd.), Inventaire des archives de la ville de Bruges, section première: Inventaire des chartes, première série: Treizième au seizième siècle, t. 5, Bruges 1871–1885, p. 104.

[12] En 1300, il apparaît au titre de roi dans les comptes de la ville de Bruges: *Regi ribaldorum pro curialitate sibi facta per scabinos, xl s*, ibid., p. 109.

[13] Jean FROISSART, Chroniques, éd. par Joseph Bruno Marie Constantin KERVYN DE LETTENHOVE, Bruxelles 1867–1877, t. 2, p. 140–262; t. 3, p. 150–438; t. 5, p. 421; t. 7, p. 27.

[14] Voir ARTIFONI, I ribaldi (voir n. 4), p. 227. D'après l'auteur: *Ribalderia, come appare il compito di ricercare per la citta il lusores e i prestatores ad ludum, blasfemanes i sacri nomi, e di espellere gli indesiderabili pultrones sorpresi a giocare sui sagrati delle chiese. (il constituto del communedi Siena dell'anno 1262). Nelle citta si annidano dunque gruppi sociali marginali e senza condizione civile, estratti dalla gran turba.* L'auteur y défend l'idée selon laquelle le groupe formé par les ribauds incarnait certaines formes de la marginalité dans la société italienne de la fin du Moyen Âge, ce qui semble pouvoir être mis en relation avec le cas français. Voir à ce sujet le chapitre consacré aux limites du monde marginal au bas Moyen Âge proposées par Bronisław GEREMEK, Les marginaux parisiens aux XIVe et XVe siècles, Paris 1976, p. 13 et p. 306–327; et aussi Claude GAUVARD, Le concept de marginalité au Moyen Âge: criminels et marginaux en France aux XIVe et XVe siècles, dans: Benoît GARNOT (dir.), Histoire et criminalité de l'Antiquité au XXe siècle, Dijon 1992, p. 363–368.

Selon lui, le mot »ribaud« proviendrait du mot gaulois »baud«, signifiant »joyeux«[15]. Cette idée expliquerait en partie les déclinaisons accordées au Moyen Âge aux ribauds, des gens aimant la joyeuse vie, l'aventure, la vie facile et pas toujours honnête. Ceci permettrait de tracer un fil conducteur entre les débauchés et les brigands, les filles de joie et les sociétés joyeuses auxquelles les ribauds furent parfois associés. De »ribaud« à »ribaude«, le lien semble plus évident, puisque, selon le même auteur, »ribaude« signifiait également, dès son origine, une fille suivant l'armée. En flamand, notons que le mot *ribauden* servit très tôt à désigner une pièce d'artillerie à feu dont découla, semble-t-il, le terme *ribaudekin*, réutilisé tel quel dans l'espace francophone et dont on ne peut que souligner, une nouvelle fois, l'origine militaire de la déclinaison. Remarquons, à cet égard, le fait que jamais le terme de »roi des ribaudes« ne semble avoir été employé, conservant le masculin à cette titulature accordée à celui qui fut attaché progressivement au contrôle des prostituées[16].

Dès le règne de Saint Louis, et âprement fustigée dans ses ordonnances, la »ribaude« était associée au métier de prostituée. La consonance péjorative du mot ne fera que s'amplifier, allant jusqu'à devenir une insulte, comme en témoigne cette invective relevée dans les sentences de l'officialité de Cambrai, le 20 mars 1445, où lors d'une discorde est lancé: *Vous etes compains aux compaignons d'Amiens, fieu de putain, fieu de ribaude, je vous feray coper la teste ou copperay my meismes*[17]. De même qu'il est intéressant de noter que celui qui fréquente ou soutient les ribaudes devient ainsi lui-même un ribaud, puisque dans une autre sentence de la même officialité, un prêtre est traité par un autre prêtre sur un marché de *ribaldum presbiterum, filium putte*[18]. Dans la ville de Chauny, en 1404, lorsqu'on fait construire une nouvelle maison pour héberger les prostituées, celle-ci doit être le plus loin possible du centre urbain *pour resister aux inconvenients, périls et fortune que par les ribaux, houlliers et autres repaireur avec folles femmes povoient advenir*[19]. Il s'agit donc bien ici d'associer ces individus issus d'un monde interlope et de les repousser en marge de *la bonne ville*.

DE MULTIPLES FONCTIONS

Produit de l'évolution du qualificatif de »ribaud« ou ayant évolué parallèlement à celui-ci, celui qui apparaît comme dépositaire d'un pouvoir de commandement sur ces ribauds, désigné très tôt comme »roi«, se voit confier progressivement de multiples

---

[15] Voir Paul LACROIX, Histoire de la prostitution chez tous les peuples du monde, Paris 1852, p. 387.
[16] Le roi des ribauds fut appelé cependant différemment. À Douai, par exemple, on le trouve nommé »roi des fillettes de l'amoureuse vie« (voir annexe 1).
[17] Cyriel VLEESCHOUWERS, Monique VAN MELKEBEEK (éd.), Registres de sentences de l'officialité de Cambrai (1438–1453), t. 1, Bruxelles 1998, p. 382–383, n° 66 (20 mars 1445).
[18] Ibid., p. 208–209, sentence 394, datée du 15 décembre 1442. Les ribauds sont également désignés comme les protecteurs des prostituées, voir GEREMEK, Les marginaux parisiens (voir n. 14), p. 251.
[19] Paris, BNF, Picardie 158, fol. 6v.

fonctions. S'il s'agit donc bien à la base d'une notion hiérarchique qui présida à l'attribution de cette royauté au sein d'une troupe d'auxiliaires militaires, son entrée dans l'hôtel des rois de France conforta son officialisation. Fort de sa réputation et de celle de ses hommes, il est désormais admis que le roi des ribauds s'orienta très tôt vers la garde du souverain ainsi que vers la police au sein de la suite royale, dans un premier temps, dans le cadre de campagnes militaires, puis cela s'étendit à la cour dans ses différentes résidences. L'ordonnance d'hôtel de Philippe V de 1316 fixe clairement les fonctions du roi des ribauds, figurant à côté des portiers et des huissiers d'armes dans l'hôtel. Sous l'autorité directe du maître d'hôtel, il devait veiller à ce que les individus reconnus comme indésirables vident les lieux où se tenait la cour, tout en les dissuadant d'y revenir:

Item, Crasse Joye, roy des ribauz, et ne mangera point a cour mais aura vj denrees de pain, ij quartes de vin et une piece de char et une poule et une provende d'avoine et xij d. de gaiges et sera monté par l'escuyrie et se doit touijours tenir hors de la porte et garder illeuc que il n'y entre que ceus qui y doivent entrer. [...] Item est assavoir, que les huissiers de salle, sitost com l'en aura envie des keus, fairont vider la salle de toutes gens fors que de eus qui y doivent mengier et les doivent delivrer a l'huis de la salle aus vallez de porte, et les vallez de porte aus portiers et les portiers doivent tenir la cour nette et les livrer au roy des ribaus, et le roy des ribauz doit garder que il n'entre plus en la porte. Et s'il qui sera trouvé defaillant de faire son office sera punis par le maistre de l'ostel, qui faira la journee, et font toutes chambre par son serment se il n'est saignez, et ne durera la saignee a toutes manieres de gens que un jour, et se il avenoit que aucun fut malade outre viij jours, que il s'envoise tantost en leurs maisons, et que l'en leur fasse donner argent le jour ce qu'ils saont[20].

Les auxiliaires que dirigeait le roi des ribauds dans sa fonction militaire primitive étaient-ils ceux qui gravitaient autour des milieux de cour et qu'il devait désormais chasser? L'itinérance de la cour et les différents passages de population à l'intérieur montrent que la cour n'était pas imperméable aux individus de toute sorte et qu'il fallait en réglementer sévèrement l'accès pour se protéger de certains crimes et délits. Ainsi, ce roi fut astreint à un contrôle plutôt musclé des individus indésirables au sein des hôtels princiers. Parmi eux se trouvaient certainement de petits voleurs, crocheteurs, coupeurs de bourses et profiteurs en tout genre que l'argent des princes attirait, des délinquants difficilement dissociables des valets, marchands et enfants de cuisine travaillant dans l'hôtel. Une population en gravitation dont il fallait également exclure ceux qui ne devaient pas manger à la cour. L'une des fonctions du roi des ribauds dans l'hôtel était de reconnaître les indésirables et les faire sortir *manu militari* de celui-ci. Conséquence de ce besoin de mise en ordre, le modèle du roi des ribauds va très vite se répandre dans les cours princières françaises au XIVe siècle: les ducs de Normandie,

---

[20] Paris, BNF, ms. fr. 32 779, fol. 135v (copie de l'ordonnance d'hôtel de Philippe V de 1317). Remarquons le nom que porte le roi des ribauds, »Crasse Joye« ou peut-être »Grasse-Joie«, témoignant ainsi peut-être du caractère grivois de sa dénomination. En revanche, les différents noms des rois des ribauds connus ensuite sont des noms civils ordinaires, voir la liste dressée par Anne TERROINE, Le roi des ribauds (voir n. 3), p. 267.

d'Orléans, de Berry et de Bourgogne possédèrent leur roi des ribauds, instauré sur le modèle de la cour royale[21].

Cette fonction de police se double d'autres tâches. En 1396, Julien le Viezmaire, roi des ribauds du duc d'Orléans, reçoit deux francs, pour

avoir fait wider plusieurs fiens et gravois qui estoient en la court de l'ostel de mondit seigneur le duc, a Paris, pres de la porte de Saint Germain des Prez, du commandement du premier escuier d'escuerie de mondit seigneur[22].

Il peut donc aussi servir de nettoyeur, rôle que l'on retrouve dans certaines villes. Mais ses fonctions vont aussi aller plus loin que ça. Le roi des ribauds se voit, par exemple, chargé de récupérer des biens volés dans les hôtels princiers. Jehan Yvrenage, roi des ribauds de l'hôtel du roi, en septembre 1393, fait ainsi crier dans la salle de l'hôtel, dans les halles, aux carrefours et sur les marchés, que l'on a dérobé une tasse d'argent dorée de la vaisselle royale, afin qu'elle soit restituée[23]. Dans cet espace juridique particulier qu'est la cour, il est clair dans les ordonnances d'hôtel que le roi des ribauds dépendait des maîtres d'hôtel qui jugeaient les crimes commis à celle-ci, et c'était à lui de faire exécuter les sentences. Il le faisait de la manière la plus expéditive, soit lui-même en cas de délit ou, dans certains cas, en menant le criminel au bourreau local, comme indiqué dans cet extrait du compte du maître de la chambre aux deniers du roi Charles VI:

Pour faire executer et pendre Jean Boulart qui poursuivit la cour a Compiegne et avoir amblé plusieurs plats et vaisselle d'argent de l'hostel du roy et baillé par le commandement de messeigneurs les maistres d'hostel a Jean Yvernaige, roy des ribaux, pour payer le boureau et le aller querir de Compiegne a Noyon pour deux fois et faire venir a deux intervalles ce qu'il esconvient faire par un appel que ledit Boulart interjetta dont il fut desstitué, [lxvj] sous parisis. [...] Item, pour enfouir toute vive Perronelle la Bonnette, poursuivant la cour, qui fut prise a Compiegne le roy estant illeuc pour vessele de court emblée par elle, payé au boureau par la main du roy des ribaux, [lxviij] sous parisis[24].

Pour être dans ses fonctions, le roi des ribauds était parfois accompagné d'un prévôt (personnage différent du prévôt de l'hôtel). Ce fut le cas à la cour du duc de Berry en 1416, où l'on trouve dans l'ordonnance d'hôtel un certain Le Corvoisier, roi des ribauds, qui touche huit livres de gages, ainsi qu'un prévôt des ribauds à six livres men-

---

[21] Il n'apparaît qu'une seule fois dans les ordonnances d'hôtel de Philippe le Bon, en 1426–1427, voir Holger KRUSE, Werner PARAVICINI (éd.), Die Hofordnungen der Herzöge von Burgund, t. 1: Herzog Phillip der Gute, 1407–1467, Ostfildern 2005 (Instrumenta, 15), p. 72. Jacques du Clercq mentionne dans son état des officiers domestiques de Philippe le Bon un certain Colin Boule, roi des ribauds de l'hôtel, voir Jacques DU CLERCQ, Mémoires, t. 1, éd. par Frederic Auguste DE REIFFENBERG, Bruxelles 1823, p. 171.

[22] Catalogue analytique des archives de M. le baron de Jourvansault, t. 1, Paris 1838, p. 135, n°803 (quatre pièces relatives au roi des ribauds).

[23] Ibid.

[24] Paris, BNF, Clairambault 1057, fol. 53r (extraits du registre des comptes du maître de la chambre aux deniers du roi pour l'année 1396).

suelles[25]. Jean sans Peur, duc de Bourgogne, en possédait également un, attesté en 1404[26]. Des sergents peuvent également parfois lui être attribués à la cour comme en ville[27].

De ce pouvoir de police sur les gens de basse condition parcourant les hôtels princiers, le roi des ribauds s'est petit à petit focalisé sur le contrôle d'une catégorie particulière d'entre eux: les prostituées. Le contrôle de la prostitution semble avoir progressivement pris une place prépondérante dans les fonctions de cet office au cours du XIVe siècle, dans les hôtels princiers, mais aussi progressivement dans certaines villes, parfois même en établissant un lien entre les deux. La prostitution à la fin du Moyen Âge revêt plusieurs aspects que les pouvoirs centraux comme locaux n'ont eu de cesse de contrôler[28]. Il existait plusieurs types de prostitution et de prostituées, plus ou moins encadrées dans des étuves ou des bordels, mais aussi des femmes dont la vente du corps pouvait représenter un apport financier occasionnel. À la cour des princes, cette prostitution est plus difficile à étudier, l'existence du roi des ribauds et son lien étroit avec la prostitution montre qu'elle devait être significative, bien que difficilement quantifiable. Elle pouvait être requise pour l'éducation des jeunes hommes, la satisfaction des plaisirs des plus fortunés, ou encore pour la compagnie des plus âgés. Le passage des filles devait être régulier et parfois devenait sujet à de nombreux problèmes qui ne sont pas difficiles à imaginer: conflits d'intérêts, vols, rixes, viols, racolages, sans parler des maladies transmises par les filles. Ce sont ces fléaux que le roi des ribauds devait endiguer par son contrôle.

Le roi des ribauds devint particulièrement intéressant pour les villes qui, en adoptant ce modèle issu de l'appareil de cour, cherchaient à contrôler plus strictement la prostitution en cette fin du Moyen Âge. On observe alors que plusieurs villes se dotent d'un roi des ribauds: Lille, Valenciennes, Douai, Tournai, Amiens, Laon, Cambrai, Arras, Guise, Noyon, Metz, Mâcon, Lyon, Bordeaux et Toulouse. Dans ces différentes villes, les sources montrent que la royauté des ribauds pratiquait un contrôle accru sur la prostitution urbaine. En premier lieu, on lui confiait la tâche de se renseigner sur les filles[29]. Ainsi, le roi des ribauds pouvait accueillir les nouvelles prostituées et

---

[25] Paris, BNF, ms. fr. 32 779, fol. 299v (copie de l'ordonnance d'hôtel du duc de Berry de 1416).
[26] Dijon, ACO, B 5520, fol. 115r (compte du maître de la chambre aux deniers du comte de Nevers pour l'année 1404): *A maistre Pierre de l'eschanconnerie, Perinet, portier, Jehan, le potagier, Guillemin et Pierret de la cuisine, Guait, enfant de cuisine, Jehan le Blanc, gispon, le muet et Picardot de la cuisine, Jehannet Petit, Jehanin, varlez de chaudiere, le heraut Jaquet Pele, Juliet, Pierre Serceau, Guillaume, varlez de fruiterie, Simonnet, chevaucheur, Pierrin Mathe et son compaignon Pierre Michel et son compaignon, charretiers les de l'eaue, et le prevost du roy des ribaus, a chacun ij fr. ce jour, xlviij francs.*
[27] GILLIODTS-VAN SEVEREN (éd.), Inventaire des archives (voir n. 11), p. 104, les quatre sergents du roi des ribauds reçoivent des justaucorps: *Van iiij wardecors lakenen ten serianten bouf sgraven van den ribauden, xj l.*
[28] Voir GEREMEK, Les marginaux parisiens (voir n. 14), p. 238–273.
[29] Voir Adolphe GUESNON (éd.), Inventaire chronologique des chartes de la ville d'Arras, Arras 1867, pièce 184, p. 231–232, mandement du duc de Bourgogne, Philippe le Bon, à son gouverneur d'Arras au sujet de la nomination de Jean Aubry à l'office de roi des ribauds et garde des jeux de brelan de la ville en date du 28 janvier 1440.

s'informer si elles n'étaient pas mariées ou si elles n'étaient pas en concubinage. Le but étant de distinguer les prostituées des honnêtes femmes. Pour cela, il pouvait visiter les bordels et les étuves, s'octroyant un droit sur les tenanciers, entretenant même des informateurs. À Guise, il doit distinguer dans ce travail les »femmes de jolie vie« exerçant en chambrée de celles qui racolent au bois; cette dernière pratique avait pour conséquence de diminuer leurs taxes au roi des ribauds mais augmentait ainsi, on peut l'imaginer, leur insécurité:

Item, le roy des ribaulx, de son droit a cause de ladicte royauté, sur chacune femme de jolie vie qui sera au bos, iiij deniers parisis. Et sur chacune desdictes femmes qui seront en chambree, viij deniers parisis. Et s'il avenoit que aucune de celles qui sient au bos qui avoient paié le droit du bos et qui avoient le seel dudit roy des ribaux aloit en chambre, se paieroit elle viij deniers parisis, non obstant qu'elle eut paié le droit du bos. Et pareillement si celles des chambres alloient au bos, se pairoient elles le droit du bos, non obstant que elles eussent paié le droit des chambres et qu'elles eussent le scel dudit roy des ribaulx[30].

Une procédure de reconnaissance se mettait en place sur les prostituées. Pour signaler son contrôle sur une fille, il pouvait apposer son sceau ou un signet sur le chaperon de la prostituée, qu'il relevait ensuite sur sa tête. À Paris, il semble que, à la fin du XIVe siècle et jusque dans la première moitié du XVe siècle, ce soit le roi des ribauds de l'hôtel royal qui usait de ce type de moyen de contrôle sur les prostituées parisiennes. L'absence de chaperon sur une fille au Moyen Âge frappait immédiatement celle-ci d'infamie[31]. À Paris, à Guise comme à Douai, la fille pouvait en être dépossédée par le roi des ribauds si elle ne payait pas la taxe mensuelle, ou annuelle, dont il disposait sur chacune d'elles[32]. De plus en plus, des signes de reconnaissance étaient imposés par la ville pour les prostituées, dont le roi des ribauds devait s'assurer du port. À Arras, le roi des ribauds de la ville, par une ordonnance des échevins de 1423, devait vérifier si les prostituées portaient bien le brassard de drap de couleur rouge cousu au bras gauche de leur robe que les autorités municipales leur imposaient. En cas de fraude, ou de non-respect de cette règle, il pouvait alors réclamer à la prostituée une amende de dix sous qu'il partageait par moitié avec la ville[33]. Dans la même ville, il

---

[30] Paris, BNF, Clairambault 1057, fol. 53v: »Des dons de la terre et châtellenie de Guise: La royauté des ribaux en la foire« (sans date).

[31] Voir Jacques ROSSIAUD, Histoire de la prostitution médiévale, Paris 1988, p. 69.

[32] À Paris, le roi des ribauds de l'hôtel du roi prend de 4 à 5 sous parisis annuellement sur chacune des »filles amoureuses«. À Guise, il prend 4 deniers parisis sur chaque »femme de jolie vie« qui est au bois et 8 deniers sur celle qui est en chambrée mensuellement. À Douai, sur une »femme de folle vie«, il prend 2 gros à son arrivée, puis 12 deniers tous les mois, ainsi que 12 deniers annuellement aux jours de la Saint-Pierre et de la Saint-Rémy et 12 deniers si elle manifeste le désir de quitter la ville, d'après TERROINE, Le roi des ribauds (voir n. 3); Paris, BNF, Clairambault 1057, fol. 53v; Douai, AM, CC 680, fol. 94v–95r (voir annexe 2).

[33] D'après le registre mémorial de la ville publié dans: Mémoires de l'académie des sciences, lettres et arts d'Arras, Arras 1869, p. 264–266: *Item. Que toutes lesdites femmes, estans de la condicion dessus dite, pour difference et adfin que d'icelles chacun en puist avoir congnoissance, porteront sur leur senestre brach entre l'espaulle et le coutte, ung gartier de drap vermeil de la largeur de deux dois et demy quartier de long ou environ, cousu sur leur robbe, et, ou cas qu'elles seroient trouveez sans ledit gartier cousu sur leur dit brach, celle qui ainsi sera*

doit *mener et faire demeurer es lieux publics* les femmes diffamées et les *conduire aux épreuves*, c'est-à-dire les faire examiner, afin de savoir si elles ne sont pas porteuses de la lèpre[34]. Une tâche qui va s'étendre à tous les individus soupçonnés de la »maladie de Saint-Ladre«. Cette fonction particulière concernant le contrôle des lépreux était déjà propre au roi des ribauds à Bruges, à la fin du XIIIe siècle. À Douai, le roi des ribauds mène les individus suspectés à la maladrerie ou hors de la ville si nécessaire[35]. Il devait fournir des gants aux ladres de la ville et empêcher les autres de franchir l'enceinte urbaine. Pour cela, il percevait un salaire annuel de cinquante-deux livres, collectionnant ainsi les fonctions et rentes diverses aux frais de la ville[36].

Au regard de ses fonctions, il est intéressant de voir alors comment le modèle du roi des ribauds s'est imposé dans certaines villes. Son entrée parmi les officiers municipaux est manifeste, à la fin du XIVe siècle, dans les villes dont nous avons consulté la comptabilité. Il reçoit par exemple à Lille, chaque année, une nouvelle cotte aux couleurs et emblèmes de la ville, lors des fêtes du mois de mai[37]. Il y reçoit également un don annuel de quarante sous pour ses divers services envers les échevins. On le voit annuellement ramoner la halle de ces derniers et la nettoyer, ainsi qu'une fontaine et certaines places publiques en ville, les débarrassant d'ordures et de détritus. C'est également lui qui approvisionne la halle des échevins en éclairage à l'aide de falots. Il est également employé pour renforcer le guet de nuit en cas de danger, ou encore veiller devant la halle au sel de la ville. En 1395, il est même rétribué pour avoir plusieurs fois été présent et avoir servi à *ouvrir et fermer les comptes de la Hanse de la ville*[38].

Mais c'est aussi dans les jeux de hasard qu'il semble s'être fait une place particulièrement remarquée, en France et dans l'Italie du Nord[39]. Il n'est pas rare de le voir en charge de la garde de ces jeux dans certaines villes, emploi qui semble cohabiter de plus en plus avec ses fonctions de maintien de l'ordre[40]. C'est le cas à Arras et à Douai, où, dans cette dernière, il exerce son droit de contrôle sur les jeux de dés, lors des jours de fêtes autour de la Saint-Pierre et de la Saint-Rémy[41]. C'est précisément lors des fêtes et des temps forts de la vie urbaine que le roi des ribauds voit son rôle prendre de

trouvee encourra, pour chacune fois, en amende de x s. Dont ledit roy des ribaux ara le moitie ou le sergent qui fera le prinse, et la ville ara l'autre moitié, et s'y sera tenue prisonniere un jour et une nuit pour pugnicion, et, s'il advenoit que icelles femmes ou femmes, fussent ou soient vestues de robbes vermeilles, elles seront tenues de porter gartier de blanquet, audit brach, de le largeur et longueur et sur le painne dessus dite.

[34] Voir GUESNON (éd.), Inventaire chronologique (voir n. 29), pièce 184, p. 231–232.

[35] Voir annexe 2.

[36] GILLIODTS-VAN SEVEREN (éd.), Inventaire des archives (voir n. 11), p. 109: *Item regi ribaldorum custodienti leprosos ne villam intraverint pro salario unius anni, lij s.*

[37] Lille, AM, 16.128, fol. 32v.

[38] Ibid., fol. 67v.

[39] Voir ARTIFONI, 1 ribaldi (voir n. 4), p. 239; Jean FROISSART, Chroniques (voir n. 13), t. 1, p. 481: *Si doit-on laisser le gieu des dés pour convoitise de gaigner aux roulliers, ruffiens et ribaux de tavernes, et, se vous y voulés jouer, si n'i faictes force comment il vous preigne, ne trop n'y mettes du vostre que vostre gieu ne tournast a courroux.*

[40] Voir annexe 1.

[41] Voir annexe 2.

l'ampleur et ses fonctions s'élargir. À Bruges, il peut servir à la garde des lances lors de tournois[42]. À Lille, on le voit servir pour divers petits travaux lors de joutes organisées dans la ville[43]. Il figure à côté du héraut de la ville et de son messager lorsque la ville récompense par un don de vin les officiers qui aidèrent à la grande procession des fêtes de l'Épinette, en 1404[44]. Dans cette même ville, le roi des ribauds participe activement à la coutume des arsins, qui autorisait annuellement la ville à punir, en mettant le feu à son habitation, un forain reconnu criminel. C'est le roi des ribauds qui tenait la torche enflammée en tête du cortège et déclenchait le feu.

L'apparition du roi des ribauds dans les sources urbaines, lors des fêtes, est étroitement liée à l'arrivée en ville des forains et vagabonds, comme de toutes sortes de populations itinérantes. Ainsi, on note qu'à Abbeville, au XIIIe siècle, le curé de la paroisse de Notre-Dame s'accorda lui-même le titre de roi des ribauds à l'occasion de la foire annuelle de la ville, parce que son église accueillait des ménestrels, des conteurs ou des colporteurs, durant cet évènement, pour des représentations devant l'édifice. La ville lui racheta le titre, qu'elle déplaça à l'hôpital de la Madeleine en 1295[45]. À Guise, le roi des ribauds de la ville disposait d'un droit sur les emplacements des forains lors de la foire annuelle:

Item, puelt ledit roy, du droit de ladicte royauté, baillier place aux compaignons forains de Saint Quentin ou d'ailleurs, pour mettre tables par terre et faire siege comme dessus, et aussy pour mettre belleus sur pier pour chacune table, j sous parisis, et pour chacune belleeu, viij sous parisis. Et, est ch'ilz droiz au roy des ribaux qui qu'el soit par ferme ou autrement[46].

Il semble intéressant de s'apercevoir que l'apparition de notre personnage, dans ce cadre festif, eut pour conséquence de voir son titre parfois détaché de ses fonctions, pour être remis à certains personnages élus lors de fêtes ou à la tête de sociétés joyeuses. La plus remarquable de ces fêtes portait chaque année à sa tête un roi des ribauds dans la ville de Cambrai, royauté qui donna même son nom à la fête annuelle de cette cité, tout comme le roi de l'Épinette à Lille ou le Forestier à Bruges, à la même période. Il semble aussi que, en Picardie, Saint-Quentin et Péronne eurent un temps également un roi des ribauds qui présidait la fête annuelle, celle-ci s'apparentant à celle des fous dans d'autres villes. Cette récupération montre que certaines sociétés

---

[42] GILLIODTS-VAN SEVEREN (éd.), Inventaire des archives (voir n. 11), p. 109: *Super hastis ad hastiludium, regi ribaldorum, x s.*

[43] Lille, AM, 16.152, fol. 65v (compte du receveur de la ville pour l'année 1407): *A Jehan Mille, roy des ribbaux, pour plusieurs peines et travaux par lui heus a avoir servi lesdits eschevins ausdites wés, faire par plusieurs journees et nuytiés, xxiiij s. fors*; ibid. 16.157 fol. 67r (année 1413): *A Rogier Combret, roy des ribbaux, pour avoir rammonner et nettoier le halle de ladite ville qui extraordinairement avoit esté honnié par les gens de notredit seigneur par [...] nuytiés continuelles avoit fait de soupers et tenir festes en ledite halle, ij sous.*

[44] Lille, AM, 16.145, fol. 55v.

[45] Albertine CLÉMENT-HÉMERY, Histoire des fêtes civiles et religieuses, des usages anciens et modernes du département du Nord, Paris 1834, p. 396.

[46] Paris, BNF, Clairambault 1057, fol. 53v.

joyeuses trouvèrent en la personne du roi des ribauds un terrain propice à la dérision et, plus largement, que ce roi fut assez mal jugé par ses contemporains.

UN ROI EMBARRASSANT

Les fonctions cumulées par le roi des ribauds ne lui attirèrent pas les mêmes sentiments partout. À Paris, les prostituées royales étaient bien encadrées, leur travail réglementé et reconnu. Dans le conflit qui oppose en 1412, à Paris, un certain Jeanin Piélevé au roi des ribauds de l'hôtel du roi, Michelet Liétout, il est signalé que *ledit office de roy des ribaux est grant et prouffitable*[47]. Il s'agit là du roi des ribauds de l'hôtel du roi de France. Ce texte nous informe qu'à ce titre le roi des ribauds du roi portait sur lui un insigne particulier à son office, composé d'une fleur de lys et d'une verge. Pour marquer les prostituées, il utilisait, nous l'avons vu, un signet particulier de *cire plaqueé*[48]. Mais cette reconnaissance royale ne signifiait pas que cet officier était partout aussi bien accueilli. À Arras, en 1441, lorsque le duc Philippe le Bon nomme son valet de chambre et aide de tapisserie, Jean Aubry, à l'office de *garde des jeux de brelenc d'Arras*, ce dernier, pensant avoir recueilli simplement la garde des jeux dans la ville, semble être offusqué par la charge de roi des ribauds qui lui est adjointe, parce que *icellui brelenc estre serf à ce faire, combien que ou temps passé il n'ait esté acoustumé*. Il fait appel au duc de Bourgogne pour l'affranchir de cette charge, qui répond en adressant alors un mandement aux autorités de la ville:

Aussy est ce chose honteuse et de grant infamie, qui est nostre officier et home a[i]mant honneur, ne autre homme de bien ne voldroit jamais faire, et d'autre part ce nous poroit venir à grand interest et dommage pour le temps avenir, s'il convenoit que celluy qui tendeoit ledit brelenc feist telles choses deshonnetes, l'en ne trouveroit homme de bien qui vaulsist prendre ledit office de brelenc a ceste charge, et le convenderoit bailler à gens infames et de meschant estat, et dont ne serions seurs de noste paiement, et aussy ne trouveroit l'en jamais à le bailler à sy haut pris comme l'en feroit, s'il estoit affranchy de faire l'office dudit roy des ribaux, et par ainsi y aurions ou temps avenir grant interest[49].

Pourquoi une telle honte? Parce que cet office était devenu tout simplement dégradant, jugé trop proche des milieux infâmes de la ville et qui marquerait de déshonneur celui qui occupait alors une charge plus prestigieuse dans l'hôtel ducal. Pour le duc, il était temps de faire revenir la garde des jeux à un homme jugé plus honnête, débarrassé de liens entretenus avec la délinquance locale. Il s'agissait également de s'assurer d'un meilleur rendement de cette charge. Mais le duc de Bourgogne continua de nommer des rois des ribauds dans les villes sur lesquelles il avait autorité. Le 7 juin 1463, il nomme un bourgeois de la ville de Namur, Jean le Vigneron, en l'office de *roi des*

---

[47] Paris, AN, S 3970, texte édité dans: TERROINE, Le roi des ribauds (voir n. 3), p. 266.
[48] Ibid.
[49] Voir GUESNON (éd.), Inventaire chronologique (voir n. 29).

ribaulds d'ores et en avant exercer et desservir, et y faire tout ce qui y compete et appartient, aus droits, prouffits et emolumens acoustumez et qui appartiennent[50].

La prostitution devait continuer à être contrôlée et certains individus réprimandés. À qui confier alors cette royauté embarrassante? Le document d'Arras nous donne un élément important pour comprendre comment cette charge dépréciée s'est retrouvée de plus en plus entre les mains d'un autre acteur tout trouvé: le bourreau. Par un habile allègement de sa charge, le garde des jeux de brelan qui payait six sous par semaine au bourreau est libéré de cette obligation, en contrepartie le bourreau récupère l'office de roi des ribauds, *lequel bourreau, à qui ceste chose seroit mieulx séant, seroit bien contempt de faire la charge et office dudit roy des ribaux*[51]. En milieu urbain, le mépris suscité par le roi des ribauds conduit les autorités à remettre l'office de plus en plus au bourreau, non seulement à Arras, mais aussi à Toulouse, où, en 1463, un certain Antoine Noblet est désigné *rex ribabaldorum sive borrelus*[52], la même chose se déroulant à Bordeaux[53].

Le roi des ribauds était déjà devenu très proche de son collègue exécuteur par les tâches qu'il accomplissait. À Douai, à la même époque, le roi des ribauds était, comme ses collègues d'Arras et de Lille, en charge des jeux de hasard, mais également responsable de l'exécution des sentences sur les petits délinquants à l'aide d'un fouet ou d'une verge. Les statuts du roi des ribauds de Tournai incluaient également l'arrestation des proxénètes et des blasphémateurs[54]. Dans le comté de Flandre, en 1390, un comte des ribauds pousse dans une rivière un tisserand blasphémateur attaché au bout d'une corde avant de le bannir[55]. Les punitions et le bannissement étaient souvent confiés au roi des ribauds, des recours qui pouvaient être également motivés par une véritable enquête préalablement menée par ce dernier sur les mœurs de certains habitants, comme à Lille, en 1404:

A Jehan Mille, roy des ribaux, donné en courtoisie ceste fois pour sa peine et travail d'avoir par commande d'eschevins enquis de le vie et deshonneste conversacion de plusieurs hommes et femmes qui nagaires furent banis de la ville de Lille et iceulx rapportés par escript, xxiij s.[56].

[50] Commission de roi des ribauds de Namur, donnée par Philippe le Bon, duc de Bourgogne, a Jehan le Vigneron, dans: Bulletin de la commission royale d'histoire, deuxième série 5 (1853), p. 207–208, ici p. 207.
[51] Ibid.
[52] Catalogue analytique (voir n. 22), t. 1, p. 135.
[53] Voir Th. RICAUD, Un coin du vieux Bordeaux, Lou Mercat, dans: Bulletin de la Société d'archéologie de Bordeaux 34 (1912), p. 28–39.
[54] Paris, bibliothèque de l'Arsenal, 3507, fol. 295–296: *Che sont li Estatut que li rois des ribaus doit avoir en la juridicion de Tournay.*
[55] Georges ESPINAS, Henri PIRENNE (éd.), Recueil de documents relatifs à l'histoire de l'industrie drapière en Flandre, t. 3, Bruxelles 1920, p. 380: *Hannin Roen, varlet du mestier dez tisserans, fut jugiet d'amenier à quatre hueres après diner par le conte des ribaus, loiet d'une corde, de la prison jusques au pond d'Elverdijnghe et d'ycelli pond jeter en Yppre, et fu jeté dedens et, aveuc ce, fu bannis II ans hors le pays de Flandres, sour le gibet, pour horriblez, despiteusez parolez et villaines maudissons qu'il parla et maudit envers nostre seigneur Jhesu Crist.*
[56] Lille, AM, 16.145, fol. 63r.

Cette même source comptable nous renseigne sur les multiples punitions qu'il pratiquait sur les hommes et femmes de Lille. Cette même année, la femme de Pierrart de Legle, qui est reconnue coupable d'avoir abandonné son enfant à Lille, fut bannie après deux semaines de prison et menée par le roi des ribauds jusqu'à Tournai *adfin qu'elle ne laissast sondit enfant en ycelle ville de Lille*[57]. Les coups de verge et l'exclusion qui suivait, concernant des *coupeurs de bourses, ladres, insensibles, sots* ou encore ceux qui simplement *déméritaient* par leur comportement, étaient rétribués par le receveur de la ville:

A Jehan Mille, roy des ribbaux, pour son sallaire d'avoir batu de verghes du commande d'eschevins une nommée Gillette le sote et mené dessi au pont de Canteleu adfin que elle ne rentrast en le ville pour les grans noises et exés que elle faisoit, xvj s[58].

Il n'est donc pas étonnant de voir que, dans ce contexte, le roi des ribauds était détesté, non seulement par les délinquants mais aussi par l'ensemble de la population, à qui cet officier inspirait le dégoût et la honte. Témoignage de ce rejet, un paiement, en 1430, aux sergents de la ville de Lille, pour avoir escorté le roi des ribauds, office alors entre les mains de Roger Combret, accompagné du *tuekien*, tous deux menacés par la colère populaire:

A Jehan Queval et Jehan Caudron, sergens, que donné leur a esté, pour leur peine d'avoir comme justice esté avoec ledit roy des ribbauds et tuequien a batre ledit Jaquet, affin que le peuple ne oppressast lesdits roy et tuequien en faisant ledit office, viij s.[59]

Dans la seconde moitié du XVe siècle, l'office devient de plus en plus difficile à exercer, et sa présence devient même embarrassante auprès des puissants. On constate sa disparition progressive dans les hôtels princiers dès le milieu du siècle. Il n'y en a plus aucun à la cour de Louis XI ni dans l'hôtel de son rival, le très chrétien duc de Bourgogne, Charles le Téméraire. Cela indique clairement comment l'office tend tout simplement à disparaître à la fin du XVe siècle, faute de candidat potentiel et tant la charge est devenue même dangereuse[60]. C'est ainsi que, en 1437, Jean Concque, roi des ribauds de la ville de Lille, est assassiné par le teinturier Garin de Semerpont, qui recevra toutefois la rémission de Philippe le Bon pour son crime[61]. Malgré un changement de nom sursitaire, devenant un temps *roi de l'amoureuse vie* dans les années 1460[62], l'office disparaît définitivement de la ville de Lille à la fin de cette décennie.

---

[57] Ibid., fol. 63v.
[58] Ibid., fol. 72r.
[59] Ibid., 16.173, fol. 51v.
[60] On observe que l'office subsiste encore au XVIe siècle dans certaines régions, cf. Henri LEPAGE, Les rois des ribauds de Lorraine, dans: Journal de la Société d'archéologie et du Comité du Musée lorrain 4 (1855), p. 19–27.
[61] Lille, AM, 16.973, n. 296.
[62] Ibid., 16.204, fol. 98r.

CONCLUSION

En conclusion, rappelons que Jeanne d'Arc fut souvent traitée de ribaude par ses adversaires bien qu'elle-même s'évertuât à chasser hors de l'armée royale prostituées et ribaudes du plat de son épée. Si haut et vertueux que l'on puisse l'imaginer, le titre royal semble avoir coexisté avec l'injure et le mépris en la personne du roi des ribauds. Son maintien durant plusieurs siècles dans les hôtels princiers comme dans certaines villes peut se comprendre par la double évolution que subit cet office à la fin du Moyen Âge. Tout d'abord celle de son royaume, celui des ribauds, qui incluait des auxiliaires militaires particulièrement violents et débauchés, puis des personnes liées à la prostitution et aux jeux d'argent, jusqu'à finir par englober toutes sortes de petits délinquants, de vagabonds, de fauteurs de troubles et même des lépreux; mais également évolution de sa royauté, c'est-à-dire de ses fonctions: soldat, garde, nettoyeur, contrôleur puis agent de police et enfin exécuteur. Sa charge évolua au gré des besoins d'encadrement de la société qui l'entourait. L'office de roi des ribauds semble avoir été, au regard des sources, conservé tel un outil efficace dans les mains d'une société encline à devoir gérer des individus jugés par elle indésirables et qui occupaient ses marges: tout d'abord en les reconnaissant et en les marquant, puis en les écartant, et enfin en les punissant. Mais comme le montre la moquerie dont il fut l'objet lors des fêtes et des rituels d'inversion, le roi des ribauds fut tout au long de son existence frappé par le caractère déviant et dissolu des individus qu'il devait encadrer. Celui qui fut placé à la tête d'un monde aussi interlope fut finalement victime de la réputation qu'il transportait, et sa disparition progressive ne peut être comprise que par l'infamie qui resurgissait sur cet office et qui ne coïncidait plus avec les nouvelles règles de l'ordre public.

ANNEXE 1

EXTRAIT DU COMPTE DU RECEVEUR GÉNÉRAL DE LA VILLE DE DOUAI POUR L'ANNÉE 1432

A. Original. Douai, AM, CC 230, fol. 166r.

A Jehan d'Esquerchin, roy des fillettes de l'amoureuse vie en ladicte ville, qui par le conseil d'icelluy a esté acordé prendre et avoir chacun an, sur les prouffis venans du jeu des dez brelencq et handuitte, qui chacun an se fait et tient en ladicte ville les iij jours a le feste Saint Piere entrant aoust et les aultres iij jours a le feste Saint Remy, a charge delivrer en ceste dicte ville aux despens dudit roy et le mayeur et envoyer en halle et es hosteux, tant des gens et officiers de notredit seigneur le duc en ladicte ville, comme des eschevins, conseillers et officiers et aultres gens notables d'icelle ville ainsi et par le maniere que d'anchienneté est acoustumé de faire chacun an, et qui lui a esté acordé a la charge et par le maniere que dit est, tant qu'il plaira a le loy et conseil de la ville en consideration au petit prouffit que il a par an ad cause de sondit office et que il n'a aultre pencion sur ladicte ville, pour ce la somme de xxx livres.

ANNEXE 2

DROITS ET PROFITS DU ROI DES RIBAUDS DE LA VILLE DE DOUAI, 1491

A. Original perdu.
B. Copie du XVIe siècle. Douai, AM, CC 680, fol. 94v–95r.

Les droittures du roy des ribauds sont telz:
C'est assavoir, sur chacune femme de folle vye, quy venera pour demourer en ceste ville en estuves ou en bordel, ledit roy a[u]ra pour le bien venue, pour le premiere foix, deulx gros.
Et apres, prendera sur chacune de telz femmes en chacun mois, xij d.
Et se elles se partent de ung lieu et vont demourer en aultre lieu en ceste ville, telle femme qui ainsy se partira et permu[t]era, paiera audit roy, pour chacune permutacion, xij d.
Item, sur chacune femme d'estuves ou de bordel, ledit roy aura et prendera a le feste Saint Pierre, xij d.
Et a le feste Saint Remy, xij d.
Item, ara et prendera ledit roy, sur chacun homme ou femme tenant hostel ou bouticle herbeguant ou soutenant telles femmes de folle vye, en chacun mois, ung gros.
Item, sur les femmes mariées, filles et mesquines servans, qui se mefferont de leur corps, ledit roy porra prendre et avoir a son prouffit le mantel ou capperon, se prendre le voeult.
Item, se aulcun ladre vient ou habite en ceste ville sans grace ou congié des eschevins ou du maistre des mallades depuis que ledit ladre ara esté esprouvé et condempué ladre et fait son entree en le maladrie, la ou il sera commis, ledit roy porra prendre et avoir a son prouffit le habit dudit ladre, moiennant que ledit roy sera tenus de mener ledit ladre prisonnier ou conduire hors de le ville et eschevinage ainsi que par [les] eschevins en sera ordonné.
Item, doit prendre et avoir pour une foix sur chacun ladre, quant il est condempué, dix solz.
Item, le feu Saint Pierre et la Royne des fillettes se entreteneront et feront chacun an aulx despens et en le maniere acoustumee.
Et moyennant les choses dessusdites, ledit roy des ribaulx, [...] de faire les services deubz et acoustumés a cause dudit office aulx eschevins et en le halle.

KATHARINA SIMON-MUSCHEID

Les rois des compagnons de métiers

En 1412, à Zurich, le roi des compagnons forgerons confirme par son sceau, pour sa personne et pour tous ses successeurs, au nom de tous les compagnons de son métier, un document important pour ce métier (fig. 1 et 2):

Ze urkúnd han ich obgen(ant) kúng min insigel von miner und aller schmidtknechten wegen, die dis vorgenant sach anlanget, offenlich und wissentlich gehenket an disen brief, der geben ist an der heiligen kindlinen tag nach Wienacht nach gotz geburt vierzehenhundert iar und in dem drizehenden jar[1].

Le sceau est aujourd'hui conservé aux archives de la ville de Zurich. Il nous permet de retracer l'histoire d'une institution méconnue pour une vaste région située autour de l'Alsace, la Forêt-Noire, le lac de Constance et le nord-est de la Suisse: les rois des compagnons de métiers.

Au bas Moyen Âge, les compagnons de métiers de ces régions conclurent des accords qui dépassaient le cadre de leur ville. En formant des alliances interurbaines et interrégionales, ils adoptèrent le modèle préféré de leurs contemporains. Pour mieux défendre leurs intérêts communs et pour mieux se protéger, toutes les couches sociales avaient commencé à s'allier de cette manière, des chevaliers (*Ritterbünde*) et des villes (*Städtebünde*), à la population mobile, jusqu'aux groupes situés plus en marge de la société (comme les ménétriers alsaciens)[2]. Les maîtres artisans et les compagnons suivirent leur exemple. Comme eux, les compagnons utilisaient leurs réseaux étendus et des voies de communication bien établies[3]. Organisées en royaumes, ces associa-

---

[1] Cité par Friedrich HEGI, Geschichte der Zunft zu Schmieden in Zürich 1336–1912, Zurich 1912, p. 129. Le document et le sceau se trouvent aux archives de la ville de Zurich, archives de la corporation des forgerons, doc. 3. Le texte est également publié dans: Werner SCHNYDER, Quellen zur Zürcher Zunftgeschichte, t. 1: 13. Jahrhundert bis 1604, Zurich 1936, p. 68, n. 58.
[2] Sur ce phénomène typique du bas Moyen Âge, voir František GRAUS, Organisationsformen der Randständigen. Das sogenannte Königreich der Bettler, dans: Rechtshistorisches Journal 8 (1989), p. 235–255.
[3] Lucien SITTLER, Les associations artisanales en Alsace au Moyen Âge et sous l'Ancien Régime, dans: Revue d'Alsace 97 (1958), p. 36–80. À part les associations des ménétriers (*Pfeifer*), des chaudronniers et des potiers existaient au Moyen Âge, plus ou moins étendues, des associations de tuiliers, barbiers, tailleurs de pierre, cordonniers (comprenant entre autres des territoires habsbourgeois de la Haute-Alsace et du Brisgau, les villes de Bâle, Mulhouse, Colmar, Sélestat, Kaysersberg, Fribourg, Brisach), selliers (constituée en 1435 à Schaffhouse et comprenant des villes de Souabe, de Franconie et de Suisse), tisserands, meuniers, et boulangers, avec parmi elles des associations mixtes comprenant maîtres et compagnons, ibid., p. 37–69. D'après Frank GÖTTMANN, Handwerk und Bündnispolitik. Die Handwerkerbünde am Mittelrhein vom 14. bis zum 17. Jahrhundert, Wiesbaden 1977, p. 10, la forêt de Haguenau et la ville de Coblenz marquaient les limites entre la vallée du haut Rhin et celle du haut Rhin moyen. Voir

tions furent dirigées par des rois. Ces rois étaient élus par les membres eux-mêmes et confirmés par leur seigneur ou bien encore imposés par lui[4].

Mais les deux associations que j'aimerais vous présenter, celle des compagnons forgerons et celle des cordonniers, se distinguent nettement des autres royaumes rencontrés: elles ont été créées par les compagnons eux-mêmes et imposées aux maîtres des corporations par la suite. Les compagnons, durant le premier quart du XVe siècle, étaient devenus des groupes puissants et conscients de leur valeur sur le marché du travail[5]. Hormis pour ces deux groupes, il ne semble pas y avoir eu d'autres rois de compagnons (à ma connaissance). En revanche, d'autres métiers avaient essayé d'imiter ces structures, mais leurs efforts avaient échoué, soit par l'intervention d'autorités urbaines, soit par le trop petit nombre des compagnons regroupés. Les compagnons tailleurs, cordiers et pelletiers, probablement en train de se regrouper en associations similaires, avaient aussi possédé des sceaux, mais qui furent cassés par les autorités[6].

Quant aux structures, les sources, rares et imprécises, proviennent surtout de la correspondance entre les villes ainsi que de certaines ordonnances. En 1408, par exemple, les membres du conseil de ville de Kaysersberg informent leurs collègues strasbourgeois des méfaits commis par un compagnon cordonnier, tout en précisant que les fonctionnaires élus par les compagnons cordonniers et tailleurs nuisent à la corporation. Pour désigner les dirigeants, ils emploient les termes de *Schultheiss, Heger, Amtleute*:

aussi Anne-Marie DUBLER, Handwerk, Gewerbe und Zunft in Stadt und Landschaft Luzern, Lucerne, Stuttgart 1982, p. 83–107.

[4] GRAUS, Organisationsformen (voir n. 2), p. 252–253, confirme que le phénomène des rois et des royaumes, sous-estimé en Allemagne, était pourtant répandu. Notamment, il évoque des exemples alsaciens et suisses, à Genève le *rex archeriorum*, nommé lors des fêtes de tir, ou la reine des prostituées, qui tous deux exerçaient des fonctions essentiellement de contrôle. Il résume que les associations des marginaux institutionnalisées et contrôlées par les autorités n'excluent point la participation active des marginaux. Selon Wolfgang SEIDENSPINNER, Das »Königreich« als Organisationsform gesellschaftlicher Gruppen. Soziale Integration, Geselligkeit, Alternative und Rebellion (vornehmlich nach oberrheinischen Quellen des Spätmittelalters), dans: Zeitschrift für die Geschichte des Oberrheins 146 (1998), p. 249–270, ces royaumes bien structurés et contrôlés par les seigneurs ou les autorités de villes offrirent une participation sociale aux groupes mobiles.

[5] Voir Knut SCHULZ, Handwerksgesellen und Lohnarbeiter. Untersuchungen zur oberrheinischen und oberdeutschen Stadtgeschichte des 14. bis 17. Jahrhunderts, Sigmaringen 1985, p. 61–81; Kurt WESOLY, Lehrlinge und Handwerksgesellen am Mittelrhein. Ihre soziale Lage und ihre Organisation vom 14. bis 17. Jahrhundert, Francfort/M. 1985, p. 349–358; Wilfried REININGHAUS, Die Entstehung der Gesellengilden im Spätmittelalter, Wiesbaden 1981, p. 49–188; Jean-Robert ZIMMERMANN, Les compagnons de métiers à Strasbourg du début du XIVe siècle à la veille de la Réforme, Strasbourg 1971, p. 99–118; Georg SCHANZ, Zur Geschichte der deutschen Gesellenverbände, Leipzig 1877; Franz J. MONE, Gewerbepolizei vom 12. bis 18. Jahrhundert in der Schweiz, Baden, Württemberg, Zollern, Elsass und Hessen, dans: Zeitschrift für die Geschichte des Oberrheins 13 (1861), p. 129–163, 273–317.

[6] En 1421, le conseil de ville de Bâle casse les sceaux des compagnons cordiers et pelletiers bâlois, voir REININGHAUS, Die Entstehung (voir n. 5), p. 28. Celui des compagnons tailleurs bâlois avait été cassé en 1389 par les autorités qui, en plus, interdirent leur association et bannirent leurs chefs. On peut supposer qu'ils étaient en train d'établir là une alliance interurbaine de Zurich à Constance, voir SCHULZ, Handwerksgesellen (voir n. 5), p. 76.

Les rois des compagnons de métiers 97

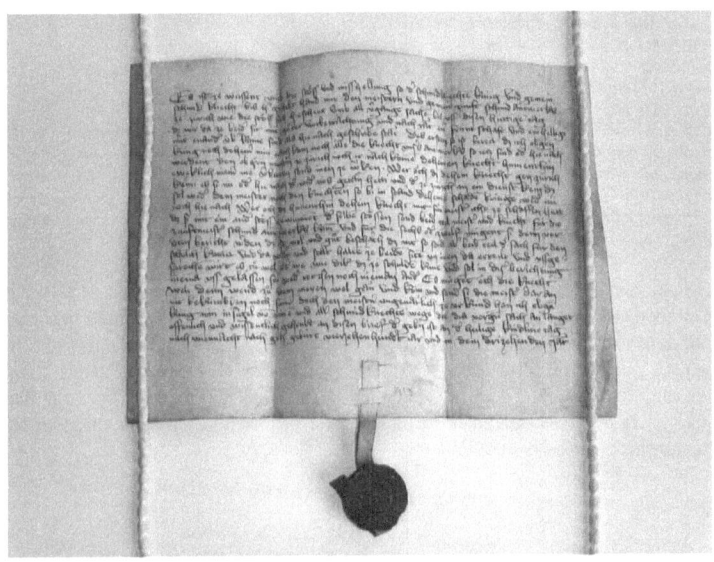

Fig. 1 und 2 (détail): Corporation des forgerons. Diplôme du 28 décembre 1412. Archives de la ville de Zurich, VII.179:1.3. Cliché: archives de la ville de Zurich.

Lieben fründe. alz hant unsre erbern botten vor ziten wol fürbracht, wie ir und andere der richestetten botten unsre fründe mit einander geret hant von der antwerkknechte wegen besunder schumacher- und sniderknecht, wie die gerichte under inen selber haltent und schultheissen und heger und amplüte under inen satzent und den gehorsam sint, denne den herscheften und meistern und reten, under den sü denne wonende sint, daz doch wider daz rich ist und richen und armen in dem lande wonende grossen schaden bringet. nun hant ir derselben knechte einen by uoch wonende als uns fürkommen ist, heisset Rosenzwig, der het einem meister by uns wonende schuohemacherantwerkes, heisset meister Snewelin, knehte verbotten, alz im daz ander knehte sins antwerkes kunt geton hant, uober daz das er doch nuot mit im ze tuonde hat denne guotes alz er sprichet, und leit im sine werkstat muossig und bringet in zuo grossem verderplichen schaden und bringet in darzuo daz er von dem riche wichen muos[7].

On peut supposer qu'au début du XVe siècle, les compagnons cordiers, à leur tour, cherchèrent à s'organiser à la manière des forgerons. La ville de Mayence, ayant appris que les cordiers avaient l'intention de former une alliance interurbaine (ou le craignant), leur interdit formellement d'élire un roi sans en avoir obtenu l'autorisation par les autorités urbaines[8]. La structure de leur association, très active jusqu'au milieu du XVe siècle demeure cependant inconnue, et le titre de »roi« n'apparaît pas dans les documents[9].

LES MODÈLES
LES MÉNÉTRIERS ET LES CHAUDRONNIERS

Le royaume le plus connu pour notre région est sans nul doute celui des ménétriers d'Alsace. Cette royauté était un fief impérial tenu par les seigneurs de Ribeaupierre, qui déléguèrent les fonctions de cette royauté aux ménétriers eux-mêmes. En 1400, le seigneur Smassmann de Ribeaupierre nomma un certain Henselin, fifre, roi de tous les ménétriers d'Alsace. Ce royaume »des gens ambulants« (*das kúnigrich farender lúte*) fut délimité explicitement par la forêt de Haguenau, la Birse (un fleuve qui traverse le nord-est de la Suisse), le Rhin et les montagnes des Vosges:

Das kúnigrich farender lúte zwúschent Hagnoewer vorste vnd der Byrse, dem Ryne vnd der Virst [...] und lihe es ouch mit disem mime offenen briefe [...] mime pfiffer und varenden manne, also daz er das selbe kúnigrich vnd ambacht fúrbasser me sol haben, besiczzen, nvtzzen vund niessen[10].

---

[7] SCHANZ, Zur Geschichte (voir n. 5), p. 184. Nous avons cité la partie de la lettre qui décrit les effets du boycottage; voir aussi SCHULZ, Handwerksgesellen (voir n. 5), p. 75.
[8] Ernst SCHUBERT, Fahrendes Volk im Mittelalter, Bielefeld 1995, p. 132, n. 3: *keinen konig unter ihne machen in dutschen landen dan mit willen eines waltpoten* (cité d'après Heinrich GRIMM, Weisthümer, vol. 1, Göttingen 1840, p. 533).
[9] En 1451, lors d'une assemblée mixte des maîtres et des compagnons tenue à Bâle, les autorités, provoquées par l'arrogance des compagnons, les firent tous arrêter. Ils confisquèrent les lettres (malheureusement non spécifiées) trouvées chez leurs prisonniers, cassèrent leur sceau et interdirent leur association, voir SCHULZ, Handwerksgesellen (voir n. 5), p. 79–80.
[10] Karl ALBRECHT (éd.), Rappoltsteinisches Urkundenbuch 759–1500, t. 2, Colmar 1891–1898, p. 497, n. 643 (20 avril 1420).

Le vice-roi, nommé par le seigneur de Ribeaupierre, et un comité de douze personnes (*Zwölfer*) formaient un tribunal (*Pfeifergericht*)[11]. Les règlements, dont les plus anciens datent de la fin du XVe siècle, reflètent d'une part la structure féodale de ce royaume et d'autre part son aspect confraternel. Les ménétriers rendent hommage au seigneur de Ribeaupierre, qui, à son tour, garantit de les protéger[12]. Quant à l'assemblée annuelle tenue à Ribeauvillé (Rappoltsweiler) le jour de la Nativité de la Vierge, elle commence par un cortège, suivi par l'office religieux célébré en l'église des Augustins et par la séance du tribunal[13]. Comme dans les confréries, l'assemblée des ménétriers (*Pfeifertag*) donnait lieu à une fête[14].

Des royaumes de ménétriers existaient également en Suisse. À Zurich, en 1430, un »roi des fifres« est confirmé par les autorités de la ville après avoir été élu par les gens ambulants de toute la Confédération suisse:

[Ulman Meyers von Bremgarten, des Pfeifers] *ernstlich bett* [um Belehnung] *haben wir angesechen, und sunder betrachtet, dass er von anderen varenden lüthen in der Eidtgnossenschaft einmüttenlich erwelt ist, und haben im auch das obgenannt pfiffer künigrich in allen unsseren graffschafften, herschafften, gerichten, gebieten, zwingen und bännen güttlich und gnedeklich verlichen*[15].

De la même manière, à Berne, en 1507, l'élection d'un roi de la confrérie des ménétriers est confirmée par un document scellé par le sceau du roi des confrères et signé de la manière suivante: *Ich, Hans Ganter, der spillúten kung in miner heren stat und land zu Beren und ich, Hans Steinhoffer, sin stathalter*[16].

---

[11] Sur les tribunaux, voir GRAUS, Organisationsformen (voir n. 2).
[12] Chaque musicien doit comme impôt annuel à son seigneur deux sacs d'avoine et une poule, voir SCHUBERT, Fahrendes Volk (voir n. 8), p. 134; SEIDENSPINNER, Das »Königreich« (voir n. 4), p. 253–259; Martin VOGELEIS, Quellen und Bausteine zu einer Geschichte der Musik und des Theaters im Elsass 500–1800, Strasbourg 1911, p. 99. ALBRECHT (éd.), Rappoltsteinisches Urkundenbuch (voir n. 10), vol. 3, p. 386, n. 808 (10 avril 1431) et 809 (1434): le seigneur de Ribeaupierre donne ordre au roi des fifres de collecter l'avoine due. Voir aussi Maria DOBOZY, Re-membering the Present. The Medieval German Poet-ministrel in Cultural Context, Turnhout 2005.
[13] D'après SITTLER, Les associations (voir n. 3), p. 37–38, le royaume comprenait au XVe siècle cinq subdivisions: Vieux-Thann, Ribeaupierre, Sélestat, Rosheim et Strasbourg.
[14] Ceux qui manquaient l'assemblée étaient sévèrement punis, ceux qui s'excusaient payaient le repas en plus de la cotisation, voir ibid. p. 38. Le *Pfeifertag* existait jusqu'à la Révolution. Pour la description d'un *Pfeifertag* au XVIIIe siècle, voir VOGELEIS, Quellen (voir n. 12), p. 434–436. Le repas avait lieu avant la tenue du tribunal et l'accueil des nouveaux membres. Le même programme se retrouve à peu près pour les assemblées des confréries de miséreux, aveugles et mendiants, voir Katharina SIMON-MUSCHEID, La fête des mendiants. Fictions et réalités au bas Moyen Âge (Bâle et Cologne), dans: Marc BOONE, Peter STABEL (dir.), Shaping Urban Identity in Late Medieval Europe, Leuven, Apeldoorn 2000, p. 183–200.
[15] Le document est publié par M. OTT, dans: Anzeiger für Schweizerische Geschichte und Altertumskunde 1 (1856), p. 28.
[16] Le document est publié par Heinrich THÜRLER, dans: Anzeiger für Schweizerische Geschichte und Altertumskunde 29 (1898), p. 17–18.

L'autre exemple d'organisation qui pouvait servir de modèle aux compagnons de métiers était celui des chaudronniers[17]. Leurs membres, dispersés en petit nombre dans les villes et les villages, avaient formé une vaste association aussi ancienne que celle des ménétriers. Comme les corporations, ils défendaient leur monopole contre les concurrents libres et étrangers. Étendue dans tout l'Empire, leur association était divisée en cercles (*Kesslerkreise*) dont chacun avait à sa tête un seigneur comme roi et protecteur. Depuis 1361, les seigneurs alsaciens de Ratsamhausen avaient hérité de cette fonction au titre de leur fief d'Empire, fonction qu'ils détinrent jusqu'à la Révolution. En 1434, leur cercle fut délimité géographiquement par la forêt de Haguenau, le Hauenstein (sommet jurassien au nord-ouest de la Suisse), les crêtes des Vosges et celles de la Forêt-Noire. Comparable au royaume des ménétriers, ce cercle comprenait l'Alsace, le nord-ouest de la Suisse et le pays de Bade. La structure de cette organisation ressemblait à celle des ménétriers; les chaudronniers prêtaient serment de fidélité à leur seigneur et étaient obligés de garder son château de Ratsamhausen, de se mettre à son service un mois par an (quinze jours à leurs propres frais et quinze jours aux frais du seigneur) et de lui fournir la vaisselle en cuivre dont il avait besoin. Le seigneur, de son côté, les protégeait et défendait leurs intérêts[18]. Comme le seigneur de Ribeaupierre, il avait, dès 1434, délégué son autorité à un *Schultheiss* (écoutète ou prévôt), qui présidait les assemblées annuelles tenues dans la ville de Brisach, située au milieu du cercle.

Trois cercles s'étendaient sur le territoire de la Confédération suisse. Au nord-ouest les cercles de Ratsamhausen et de Königsegg, à l'est le cercle de Uechtland/Bourgogne et à l'ouest celui de Choir. Pendant les années 1420 et 1430, trois nouveaux cercles, plus petits que les anciens fiefs d'Empire, furent créés sur le territoire suisse: les trois royaumes de Berne, de Lucerne et de Zurich[19]. Les statuts des chaudronniers bernois nous informent sur la position de leur roi. Ce document, dont nous avons choisi de citer les parties les plus intéressantes, est une étrange combinaison d'ordonnances de métier, de statuts de confrérie et d'obligations entre seigneur et vassaux:

[1] *Des ersten sol das hantwerck mit unserm wússent und willen einen kúng setzen.*
[2] *Item hand si gemacht und geordnet, das ir kúng mit irem raet inen einen schulth[esse]n, der des handwerckls sy, geben mag, welen er wil. Der selb schulthes sol ouch inen sweren zuo gott und den heiligen trúw und waerheit zeleisten, gewaertig, gehorsam und hilfflich zesinde, dartzuo si recht habent und mit guoter alter herkomenheit harkommen ist.*
[6] *[...] Welicher des handwerckls nit enist und aber in den tag* [c.-à-d. une réunion] *und zuo dem hantweck empfangen wirt, das der dem richter* [c.-à-d. au roi] *des ersten geben sol ein paar swartzer hentschouch und ein totzent wyßer hoßnestlen, dem schulthessen und dem weibel jettwederm ein paar hentschouch, alles an geverd.*
[8] *Wurd es sich in deheinem zit allso machen, das iro richter von sich selbs wegen reisen wurd und hilff bedoerffte, denne sol imm das hantwerck ze hilff kommen, ze roß und ze fuoß, dry vierze-*

---

[17] Voir SITTLER, Les associations (voir n. 3), p. 39–41; SCHUBERT, Fahrendes Volk (voir n. 8), p. 138–140; et pour la Suisse: DUBLER, Handwerk (voir n. 3), p. 86–95; Rudolf WISSELL, Des alten Handwerks Recht und Gewohnheit II, éd. par Ernst SCHRÄPLER, vol. 7, Berlin ²1974, p. 82–123.
[18] SITTLER, Les associations (voir n. 3), p. 40.
[19] DUBLER, Handwerk (voir n. 3), p. 88.

chen tag helffen reyßen, mit dem underscheide, als hienach stat, mit nammen: die ersten vierzechen tag in des hantwecks eigenen costen und zerunge; aber die andern vierzechen tag sol inen der herre costen und zerung geben und keinen sold, aber die dritten vierzechen tag sol inen der herre kost, zerung und sold geben, ze roß und ze fuoß, in der summ, als ze Bern sitt und gewohnlich ist.
[9] Fúrer ist ouch des hantwercks recht: waere, das deheiner, der des tages ist, umb erlich sach gefangen wurd, und das fúr den herren kumpt, der sol denn haben ein guot pferdt, damit riten und werben und sin allerbest tuon in sinen eigenen costen, untz das der gevangen gelediget wirt. Waere aber sach, das er sin pferit in soelichem dienst abritte und allso unnitz [!] wurd, denn sol im das hantwerck ein anderes, besseres und nit swechers kouffen; und darnach aber sin bestes tuon in des hantwercks costen und zerunge, an alle geverde[20].

Après la fusion des royaumes de Zurich et de Lucerne, les chaudronniers de ce grand royaume se réunissaient annuellement à Baden, ville préférée par la Diète suisse, devenue un centre politique et administratif. Or, malgré cet avantage, l'intention du roi zurichois de créer un seul royaume suisse échoua. Les rois des chaudronniers suisses, confirmés par leurs villes, étaient en effet des personnages puissants et influents. Dans les années 1480, d'illustres noms apparaissent, comme ceux du noble Adrian de Bubenberg de Berne, fils du vainqueur de la bataille de Morat, ou encore celui du bourgmestre de Zurich, Hans Waldmann. Mais, en 1488, la Diète, lassée de devoir régler les conflits permanents entre les chaudronniers zurichois et lucernois, abolit ce royaume afin de préserver la paix entre les membres au sein de la Confédération[21].

Nos deux métiers avaient des problèmes communs: les ménétriers, méprisés par l'Église, dispersés dans tout le pays et apparentés à des groupes mobiles en marge de la ›bonne société‹, avaient besoin d'un protecteur puissant. Leur statut social peu élevé et l'hostilité de l'Église à leur égard les rendaient spécialement vulnérables. Les chaudronniers, dispersés dans les villes et à la campagne, parcouraient leur royaume pour vendre leurs produits. Comme toute corporation, ils s'efforçaient de se défendre contre la concurrence, surtout celle des chaudronniers ambulants. Infâmes et considérés comme *valides mendicantes*, voire comme espions et incendiaires, les chaudronniers étrangers ambulants furent la cible de mesures draconiennes prises par la Diète elle-même, qui, à partir des années 1480, leur interdit le territoire suisse[22].

En dehors des associations de ménétriers ou de chaudronniers, les fêtes des corporations servaient de modèle aux compagnons. Comme tout autre groupe de jeunes gens,

---

[20] Die Rechtsquellen des Kantons Bern, Erster Teil: Stadtrechte. Achter Band: Das Stadtrecht von Bern, 1. Hälfte: Wirtschaftsrecht, éd. par Hermann RENNEFAHRT, Aarau 1966, p. 456–460: L'association nomme un roi, puis, en même temps, un *Schultheiss* et un *Weibel*. Le roi, appellé »seigneur« et »juge«, est présent lors de l'assemblée annuelle. Voir aussi les statuts de Ratsamhausen, SITTLER, Les associations (voir n. 3), p. 40.

[21] En juin 1489, une délégation de chaudronniers venue à Baden chercha à rétablir le royaume, mais les autorités des Confédérés refusèrent leur demande, DUBLER, Handwerk (voir n. 3), p. 92–94.

[22] Oliver LANDOLT, »… ich acht, das kaum ein ort sei, do die armen mehr not liden dann im Schwitzer land«. Zur Ausgrenzung der mobilen Armut in der spätmittelalterlichen Eidgenossenschaft, dans: Hans-Jörg GILOMEN, Sébastien GUEX, Brigitte STUDER (dir.), Von der Barmherzigkeit zur Sozialversicherung. Umbrüche und Kontinuitäten vom Spätmittelalter bis zum 20. Jahrhundert, Zurich 2002, p. 127–138.

les compagnons de métiers avaient leurs fêtes et leurs rituels, en particulier l'élection d'un roi, le jour de la Saint-Nicolas[23]. Il est intéressant de constater que le conseil de la ville de Colmar, en 1421, interdit aux jeunes de la corporation des vignerons et des autres travailleurs de la terre de nommer ces rois avant Noël. La durée du royaume est alors réduite au seul jour des Rois et les activités du roi et de son entourage sont restreintes à la *Zunftstube*, où il demeure plus facile d'exercer un contrôle sur les jeunes:

Anno 1421 hat der rat und zunftmeistere erkannt, das der ackerlute, der reblute noch keine andere knaben noch knechte keine kunige vor wienachten me haben noch machen sollen deheins wegs, wellich zunft ouch uff den zwolften obent kunige machen wellent, die mogent in uff ire stuben haben und ime do zucht bieten und schencken, su sollent aber nut mit imme umb noch afterwegen riten noch gon in kunigswise, doch mogen su wol ze nacht von den stuben untz heim mit inen gon ungeverlich[24].

Les autres villes de la vallée du Rhin cherchent de la même manière à discipliner les jeunes et leurs fêtes.

Il y avait donc deux concepts de royauté connus et répandus dans cette région, l'un territorial et politique à la fois, défini par des fleuves et des montagnes qui délimitaient le champ d'action du roi, protecteur de groupes mobiles à l'intérieur de cette aire. L'autre, purement festif, s'inscrivait dans la période des fêtes de Noël. Mais, ce n'est qu'au cours de XVIe siècle que le concept de royaume changea son ancienne signification pour devenir synonyme de banquet[25]. Il me semble évident que l'exemple de

---

[23] Robert MUCHEMBLED, Die Jugend und die Volkskultur im 15. Jahrhundert. Flandern und Artois, dans: Peter DINZELBACHER, Hans-Dieter MÜCK (dir.), Volkskultur des europäischen Mittelalters, Stuttgart 1987, p. 35–58; Norbert SCHINDLER, Die Hüter der Unordnung. Rituale der Jugendkultur in der frühen Neuzeit, dans: Giovanni LEVI, Jean-Claude SCHMITT (dir.), Geschichte der Jugend. Von der Antike bis zum Absolutismus, vol. 1, Francfort/M. 1996, p. 319–382; Ilaria TADDEI, Fête, jeunesse et pouvoirs. L'abbaye des Nobles-Enfants de Lausanne, Lausanne 1991; Nikolaus GRASS, Royaumes et abbayes de la jeunesse – »Königreiche« und »Abteien« der Jugend. Zum Knaben und Burschenschaftsbrauchtum in Frankreich, in der Schweiz, in Deutschland und in Österreich, dans: Louis C. MORSAK, Markus ESCHER (dir.), Festschrift für Louis Carlen zum 60. Geburtstag, Zurich 1989, p. 411–459; Natalie Zemon DAVIS, The Reasons of Misrule. Youth Groups and Charivari in Sixteenth Century France, dans: Past and Present 50 (1971), p. 41–75; Albert LUTZ, Jünglings- und Gesellenverbände im alten Zürich und im alten Winterthur, Affoltern/A. 1957.

[24] Franz J. MONE, Volkssitten und Gebräuche, dans: Zeitschrift für die Geschichte des Oberrheins 20 (1867), p. 78. Cf. aussi Lucien SITTLER, Les mouvements sociaux à Colmar du XIVe au XVe siècle, dans: Revue d'Alsace 95 (1956), p. 129–145, ici p. 135: *als ettliche zunffte doher gewonheit gehept hant, das si herren kunige und Epte oder anders desglichen machtent und erbern luten ir kint und knecht jung oder alt viengent*. L'interdiction fut répétée en 1436.

[25] SEIDENSPINNER, Das »Königreich« (voir n. 4), p. 264, distingue deux phases: dans la première, le royaume sert aux groupes mobiles, voire marginaux, à s'intégrer dans la société et à y participer; dans la deuxième, le royaume devient un haut lieu de la sociabilité. Sur le changement de la signification du mot *Königreich*, voir Johann et Jacob GRIMM (dir.), Deutsches Wörterbuch, t. 10, Leipzig 1877 (réimpr. Munich 1984), p. 1609–1710; Fritz STAUB et al. (dir.), Schweizerisches Idiotikon. Wörterbuch der schweizerdeutschen Sprache, t. 3, Frauenfeld 1895, p. 159. Dans les régions viticoles, comme à Fribourg en Brisgovie, les étudiants nommaient des rois du vin. Les royaumes du vin liés au carnaval furent interdits par le conseil de ville en 1538, cf. GRASS, Royaumes (voir n. 23), p. 428–432. Selon le protocole de »visitation« de 1549, les

l'Alsace confirme la coexistence de ces deux concepts, au moins jusqu'à la fin du XV⁰ siècle. Les rois (et les abbés) élus par les jeunes des corporations semblaient avoir irrité les autorités de telle manière qu'elles cherchèrent à limiter leur action par des ordonnances. Quant aux royaumes des compagnons, on peut supposer qu'ils s'inspirèrent de ces organisations de jeunesse, les *Knabenschaften*[26].

LES ROIS DES COMPAGNONS

En 1407, le conseil de la ville de Sélestat, en Alsace, fait arrêter les compagnons cordonniers Lindenzwig, venant de Mulhouse, et Rúdin Ams, de Zurich. Les deux hommes venaient de proclamer deux choses considérées comme dangereuses par les autorités de Sélestat. D'une part, les compagnons cordonniers avaient, en 1407, choisi le chevalier Werner, burgrave et bailli d'Alsace, comme seigneur et protecteur de leur association interrégionale, qui s'étendait de Rheinfelden (petite ville suisse des bords du Rhin) à Strasbourg. D'autre part, ils avaient demandé que tout compagnon cordonnier intègre désormais leur organisation. Les deux porte-parole, munis d'une lettre du burgrave, avaient parcouru la région pour inciter leurs collègues à se joindre à leur association et à participer à l'assemblée générale qui devait avoir lieu à Rouffach en octobre 1407 et qui serait présidée par Werner en personne:

Ich, Lindenzwig von Múlnhusen, und ich, Rúdin Ams von Zúrich, die schuomacherknechte, vergehent, als wir zuo Sletzstat gefangen gewesen sind, davon als wir wurbent, das alle schuomacherknechte in allem disem lande hern Wernher Burggraven ritter zuo eim rechten herren haben soltend und ouch des sin offenn brieff umbtruogent, und was das ein solich uffsatz, davon dem gemeinen lande großer breste moechte ufferstanden sin[27].

En effet, de 1407 à 1408, les compagnons cordonniers étaient en train de former une vaste alliance interrégionale, très contestée par leurs maîtres comme par les conseils de villes de la vallée du haut Rhin. Pour confirmer leur indépendance par rapport à leurs maîtres de métier et certaines autorités urbaines, ils avaient opté pour ce modèle. En choisissant un seigneur capable de les protéger et de défendre leurs intérêts, les compagnons avaient créé un précédent, jugé extrêmement dangereux par les villes. Dans sa lettre, le burgrave Werner avait proclamé:

Das die schuomacher knechte gemeinlich in obern und niedern Eilsasz zwúschent Rinfelden und Strassburg mich einhellklich erwelt und erkosen habent vúr iren rehten herren, harumbe erkenne ich mich, das ich dieselben schuohemacher knehte, wo und welhen stetten sie danne wo-

---

autorités constataient *Bursales in quadragesima die Veneris bacchanalia, quae solent vocare Regnum celebrasse, cantavisse, clamasse et saltasse saepius ad mediam usque noctem*, ibid., p. 430.

[26] Les royaumes suisses auraient été influencés par les organisations de jeunesse, cf. REININGHAUS, Die Entstehung (voir n. 5), p. 54.

[27] Elsässische Stadtrechte, vol. 1: Schlettstadter Stadtrecht, éd. par Joseph GÉNY, Heidelberg 1902, p. 616 (9 avril 1408).

nende sind in minen schirm und vúr die minen empfangen habe und wil inen beraten und beholffen sin zuo rehten, als verre ich kan und mag[28].

Ayant abandonné le cadre de leur corporation, les compagnons avaient en même temps renversé la hiérarchie traditionnelle et miné l'autorité et la juridiction des villes. De plus, en 1407, sur les deux bords du Rhin, en Alsace et au pays de Bade, le bruit courrait que les compagnons cordonniers avaient l'intention d'organiser un arrêt généralisé du travail et que ce projet serait discuté lors d'une assemblée à Sélestat.

Dans la région du haut Rhin, les compagnons cordonniers avaient adopté le modèle du royaume avec un roi issu de la noblesse. Dans le nord-est de la Suisse, les compagnons dispersés dans les nombreuses petites villes s'étaient organisés de la même manière, mais, à la différence des leurs collègues, avec un roi élu parmi l'un des leurs. Un rare document, datant de 1421, nous présente cette association et son rayon d'action. Cette sentence arbitrale est le résultat de longues discussions menées lors de l'assemblée annuelle des compagnons à Zurich. Confirmée par les autorités zurichoises, elle est signée d'abord par les maîtres et ensuite par les trois fonctionnaires à la tête de l'association: le roi, l'écoutète et l'huissier (*König, Schultheiss* et *Weibel*); six autres compagnons sont témoins:

Wir der burgermeister und die raet der statt Zúrich tuont kunt menglichem mit disem brief von der stoess und misshellung wegen, so bisher etzwas zites gewesen sint zwueschent den ersamen wisen den zunftmeistern, den meistern, den zúnften und den gesellschaften schuomacher hantwerchs diser nachgeschriben stetten mit nammen Constenz, Überlingen, Schaffhusen, Winterthur, Lucern, Arow, Bremgarten, Baden, Brugg, Keiserstuol und Louffenberg [...] *die vorgenanten zunftmeister und meister in nammen als vor und die egenanten Hanns Holdermeyer, kúng, Ulrich Keller, schultheiß, und Hanns Krieg, weybel, ouch in nammen ir selbs und der vorgenanten ir mitgesellen der schuochknechten und fúr sy mit iren trúwen gelopt und versprochen,* [...] *das sy das ze beider sit fúr sich und die iren war und staet halten und dem gnoug tuon sullen und wellen aene geverde* [...]. *Wir haben ouch in disem unserm spruch den vorgenanten schuochknechten uffgesetzet und vorbehept, das sy einen kúng, einen schultheissen und einen weibel und ouch iren meyen haben mugen, ob sy wellen, doch den vorgenanten stetten, dem meistern, den zúnften und gesellschaften schouchmacher hantwerchs der selben stetten und ouch disem unserm spruch gentzlich unschedlich, an alle geverde*[29].

---

[28] Johannes FRITZ, Der Ausstand der oberrheinischen Schuhmachergesellen im Jahr 1407, dans: Zeitschrift für die Geschichte des Oberrheins 45 (1891), p. 132–140, ici p. 134.

[29] Friedrich Emil WELTI (éd.), Die Urkunden des Stadtarchivs zu Baden im Aargau, Berne 1896, p. 344–345, n° 387 (9 juillet 1421), les corporations des villes de Constance, Überlingen, Schaffhouse, Winterthur, Lucerne, Aarau, Bremgarten, Baden, Brugg et Kayserstuhl avaient délégué des maîtres, l'autre parti, *Johans Holdermeyer von Zúrich kúng, Úlrich Keller von Winterthur, Schultheß, und Hans Krieg von Bremgarten, weibel der vorgenanten schúchknechten*, avait envoyé ses témoins venant de Rapperswil, Bremgarten, Schaffhouse, Lucerne, Brugg, Baden. Cette ville de bains très fréquentée et célébrée par l'humaniste italien Poggio, était un centre commercial et administratif important de la Confédération suisse, qui attirait, notamment, beaucoup de compagnons étrangers, voir Willi GAUTSCHI, Beitrag zur Sozialgeschichte der Stadt Baden im 15. Jahrhundert, dans: Argovia 72 (1960), p. 134–153; Hektor AMMANN, Die Stadt Baden in der mittelalterlichen Wirtschaft, dans: Argovia 63 (1951), p. 217–321.

Cette sentence arbitrale règle certains différends non spécifiés. Elle insiste cependant sur le problème de la juridiction et oblige les deux parties opposées à se soumettre au tribunal de la corporation ou de la ville où le conflit a lieu. De même, les deux parties renonceront à faire appel à d'autres tribunaux. Les compagnons, à leur tour, régleront leurs différends internes de la même manière. Selon le compromis signé par les opposants, les maîtres confirment aux compagnons le droit de s'associer et de nommer le roi et les deux autres fonctionnaires ainsi que de se rassembler une fois par an comme auparavant, ils sont prêts à garantir ces droits sous réserve que l'on ne nuise pas aux villes mentionnées ci-dessus.

Rappelons que le document est signé par le roi des compagnons forgerons, en 1412. Nous y retrouvons à peu près la même situation et les mêmes arrangements. Les maîtres respectent l'association et la fonction du roi. Le roi, à son tour, promet d'empêcher le moindre acte qui pourrait nuire à la corporation et à ses maîtres:

Es ist ze wússent umb die stoess und misshellung, so der schmid knechten kúng und gemein schmid knecht bis her gehept hand mit den meistern und gemeiner zunft schmid antwerks ze Zúrich, wie die stoess sich hieschent umb all vergangen sachen bis uff disen húttigen tag, daz wir da ze beider sit mit guoter vorbetrachtung und nach raet einer frúntschaft und einhelligi mit einander úber komen sind, als hie nach geschriebn staet: Des ersten ist berett, daz ich obgen(ant) kúng noch deheiner min nach kom noch alle die knecht unsers antwerks, so ietz sind oder hie nach werdent, den ob gen[anten] meistern ze Zúrich noch ir nach komen deheinen knecht hinnenthin eweklich niemer me verbieten sond, inen ze werken [...]. Wer och, daz hinnenthin dehein knecht mit sim meister icht ze schaffen hett, daz si mit ein ander stoess gewunnent, der selben stoessen sond beid teil, meister und knecht, fúr die zunftmeister schmid antwerks komen und fúr die sechs oder zwelf. Múgent si denn vor dien bericht werden, daz ist wol und guot; bschaech daz nit, so sont aber beid teil der sach fúr den schulth[eiss] komen und da waer und staet halten ze beiden siten, waz inen da erteilt und ussgesprochen wirt, es tuo wol oder we, wie dik daz ze schulden kunt[30].

Le premier paragraphe aborde le problème du boycottage. Le roi des compagnons s'engage, pour lui-même et pour ses successeurs, à renoncer à cette mesure aussi efficace que redoutée par les corporations et les conseils de villes. Les paragraphes suivants prescrivent la procédure en cas de conflit. Selon cet accord, les deux parties auront recours au tribunal de la corporation, qui servira de première instance; ils auront le droit de faire appel au tribunal communal en dernière instance, dont le jugement devra être accepté par les deux parties. Par cet accord, les maîtres et les compagnons promettent de respecter la juridiction communale et de renoncer à faire appel aux tribunaux étrangers.

Dans un troisième document, daté de 1424, le ton change complètement. La situation est la suivante: deux compagnons avaient, malgré l'accord conclu en 1421, osé boycotter les maîtres cordonniers dans la ville de Baden. Selon quoi, les autorités de la ville les avaient accusés d'avoir rompu leur serment. Cette fois, la petite ville de Rheinfelden, où les deux coupables avaient été arrêtés, arbitra le conflit entre les maîtres, décidés à punir sévèrement les deux réfractaires, et les compagnons cordonniers

---

[30] SCHNYDER (éd.), Quellen zur Zürcher Zunftgeschichte (voir n. 1), vol. 1, n° 58, p. 68.

venus pour implorer leur grâce[31]. La sentence arbitrale ne se borne pas à punir les deux coupables, elle met fin aux fonctions du roi, de l'écoutète et de l'huissier, ainsi qu'à l'assemblée annuelle (*Maien*). De plus, elle interdit explicitement aux compagnons cordonniers d'exercer leur juridiction interne. Désormais, chaque délit sera réglé par les tribunaux de la corporation ou de la ville et, selon la nouvelle sentence arbitrale, tout réfractaire ayant violé le serment sera puni de mort:

Wir der schultheß und der rat ze Rinvelden tuont kunt aller menglicher mit diesem briefe: als Marti Stettbach von Gisingen, der schuochknecht, dem meistern schuochmacher hantwercks ze Baden knechte verbotten und Guntfried Swartz der schouchknecht von Brůnlingen darumbe botte gewesen were und den verbietbrieff da selbs hingetragen hette [...] darumbe unser lieben guoten frůnde, schultheiss und rate ze Baden, uns ernstlichen tatten bitten, die egenannten Marti Stettbach und Guntfried Swarzen inen uf recht ze haltten, das wir durch ir bette willen tatten und si in leiten. [...] Es soellen och die spruchbrieff, als die obgenannten unser frunde von Zúrich gesprochen und versigelt gegeben hand, by allen iren kreften, puncten und artickeln nach irem innehalten beliben, ußgenommen umbe den kúng, schultheissen, weibel und meyen ze machende, das sollent sy hynnethin nit tuon, als vor statt[32].

Ces trois documents nous informent implicitement sur les fonctions du roi des compagnons. Il semble évident que les rois (et les deux autres fonctionnaires) servaient à structurer ces associations, qui englobaient de nombreuses petites villes de la Confédération suisse et de l'Allemagne. En 1412 et en 1421, les rois des compagnons forgerons et cordonniers, porte-parole de leurs associations respectives, semblent avoir été des partenaires respectés, capables de calmer les tensions au sein de leur groupe. Les documents nous confirment qu'ils rédigeaient et signaient des accords en commun avec les maîtres et que les rapports étaient plutôt détendus, par comparaison avec la situation dans villes du haut Rhin. Selon les rares documents conservés, les rois (et les autres fonctionnaires) parvenaient à négocier avec les maîtres et les conseils de villes, tout en défendant leurs intérêts. En revanche, les rois étaient supposés faire respecter l'accord conclu entre les deux parties et surtout empêcher leurs collègues de recourir au boycottage. Les maîtres espéraient donc discipliner les compagnons par ces intermédiaires, ce qui s'avéra une mission impossible. Soit les rois, ayant juré de s'abstenir de boycotter et se soumettant aux tribunaux de la corporation ou de la ville, n'arrivaient pas à imposer leur autorité aux compagnons refusant de leur obéir, soit les associations interrégionales présumaient de leurs forces, en regard des succès remportés par leurs collègues de la vallée du haut Rhin. En tout cas, les rois qui étaient supposés coopérer avec les maîtres et œuvrant au maintien de l'ordre devaient répondre des infractions.

---

[31] WELTI (éd.), Die Urkunden des Stadtarchivs zu Baden (voir n. 29), p. 370–273, n. 416 (7 août 1424): Bâle, Zurich, Schaffhouse, Waldshut, Kayserstuhl, Aarau, Winterthur, Bremgarten, Brugg et Säckingen avaient délégué des maîtres et des magistrats afin de punir les deux coupables; en revanche, les 33 compagnons qui sont intervenus en faveur des inculpés venaient des villes du royaume, de Bâle et même de Ravensburg, Augsbourg, Fribourg/Br. et Ingolstadt.

[32] Ibid. p. 372: Quoique l'accord conclu en 1421 soit confirmé, les fonctionnaires et l'assemblée seront abolis. Voir aussi GAUTSCHI, Beitrag (voir n. 29), p. 144–147.

Avant d'analyser les changements qui menèrent à l'interdiction des associations interrégionales et des rois des compagnons, il faut se rappeler que les trois documents de 1412, 1421 et 1424 que nous venons d'analyser s'inscrivent dans ce qu'il convient d'appeler »le mouvement des compagnons de métiers«. Au début du XVe siècle, les villes de la vallée du haut Rhin furent le théâtre de luttes violentes opposant les compagnons et leurs maîtres. L'impact fut tel que les villes du haut Rhin et celles du haut Rhin moyen (comme Mayence) décidèrent de coordonner leurs pouvoirs de coercition à l'égard des compagnons[33].

Les régions avoisinantes ne furent pas épargnées par ce conflit. Les compagnons forgerons et cordonniers habitant les petites villes d'Argovie, de Lucerne et des deux bords du Rhin étaient aussi membres d'associations interrégionales dans lesquelles les petites villes servaient de lieux d'assemblée. En plus, les compagnons avaient créé des réseaux de communication qui fonctionnaient aussi bien que ceux de leurs maîtres. Ces réseaux parallèles comprenaient les petites villes et villages du ›royaume‹ des compagnons ainsi que certains centres urbains où les compagnons avaient créé des organisations locales[34].

LA FIN DES ROIS DES COMPAGNONS

Le modèle d'organisation interrégionale conduit par un roi était contesté depuis longtemps, nous l'avons vu. Dans une lettre de 1420 envoyée aux autorités de Zurich, les maîtres forgerons de la ville de Rottweil demandèrent au conseil de ville de Zurich de suivre leur exemple et d'abolir le royaume des compagnons forgerons, responsable, selon eux, de troubles. Pour convaincre les villes de la Confédération suisse, ils brandirent la menace d'une conjuration dangereuse menaçant les villes et la campagne et terrorisant maîtres et compagnons[35]. Malheureusement, nous ne connaissons pas les réactions provoquées par l'intervention de Rottweil. Ce n'est qu'en 1424 que les auto-

---

[33] Déjà en 1387, les maîtres forgerons de Francfort/M., Mayence, Worms, Speyer et d'autres villes avaient conclu une alliance contre les compagnons devenus trop indépendants. Il faut bien se rendre compte que les compagnons travaillant dans les villes du haut Rhin avaient des rapports étroits avec leurs collègues du moyen Rhin. En 1399, les villes du haut Rhin, le bailli d'Alsace et plusieurs petits seigneurs prirent des mesures contre les compagnons cordonniers dont les activités associatives provoquèrent de vives réactions de la part des villes du haut Rhin et du moyen Rhin en 1407/1408, de même que les activités des compagnons tailleurs à Constance en 1410 alarmèrent les villes du haut Rhin, la correspondance entre les villes en est témoin, voir SCHULZ, Handwerksgesellen (voir n. 5), p. 68–81.
[34] REININGHAUS, Die Entstehung (voir n. 5), emploie le terme *Gesellengilden* comprenant des aspects sociaux, économiques, politiques, confraternels.
[35] Ibid., p. 87: *geloppte gesellschaft*; HEGI, Zunft (voir n. 1), p. 128. De même, les villes situées le long du Rhin, de Bâle à Bingen, s'engagèrent à prendre des mesures contre les associations de compagnons, en demandant aux compagnons nouveaux venus de jurer dans un délai de trois jours de ne pas devenir membres d'une association, voir SCHULZ, Handwerksgesellen (voir n. 5), p. 72–73.

rités des villes suisses inclinèrent définitivement et de manière négative leur politique vis-à-vis des rois et des royaumes des compagnons.

Il y eut surtout trois *gravamina* majeurs qui poussèrent alors les villes à supprimer ce genre d'associations:

Primo, le modèle du royaume et du seigneur protecteur posait de sérieux problèmes à l'autorité et à la juridiction des villes, qui se défendaient énergiquement contre toute tentative pouvant les concurrencer ou, pis encore, les miner. Rappelons qu'en 1407, pour confirmer leur indépendance par rapport aux corporations et aux tribunaux communaux, les compagnons cordonniers avaient choisi comme patron le bailli d'Alsace. En effet, le burgrave Werner, prenant au sérieux ses obligations, s'efforça de libérer les deux cordonniers emprisonnés à Sélestat. Mais, par sa lettre adressée aux autorités de cette ville, il versa de l'huile sur le feu en déclarant que l'ordonnance que les compagnons étaient en train de rédiger ne regardait personne, même pas leurs maîtres, et que c'était à lui seul de juger et de punir en conséquence les compagnons cordonniers[36]. Dans son esprit, il s'agissait d'un acte tout à fait légitime de la part des compagnons. Il est évident que son argument confirmait les pires craintes des corporations et des conseils de villes. Par conséquent, ils cherchèrent à empêcher à tout prix que d'autres compagnons ne suivent l'exemple des cordonniers.

Lorsque les maîtres et les compagnons potiers de la région allant de Ravensburg à Strasbourg, en 1435, choisirent le chevalier, magistrat et diplomate bâlois, Henman Offenburg comme seigneur et chef, les villes et même ses pairs bâlois, craignant le précédent créé par les cordonniers en 1407, s'inquiétèrent. Offenburg, en bon diplomate, arriva à calmer les esprits en niant strictement les parallèles entre l'initiative des potiers et celle des compagnons cordonniers arrogants vis-à-vis de leurs maîtres[37]. Selon les statuts, les potiers du »pays bas« avaient leur assemblée annuelle le jour de la Pentecôte à Brisach, ceux du »pays haut« à la Saint-Jacques à Ravensburg. Au XVe siècle, ces assemblées duraient jusqu'à deux semaines[38]. En effet, les potiers, dispersés dans les villes et les villages, ne posaient aucun problème, mais la structure de l'association interrégionale en elle-même, avec à sa tête un seigneur unique qui

---

[36] FRITZ, Ausstand (voir n. 28), p. 134.
[37] Selon Offenburg, il ne serait point raisonnable de comparer les deux cas, puisque les compagnons cordonniers à la différence des potiers, ayant perverti l'ordre, auraient *den Burggrafen fur iren herren uffgeworfen glicher wis als ein freyer man sich einen herren eignete*. Il insiste sur le fait qu'il y avait, depuis 1419, une association de potiers en Alsace, voir SCHULZ, Handwerksgesellen (voir n. 5), p. 82–86; Elsanne GILOMEN-SCHENKEL, Henman Offenburg (1379–1459). Ein Basler Diplomat im Dienste der Stadt, des Konzils und des Reichs, Bâle 1975, p. 106–110. Peu d'informations sur la structure de l'association dans Susanne EULES, »Der hafner gesellen lobliche bruderschaft«. Organisation der Hafnerbruderschaft und Erzeugnisse der Hafner des 15. bis 18. Jahrhunderts im Elsaß, Sundgau und Breisgau, Francfort/M. 1991.
[38] Ibid. p. 43. Malheureusement, il n'y a pas d'informations, ni sur la structure ni sur ces assemblées, au moins pour le XVe siècle. Selon la description de l'assemblée à Brisach en 1604, elle commença par la séance du tribunal qui collectionnait les amendes, puis on accueillit les nouveaux membres avant le compte rendu du comité, la partie officielle se termina par une messe. Selon Eules, une danse et un cortège s'ensuivirent, mais elle n'évoque pas de repas commun, partie importante des fêtes des confréries, ibid., p. 44–45.

défendait les membres et qui exerçait la justice, remettait en question l'autorité des villes.

Secundo. Chacune des assemblées inquiétait les conseils des villes. La nouvelle d'une assemblée organisée par les compagnons provoquait des rumeurs, des craintes et de violentes réactions de la part des villes. Vu les activités des compagnons cordonniers, l'assemblée qui devait se tenir à Rouffach, à l'hiver 1407, fut considérée comme un très grand danger, et, par conséquent, les villes de Bâle et Mayence cherchèrent à l'empêcher. La vive correspondance entre les villes de la vallée du haut Rhin, et entre Bâle, Mayence et d'autres villes du haut Rhin moyen reflète cette crainte. D'une part, les villes s'attendaient à voir se réunir un très grand nombre de participants (Bâle, dans sa lettre, parle même de quatre mille compagnons) et, d'autre part, les autorités craignaient surtout que d'autres compagnons, notamment les compagnons tailleurs, très actifs aussi, ne suivent l'exemple donné par les cordonniers. Dans leurs correspondances, elles formulent leurs craintes ainsi : *daz snider und ander antwerkknechte dasselb oder desglich ouch underston und herren über ir meister wurden*[39].

En 1408, les compagnons de Strasbourg et ceux de Haguenau invitent leurs collègues à se rassembler dans la ville d'Haguenau. Par une lettre, les organisateurs avaient mentionné leur intention de régler, une fois pour toutes, les rapports (déjà tendus) entre les compagnons et leurs maîtres. Les villes, apprenant que les compagnons de trente et une petites villes avaient déjà accepté l'invitation et craignant le précédent des cordonniers, s'apprêtèrent à réagir[40].

Bien que les deux assemblées, celle de Rouffach et celle de Haguenau, n'aient pas eu lieu, les maîtres, se sentant menacés par les compagnons, se réunirent en 1408 à Sélestat pour discuter des mesures à mettre en œuvre. De Bâle à Mayence, on parla alors d'abolir les associations locales et interrégionales des compagnons et même de supprimer leurs confréries[41].

Tertio. L'autre point délicat que nous devons aborder est celui de la juridiction exercée par les associations urbaines et interrégionales des compagnons de métiers. Tant qu'ils se bornèrent à sanctionner leurs collègues ayant violé les règles du métier et blessé l'honneur de la corporation ou bien de régler les querelles internes, leur juridiction ne fut pas contestée. Dans ce cadre bien délimité, cette justice servait à maintenir la paix et à soulager les tribunaux de la corporation et de la ville[42]. Mais, bientôt, les compagnons s'efforcèrent d'élargir leur champ d'action à l'intérieur comme à l'extérieur de leur groupe. Ils imposèrent leur juridiction, non seulement à leurs pairs, ce qui fut toléré dans une certaine mesure, mais aussi à leurs maîtres. L'usurpation de la sphère juridique réservée aux maîtres et les moyens employés pour faire céder leurs opposants provoquèrent l'exaspération des maîtres de la profession. Le moyen de coercition le plus effectif et le plus redouté par les corporations et les villes était le

---

[39] FRITZ, Ausstand (voir n. 28), p. 133; SITTLER, Les mouvements (voir n. 24), p. 132; SCHULZ, Handwerksgesellen (voir n. 5), p. 73–75. Sur les conflits précédents, voir SITTLER, Les mouvements (voir n. 24), p. 131–132.
[40] FRITZ, Ausstand (voir n. 28), p. 135, avec la liste des 31 villes alsaciennes.
[41] Sur ces discussions, voir SCHULZ, Handwerksgesellen (voir n. 5), p. 74–75.
[42] REININGHAUS, Die Entstehung (voir n. 5), p. 94.

boycottage, soit d'un atelier, soit de tout le métier. Promulgué dans tout le pays, le boycottage privait l'atelier en question de compagnons, et ceux qui osaient travailler dans l'atelier frappé d'interdit risquaient d'être à leur tour boycottés par la profession[43]. De cette manière, le maître, ou sa corporation, était contraint de céder face aux compagnons et de se réconcilier avec leur association. Afin de se protéger contre ces mesures, les maîtres et les conseils de villes, comme à Mayence et à Strasbourg, coordonnèrent leurs actions jusqu'à la rédaction de l'ordonnance définitive qui réglementait le statut des compagnons et leurs devoirs par rapport aux maîtres, en réduisant nettement leur prérogatives. Cette ordonnance, nommée »Rheinische Knechtsordnung«, fut promulguée dans la deuxième moitié du XVe siècle[44].

Dans les trois documents que nous venons d'analyser, ce problème du boycottage joue un rôle crucial. À travers eux, en 1412 et en 1421, nous voyons le roi des compagnons forgerons et celui des compagnons cordonniers jurer de s'abstenir de boycotter au nom de leur association. En 1412, le roi des compagnons forgerons arrive encore à faire amnistier un compagnon qui avait promulgué le boycottage de son maître[45]. Mais ces rois, intermédiaires entre les compagnons et les maîtres, s'avéraient incapables d'imposer cette restriction qui privait les compagnons de leur arme la plus efficace, comme le montre clairement le cas des deux compagnons réfractaires mentionnés ci-dessus, qui servirent de prétexte pour supprimer les associations interrégionales des compagnons.

Il y avait, bien sûr, bien d'autres points litigieux entre maîtres et compagnons, comme par exemple les repas et le temps libre accordés à ces derniers, mais également les rituels par lesquels les compagnons accueillaient leurs nouveaux collègues. Ces rituels furent âprement discutés, car ils avaient lieu pendant les heures de travail. Contestés par les maîtres et défendus par les compagnons, ils servaient à établir des rapports étroits entre l'association et ses nouveaux membres, des moments essentiels pour confirmer l'identité du groupe.

CONCLUSION

Au cours du bas Moyen Âge, les compagnons de métiers adoptèrent différents modèles d'associations connues dans la région du haut Rhin et en Suisse. En Alsace, en Brisgovie et dans le nord-ouest de la Confédération suisse, ils créèrent eux-mêmes des royaumes fondés sur le modèle de groupes ambulants, dont les exemples les plus connus sont les ménétriers alsaciens et les chaudronniers. Présidées par un roi (chez les compagnons forgerons) ou par un comité de trois représentants (roi, écoutète, huissier chez les cordon-

---

[43] Plutôt que de risquer de se faire exclure de l'association, les compagnons préféraient suivre le boycottage et se faire punir par la corporation et le conseil de ville, voir SCHULZ, Handwerksgesellen (voir n. 5), p. 71.

[44] Ibid., p. 81–98; Wilfried REININGHAUS, Die Straßburger »Knechteordnung« von 1436. Ihre Entstehung und ihre Bedeutung für die Geschichte der Gesellengilden am Oberrhein, dans: Zeitschrift für die Geschichte des Oberrheins 87 (1978), p. 131–143.

[45] SCHNYDER (éd.), Quellen zur Zürcher Zunftgeschichte (voir n. 1), vol. 1, p. 68, n. 58.

niers), ces associations interrégionales se rassemblaient une fois par an (*Maien*), de préférence à Zurich ou dans les petites villes situées en Alsace, en Argovie ou en Brisgovie.

À la différence des ménétriers (*Pfeiferkönigreich*) et des chaudronniers, dont le royaume était délimité par des frontières géographiques naturelles (des montagnes, des fleuves ou de grandes forêts), les rois des compagnons n'avaient pas de royaume au sens topographique. Leur aire se définissait selon les lieux d'origine de leurs représentants, elle s'étendait de la Forêt-Noire au lac de Constance jusqu'en Argovie.

Placés à la tête d'une association interrégionale dont les membres étaient dispersés en petit nombre dans un réseau de petites villes, les rois servaient d'intermédiaires d'une part entre les compagnons eux-mêmes et d'autre part entre les compagnons et les maîtres ou les autorités urbaines. En tant que porte-parole des compagnons et partenaires des maîtres, ils exerçaient une certaine autorité, qui leur permit de conclure des accords en leur nom ou au nom de leurs associations. Les documents ont montré qu'ils négociaient directement avec les maîtres d'une corporation ou encore devant leurs tribunaux en défendant leurs prérogatives. Les documents signés par les rois et confirmés par leurs sceaux reflètent leur statut si particulier.

Mais, dès les années 1420, la situation s'aggrave. Ces associations interrégionales et leurs activités devenues illicites provoquèrent la mise par écrit d'ordonnances de la part des villes, comme à Mayence et à Strasbourg. Le problème le plus important était la juridiction usurpée par les compagnons. En jugeant leurs maîtres et surtout en boycottant leurs ateliers et même des villes entières, les compagnons avaient dépassé les frontières de ce que les maîtres et les autorités des villes toléraient jusqu'alors. Donc, au plus fort du conflit, en 1424, en coordonnant leurs moyens de coercition, les autorités décidèrent d'abolir les associations interrégionales des compagnons en brandissant la peine de mort.

On constate que les autorités chargées de préserver la paix entre maîtres et compagnons confirmèrent ces associations, leur hiérarchie et le droit de s'assembler jusqu'en 1424. De cette manière, les autorités déléguèrent le contrôle des compagnons dispersés dans cette vaste région, afin de régler leurs affaires internes. Mais il est évident que ces rois, médiateurs en cas de conflits (très fréquents et parfois très violents dans la vallée du haut Rhin), n'arrivaient pas à remplir leur devoir, le plus important et le plus difficile, celui d'empêcher leurs collègues de boycotter leurs maîtres et de les conduire à se soumettre à la juridiction des conseils de villes comme ils l'avaient juré.

Les ordonnances et les documents judiciaires peuvent encore révéler d'autres aspects de la culture des compagnons si nous les approchons selon différentes perspectives: les recherches sur le folklore, qui fut longtemps négligé par les historiens, nous rendent visible l'importante place que les compagnons tenaient dans les fêtes et rituels religieux des villes. Dans ce contexte, nous n'avons évoqué que la fête des Rois, mais les repas festifs et l'apparition publique des rois furent aussi limités par les ordonnances des villes.

Les études sur la criminalité, en revanche, peuvent servir à analyser les activités de ces groupes, considérées comme déviantes et sanctionnées par les autorités urbaines. Elles mettent l'accent sur le comportement de la jeunesse masculine, en observant les activités nocturnes, les tavernes, les provocations et les bagarres entre compagnons de différents métiers, les violences et les actes de vengeance dirigés contre les maîtres (très rares cependant).

L'histoire sociale s'est bornée trop souvent à réduire ces jeunes gens à de purs syndicalistes avant l'heure. Bien sûr, cet aspect était important, et il serait erroné de le nier. Mais il faut bien se rendre compte qu'il s'agit de jeunes gens impliqués dans toutes sortes d'activités et, point important, intégrés aussi bien dans les rituels festifs et religieux de leurs villes et villages que dans leurs associations et leurs confréries locales.

L'aspect *memoria* ne doit pas être non plus négligé. Les cierges et les draps mortuaires, très somptueux parfois, reflètent les rivalités existant entre les métiers. Dans ce domaine, la représentation et l'honneur jouent un rôle considérable pour les compagnons et leurs rois.

L'histoire des rois des compagnons est étroitement liée, d'une part, aux royaumes des groupes professionnels ambulants et, d'autre part, aux organisations de jeunesse et à leurs rituels. Mais il s'avère difficile de retrouver des éléments caractéristiques appartenant à la culture des compagnons au niveau de leurs associations interrégionales et de leurs assemblées annuelles, au moins pour le XVe siècle. Pourtant, les divers documents analysés nous livrent des indices, et les assemblées tenues par les royaumes des ménétriers, des chaudronniers et des potiers, assez bien connues, nous permettent de dresser une liste d'éléments constitutifs du royaume des métiers: l'accueil des nouveaux membres, le tribunal, le compte rendu des fonctionnaires, la discussion des affaires politiques, ensuite la messe et le repas commun.

MARIE BOUHAÏK-GIRONÈS

Le roi de la basoche

Le royaume de la basoche, autrement dit, la grande basoche du Palais est la communauté de métier des clercs de justice du parlement de Paris. Elle se crée au début du XIVe siècle, au moment de la constitution du corps parlementaire. Elle regroupe les clercs d'avocats, de procureurs et de conseillers du parlement. Par la spécificité de ses pratiques didactiques et festives, la basoche a eu une influence profonde sur la culture littéraire et théâtrale de la fin du Moyen Âge et du début du XVIe siècle[1]. Si la sérieuse lacune des sources pour les XIVe et XVe siècles prive d'éléments positifs sur les fonctions précises du roi de la basoche, ses charges, ses droits et privilèges et les cérémoniels qui entouraient sa personne, c'est autour de la question de la juridiction basochiale, et de sa difficile reconnaissance par le parlement, que le statut du roi de la basoche peut être abordé.

L'histoire de la basoche jouit d'une belle construction romantique, et son historiographie est encombrée d'une importante mythologie littéraire, favorisée par la grande carence de sources sur les institutions basochiennes médiévales. Nous avons en main des données très partielles, car les pièces d'archives sont rares. La prudence s'impose donc pour élaborer toute hypothèse sur le rôle effectif du roi de la basoche au sein de sa communauté et au sein de la société médiévale. L'incendie du Palais de Justice au début du XVIIe siècle nous a privé des archives propres à l'institution de la basoche avant l'Époque moderne. Pour comprendre l'histoire de la basoche médiévale, nous avons quatre types de sources principales à notre disposition: en premier lieu, les archives du parlement (l'institution dont dépendait la basoche et qui la sanctionnait beaucoup), ensuite, le texte des statuts de la communauté, qui date de 1586 et qui est le premier document interne à l'institution[2], puis les textes des historiens des XVIe et XVIIe siècles qui ont écrit sur la basoche[3], et enfin les sources littéraires, produites ou non par le milieu de la basoche lui-même.

[1] La majeure partie des données de cet exposé est issue de la thèse de doctorat que j'ai soutenue en 2004 à l'université de Paris VII et qui est publiée sous le titre »Les clercs de la basoche et le théâtre comique (Paris, 1420–1550)«, Paris 2007; thèse dans laquelle j'ai exposé le lien entre l'activité professionnelle des basochiens et leurs pratiques dramatiques et dans laquelle j'ai voulu montrer que la production théâtrale de la basoche est un prolongement du rôle didactique de cette communauté de métier. La basoche est une école de la pratique judiciaire, un lieu d'apprentissage des savoir-faire techniques des métiers qui mettent en jeu la parole et la rhétorique, un lieu de transmission du patrimoine culturel commun au monde de la justice et au monde du théâtre.
[2] Statuts et ordonnances du royaume de la Bazoche. Faites, reformées, et accordées par la cour aux suppots d'icelle, en l'année 1586 [...], Paris 1634.
[3] Les mémoires de Pierre DE MIRAULMONT, escuyer, conseiller du roy, lieutenant général en la prévosté de l'hostel, et grande prévosté de France, sur l'origine et institution des cours souveraines et justices royales estans dans l'enclos du Palais royal de Paris, à monseigneur le chan-

Il semble que les premiers historiens de la basoche se soient attachés rapidement à la constitution de son mythe fondateur. Le royaume de la basoche aurait été fondé de droit royal, en 1303, après la sédentarisation du parlement, par une ordonnance de Philippe le Bel, qui en aurait fait le royaume souverain de toutes les communautés de clercs de justice[4]. Cette ordonnance n'a pas été retrouvée. Nous avons quelques données sur les clercs de justice dans les archives à partir du début du XVe siècle. Cependant, dans les textes littéraires comme dans les documents de la pratique, il faut attendre le milieu du XVe siècle pour voir apparaître la première occurrence du mot »basoche«. En août 1442, dans un arrêt du parlement, apparaît la forme latine *Bazochios*, puis, en août 1443, le »Royaume de la Bazoche« est encore rappelé à l'ordre par le parlement[5]. L'étymologie du terme »basoche« reste peu claire. Cependant, on opte le plus souvent pour le latin »basilica« (»basilique« ou »tribunal«)[6]. Au cours du XVe siècle et au XVIe siècle, le terme »Bazoche« est de plus en plus fréquemment utilisé dans les archives du parlement et ailleurs.

L'absence de données sur la basoche avant le XVe siècle invite à se questionner sur la date de création effective de l'association. La date de 1303 coïncide d'évidence avec celle de l'ordonnance de réforme du royaume. Si cette ordonnance de mars 1303 ne signe pas l'acte de naissance de la basoche en tant que communauté constituée, elle offre les conditions de la genèse du métier, nouveau et nécessaire, de clerc de justice. Car l'histoire de la communauté de la basoche est forcément liée à la nouvelle organisation du parlement et à l'institution des procureurs et des avocats qui plaident devant la cour, et elle a été sans doute créée au moment où le nombre de plus en plus important de petits clercs rendait indispensable la création d'une communauté professionnelle spécifique. À partir du XVIe siècle, quand la basoche produit un récit sur son propre passé et reconstruit son histoire, à travers le prisme de son présent, quand l'institution met en scène ses origines et sa fondation, la référence à Philippe le Bel, repère solide dans la mémoire historique, devient sans doute pour elle une source importante de légitimité. Comme tout mythe fondateur, elle permet de clarifier et d'expliciter des origines vraisemblablement plus complexes.

Une pièce de théâtre du milieu du XVIe siècle met en scène le roi de la basoche régnant sur ses sujets. Dans la »Sottie nouvelle a six personnages du Roy des Sotz« (vers 1545?), le »Roi des Sotz«, que l'on peut assimiler sans se tromper je crois au roi de la

---

cellier, Paris 1584, ²1612; René GASTIER, Les nouveaux styles des cours de parlement, des aydes, requestes du Palais, et de l'hostel, de la chambre des comptes, et du thresor, et autres jurisdictions [...], Paris ³1661, dern. éd. 1668, p. 339–341; Recueil des statuts, ordonnances, reiglements, antiquitez, prérogatives et prééminences du royaume de la Bazoche, Ensemble plusieurs arrests donnez pour l'établissement et conservation de sa jurisdiction [...], Paris 1644.

[4] Pierre de Miraulmont, par exemple, affirme que: »cette justice bazochienne est d'institution fort ancienne, et establie du temps mesmes que le parlement fut arresté, et faict sédentaire à Paris«, voir Les mémoires de Pierre DE MIRAULMONT (voir n. 3), p. 654.

[5] *Itaque IX calend. septemb. MCCCCXLII. Bazochios aliquot ejus criminis compertos* (Jean DU LUC, Placitorum summae apud Gallos curiae libri XII, per Johannem Lucium, Paris 1556, p. 248). Pour 1443, voir Paris, AN, X1a 1482, fol. 252v.

[6] Alain REY, Dictionnaire historique de la langue française, Paris 1992, p. 189.

basoche, mène un dialogue avec cinq de ses »suppôts«[7]. Dans sa première réplique, il les convoque:

LE ROY DES SOTZ commence:
Je suis des sotz seigneur et roy;
Pourtant je vueil par bon arrroy
Maintenant [i]cy ma court tenir
Et tous mes sotz faire venir
Pour me faire la reverence,
Et aussi que c'est grand plaisance
Quant freres habitent ensemble,
Comme l'on chante, se me semble.
En chantant:
Ecce quam bonum et quam jocundum
Habitare fratres in unum!
Pourquoy, sur peine de l'amende,
Soyent en present ou absens,
Maintenant viennent [tous], sans
Delay ne estat demander,
Ne procureur pour eulx mander,
Car ainsi me plaist estre faict,
Ou aultrement de leur forfaict
Les faire griefvement pugnir;
Pensez doncques tous de venir
Devant que encourir mon ire. (vers 1–20)

Les sources offrent des données éparses mais suffisamment explicites pour permettre une reconstruction de ce que devaient être les principales fonctions du roi de la basoche. La basoche est une communauté de métier, elle protège les intérêts professionnels de ses membres, maintient la paix entre eux et organise l'apprentissage. Les statuts de 1586 sont le principal document permettant d'analyser précisément l'organisation et le fonctionnement de cette communauté[8]. La date tardive de la source impose la plus grande prudence quant à son utilisation pour notre étude, dans la mesure où la basoche au XVe siècle n'était certainement pas organisée comme elle l'est à la fin du XVIe siècle. Cependant, l'examen d'un arrêt du parlement de juillet 1528, montrant soixante ans auparavant une structuration similaire de la basoche, autorise quelques spéculations[9]. Dans ces statuts sont traitées les questions d'organisation collective et de coordination entre les membres de la communauté, les élections des officiers, la gestion des fonds, ainsi que tout ce qui est relatif à la préparation des fêtes et cérémonies. On retrouve ainsi les caractéristiques essentielles à toute communauté: une procédure d'enregistrement, le serment des avocats et des officiers, les repas et cérémonies qui

---

[7] »Sottie nouvelle a six personnaiges«, de 6 feuillets, publié dans Emmanuel Louis Nicolas VIOLLET-LE-DUC (éd.), Ancien Théâtre françois ou Collection des ouvrages dramatiques les plus remarquables depuis les mystères jusqu'à Corneille, Paris 1854–1857, t. 2, p. 223–243, p. 232–233.
[8] Statuts et ordonnances (voir n. 2).
[9] Paris, AN, X1a 8345, fol. 255v–257r.

assurent la permanence de l'identité de la communauté, et une juridiction interne qui assure le maintien de la paix entre les membres et le règlement des querelles.

Les premières lignes annoncent les deux fonctions principales de la communauté: maintenir et entretenir en union le corps de la basoche et administrer la justice à ses suppôts. Il s'agit là vraisemblablement du rôle du roi de la basoche. La communauté compte environ une trentaine d'officiers, dont un chancelier, un vice-chancelier, des maîtres des requêtes ordinaires – qui forment le conseil et assistent dans le jugement des causes (§ II et III des »Statuts«) –, un procureur général, un avocat du roi et un procureur de communauté – qui protègent les membres de la communauté et en sont les représentants (§ VI) –, quatre trésoriers, un greffier, quatre notaires et secrétaires, un premier huissier et huit autres huissiers – qui assurent la gestion professionnelle et festive de la communauté (§ I). Au second rang dans la hiérarchie viennent les avocats de la basoche (§ XXXVI), et enfin nous trouvons les suppôts de la communauté (§ XL). L'accès aux charges se fait par élection ou nomination. Certains officiers sont élus par les suppôts. C'est le cas du chancelier du royaume, élu parmi les plus anciens officiers, maîtres des requêtes ordinaires, avocat et procureur du roi et procureur de communauté (§ XXVII)[10].

Le royaume de la basoche possède sa propre juridiction. L'organisation de la basoche semble calquée à peu de chose près sur celle du parlement. Le mercredi suivant l'ouverture des audiences de la cour du parlement, qui se tient le lendemain du jour de la Saint-Martin d'hiver (11 novembre), la cour basochiale ouvre elle aussi ses audiences. Mais la réalité de l'organisation et de la compétence effective de la juridiction de la basoche nous échappe. Selon Pierre de Miraulmont, au XVIIe siècle:

il y a encores au Palais une justice souveraine et royale, laquelle s'exerce soubs le nom et autorité du roy de la Bazoche, par ses officiers, par octroy et concession ancienne de nos rois autorisée et confirmée par la cour, composée de juges et officiers ordinaires, pour la cognoissance et jugement des differens qui se presentent par devant eux, entre leurs suppots et justiciables, appellez vulgairement Bazochiens[11].

Le terme »justice souveraine« utilisé ici par Pierre de Miraulmont sous-entend une juridiction qui juge sans appel et qui échappe au contrôle d'un organe supérieur. Il n'a pas pu en être ainsi. Il faut non seulement mettre en doute la souveraineté prétendue de la juridiction, mais admettre que le parlement a tardé à reconnaître la juridiction basochiale. En août 1443, un arrêt du parlement réprime cette juridiction: la cour emprisonne des clercs du Palais pour avoir pris une décision trop rigoureuse à l'encontre de l'un des leurs, et elle leur défend sous peine de prison *de plus n'en user ne eriger Royaume de Bazoche ne juridiction ou contraincte entre eulx ne autres*[12]. On voit alors

---

[10] Il semblerait que le titre de »roi de la basoche« fût supprimé en 1585 par Henri III et remplacé par celui de »chancelier«. Cela pourrait expliquer pourquoi en 1586 la basoche produisit une réforme de ses statuts. Avant cette date, il semblerait que »roi« et »chancelier« aient coexisté, mais aucun élément sûr ne permet de nous avancer sur cette question.

[11] Les mémoires de Pierre DE MIRAULMONT (voir n. 3), p. 650.

[12] Paris, AN, X1a 1482, fol. 252v.

que, tout en l'interdisant, la cour constate et reconnaît l'existence de cette juridiction. Cependant, nous ne pouvons pas suivre précisément l'évolution des rapports entre le parlement et la juridiction basochiale au cours du XVe siècle. Dans la première moitié du XVIe siècle, il ne fait aucun doute que les jugements du conseil de la basoche sont reconnus par le parlement. En juillet 1528, un clerc du Palais, Colas d'Amy, est condamné par la basoche à une amende de dix écus pour ne pas avoir participé à la revue annuelle de la communauté. Pour se soustraire à la justice basochiale, il fait citer devant l'official de Paris le capitaine de la basoche qui lui a pris son manteau en gage. Les officiers de la basoche font appel au parlement. Les grands avocats parisiens de l'époque, De Thou, Poyet et Berruyer, plaident pour la basoche. La cour du parlement renvoie le clerc devant le conseil de la basoche, en ordonnant tout de même au roi de la communauté de traiter ses sujets avec clémence[13]. Le 23 juin 1540, le parlement accepte la requête du roi de la basoche qui demande tout pouvoir pour surveiller et punir ses clercs pendant la revue annuelle de la l'association[14]. En avril 1546, le parlement défend à tous les clercs et suppôts du royaume de la basoche de se pourvoir ailleurs que devant le roi de la basoche et son conseil pour les différends qui surviennent entre eux[15]. On comprend qu'au départ le parlement n'ait pas vu d'un bon œil cette juridiction qui se voulait souveraine. Les clercs du Palais ont eu du mal à imposer leur juridiction, mais ils y sont finalement parvenus. Par pragmatisme, sans doute, le parlement a dû la tolérer et l'accepter petit à petit, voyant probablement là un moyen de se décharger d'affaires mineures: parions ici sur le fait que les basochiens devaient être assez procéduriers. Cependant, la question de l'autonomie qui doit être reconnue à un organisme pour que l'on puisse le qualifier véritablement de juridiction est à poser concernant la basoche. La définition de ce qu'est une juridiction est une question importante, fréquemment traitée par les juristes médiévaux de droit savant, et qui reste à l'heure actuelle un problème de droit essentiel. Néanmoins, il ne fait aucun doute que le roi de la basoche exerçait un pouvoir disciplinaire sur ses suppôts.

La juridiction devait être également, et peut-être avant tout, un outil d'apprentissage très important et le lieu principal des pratiques didactiques de la basoche, dans lequel les clercs pouvaient acquérir le savoir-faire et l'expérience nécessaires à la poursuite de leur carrière, qui les menait, pour les plus chanceux d'entre eux, à devenir à leur tour procureurs ou avocats auprès du parlement de Paris.

L'autre fonction importante du roi de la basoche était vraisemblablement de protéger professionnellement ses membres, ses suppôts. La concurrence entre clercs de justice devait être rude, les emplois recherchés, et les conditions de travail difficiles. Nous avons un témoignage de l'intervention de François Habert, »Prince de la Bazoche d'Issouldun«, qui, dans le premier tiers du XVIe siècle, écrit une épître à un avocat du parlement pour lui demander de reprendre à son service le clerc qu'il a congédié. L'»Epistre VIII a ung advocat de parlement, nommé monsieur le Conte, par laquelle il luy pria reprendre ung serviteur« est publiée dans la »Suytte de Banny de Liesse«, une

---

[13] Paris, AN, X1a 8345, fol. 255v−257r.
[14] Ibid., fol. 442v.
[15] Arrêt du 3 avril 1546, dans Recueil des statuts (voir n. 3), p. 64−66.

collection des textes autobiographiques du poète François Habert, imprimée à Paris en 1541[16].

Aux pouvoirs coercitifs et juridictionnels, aux fonctions de protection et de formation du roi de la basoche s'ajoute un rôle de représentation, qui exige des fonctions cérémonielles et festives. Toutes les pratiques communautaires, professionnelles, culturelles et festives de la basoche s'inscrivent dans le calendrier annuel de la communauté, qui suit les principaux rythmes calendaires médiévaux traditionnels, dans lequel on dénombre cinq temps forts: le lendemain du jour de la Saint-Martin d'hiver, avec l'ouverture des sessions des cours de justice; la fête des Rois (6 janvier); le temps du carnaval et le Mardi gras; les festivités du mois de mai, qui suivent le cycle de mai et les traditionnelles fêtes de la jeunesse; et la »monstre«, revue générale de la communauté, qui a lieu au début de l'été, et pour laquelle la basoche s'organise sur une structure militaire, en bandes dirigées par des capitaines. Ces cérémonies étaient l'occasion d'arborer les armoiries de la basoche. Dans la marge de l'acte du parlement de 1528 consignant les plaidoiries de l'affaire opposant un clerc du Palais aux officiers de la basoche, dont j'ai fait mention plus haut, les armes de la communauté de la basoche ont été dessinées par le greffier (voir fig. 1). On y voit ce qui peut ressembler à trois écritoires et à trois encriers, reliés. L'écu est timbré d'une couronne. L'écritoire est le nécessaire contenant tout ce qu'il faut pour écrire et elle prend la forme d'un petit étui ou d'un petit coffret, souvent portée à la ceinture et suspendue par des cordons. Que l'écritoire soit le symbole choisi par la basoche pour ses armes et qu'elle se retrouve par trois, comme pour les insignes royales, n'a rien de surprenant.

Fig. 1: Les armes de la basoche, dessinées dans la marge d'un registre du parlement de Paris (1528). Paris, AN, X1a 8345, fol. 255v. Cliché: Torsten Hiltmann

D'autres basoches coexistent avec la basoche du Palais. On compte encore deux basoches parisiennes, celle du Châtelet et celle de la chambre des comptes. Une multitude

---

[16] François HABERT, Suytte de Banny de Liesse, Paris 1541, fol. 52v–54r (Chantilly, bibliothèque du musée Condé, VI E 52).

de basoches de province se créent à partir de la fin du XVe siècle et tout le long du XVIe siècle au fur et à mesure de la mise en place des parlements, puis dans chaque ville de relative importance. Le terme »basoche« désigne alors toute communauté ou association de clercs de justice qui, à Paris comme ailleurs, a été créée sur le modèle de la basoche parisienne du Palais.

Un poème d'André de la Vigne, »Les Complaintes et épitaphes du roi de la Bazoche«, daté de 1501, montre, au plan de l'imaginaire, les relations de ›vassalité‹ qu'entretenaient les basoches parlementaires avec la grande basoche du parlement de Paris[17]. Dans le poème, l'auteur déplore la mort de Pierre de Baugé, alias Pierre V, roi de la basoche, mort à vingt ans, le 16 juin 1501, alors qu'il régnait depuis deux ans. Le poème honore sa mémoire et met en scène quatre »Dames Basoches«, Toulouse, Bordeaux, Dijon et Grenoble, qui rendent leur hommage au roi défunt. Le bois gravé de l'édition de 1520 du poème nous donne une des seules représentations du roi de la basoche. On y voit le roi de la basoche écoutant ses suppôts. On distingue un château dans le fond de l'image. Le roi porte une couronne, un manteau et une barbe (fig. 2).

Ces sources disparates nous montrent pourtant clairement que le roi de la basoche porte les attributs de la royauté: la couronne, le manteau, les armoiries, et même le nom du monarque avec un numéro (Pierre V), dans le poème d'André de la Vigne. Nous sommes néanmoins très mal renseignés sur les cérémonies et rituels qui entouraient la personne du roi de la basoche.

Il est sûr que le personnage incarnait également une royauté ludique et festive à certains moments du calendrier. Un arrêt du parlement criminel nous renseigne sur un épisode dans lequel on voit la figure du roi de la basoche se superposer avec celle d'une royauté parodique. En janvier 1473, un clerc du Palais est accusé d'avoir insulté un archidiacre, pendant une cérémonie de la basoche pour la fête des Rois. On apprend que, lors de cette fête, *le roy de la Bazoche est fait roy de la feve*[18]. Ainsi, la royauté de la basoche, à la fois professionnelle et institutionnelle, revêt également les habits de la royauté ludique et festive quand elle est en représentation.

La pièce de théâtre »Pour le cry de la Bazoche es jours gras mil cinq cens quarante huict« met en scène la personnification de la basoche, qui s'entretient avec ses suppôts[19]. À la fin de la pièce, la basoche avertit qu'il faut se préparer à élire un nouveau roi:

---

[17] Anatole DE MONTAIGLON, James DE ROTHSCHILD (éd.), Recueil de poésies françoises des XVe et XVIe siècles, morales, facétieuses, historiques, t. 13, Paris 1878, p. 383–413.
[18] Paris, AN, X2a 39, mardi 26 janvier 1473 (n.st.).
[19] Soissons, BM, ms. 187, fol. 14v–25v. Voir les deux éditions: Adolphe FABRE, Les clercs du Palais, la farce du Cry de la basoche, les légistes poètes, les complaintes et épitaphes du Roy de la basoche, Vienne 1882, p. 11–36; Émile PICOT, Recueil général des sotties, t. 3, Paris 1912, p. 233–267.

Es cõplain-
tes et Epita-
phes du roy de la Bazoche.

Fig. 2: Le roi de la basoche. Bois gravé de l'édition de 1520 des »Complaintes et Épitaphes du Roy de la Bazoche« d'André de la Vigne (1501). Cliché: British Library.

LA BAZOCHE
Bazochiens, entendez tous:
Je veulx en triumphant arroy
Eslire et faire ung nouveau roy,
Comme il est coustume de faire;
Pourtant chacun pense a l'affaire,
Autant les grandz que les petitz,
Et faire les preparatifz
Car, ainsi comme liberalle,
Je tends a monstre generalle
Qui, l'esté qui vient, sera faicte.
En honneur du triumphe et feste,
Ne faillez monstrer vos bons cueurs
Qui font de la vertu approche,
Tant que l'on dye par honneurs:
Vive l'excellence Bazoche! (vers 641–655)

Puis la figure de la basoche rappelle la grande »monstre« générale qui sera faite l'été à venir et clôt la pièce. Ce type de pièces révèle comment la communauté de la basoche s'expose et se met en scène, comment elle se représente en tant que corps.

En guise de conclusion, je choisirai de souligner la structure résolument laïque de la basoche. Cette communauté, à mi-chemin entre le monde des métiers et le monde de l'office, au plus près de la plus grande institution monarchique, le parlement, dont elle est l'un des rouages, se structure à partir d'un triple modèle: royal (pour sa hiérarchie), parlementaire (pour l'organisation de ses audiences) et militaire (pour ses parades et ses fêtes). C'est le modèle de la royauté temporelle qui est ici copié, transposé, et la fonction principale du roi de la basoche semble bien être l'administration de la justice entre ses suppôts. De par la spécificité institutionnelle et professionnelle de la communauté de la basoche, la fonction judiciaire de son roi était certainement primordiale.

II. Rois festifs

DOMINIK FUGGER

Die Botschaft des Bohnenkönigs
Zur Semantik eines Königsrituals in der Frühen Neuzeit

Es ist ein Gewohnheit fast überal in teutsch und welschen Landen, das man auff der heiligen drey Künig Abent in yetlichem Hauß oder bei Gesellschafft pflegt ein Künig zu erwelen und dann das Künigreich begehet mit Essen und Trinken und ist frölich mit einander[1].

Mit diesen Worten ruft der Frankfurter Drucker Christian Egenolff im Jahre 1538 seinen Lesern eine Erscheinung ins Gedächtnis, die vielen von ihnen aus eigenem Erleben bestens bekannt gewesen sein dürfte. Denn während viele andere Königsbräuche des späten Mittelalters und der Frühen Neuzeit sozial oder geographisch mehr oder weniger eng umrissene Phänomene sind, kennt man das Königreich am Dreikönigstag nicht nur in weiten Teilen West- und Mitteleuropas, es erreicht auch eine Durchdringung der Gesellschaft wie nur wenige Bräuche überhaupt[2]. Der späterhin sogenannte »Bohnenkönig« hat seinen Platz im Herrscher- wie im Siechenhaus; man findet ihn bei Arm und Reich, in Domkapiteln, Klöstern, Städten, Zünften, Nachbarschaften und Familien, bei Studenten, Schülern, Kindern und Greisen. Es ist, mit einem Wort, die gesamte christliche Gesellschaft, deren Angehörige in ihren jeweiligen sozialen Bezügen zur alljährlichen Königswahl schreiten. Die soziale Spannweite geht einher mit einer entsprechenden Bandbreite in der gruppenspezifischen Ausgestaltung des Rituals, die sich noch um landschaftliche Eigenheiten erweitert.

Einem rituellen Gerüst von sehr wenigen konstitutiven Elementen steht damit eine Vielzahl unterschiedlichster fakultativer Ritualbestandteile gegenüber, die das Königreich in die jeweiligen Lebensumstände einpassen. Das Unverzichtbare ist rasch aufgezählt: Man versammelt sich in zeitlicher Nähe zum Epiphaniefest und wählt oder lost einen König. Die Ritualgemeinschaft begeht dann – entweder unmittelbar im Anschluss oder zeitlich versetzt – das Königreich, bestehend in einem Gelage, das sich für die Festgenossen mit der Verpflichtung verbindet, den Zuruf »Der König trinkt!« (»Le roi boit!«) auszubringen, sobald der König das Glas erhebt. Der Wahlmodus bzw. das Losverfahren ist vielgestaltig, und die Amtszeit des Erwählten kann zwischen einem Abend und einem Jahr schwanken, wenn auch kürzere Regimente die Regel sind, denn zumeist endet die Amtsperiode des Bohnenkönigs mit der einmaligen Begehung seines Königreichs.

Um den so umrissenen rituellen Kern können sich mannigfaltige Erweiterungen lagern. Es kann etwa ein Hofstaat benannt werden; wir sehen Prozessionen unter-

---

[1] Johannes PAULI, Schimpf und Ernst, hg. von Johannes BOLTE, Zweiter Teil: Paulis Fortsetzer und Übersetzer, Berlin 1924, S. 29.
[2] Für die Verbreitung und die Phänomenologie des Brauches im Einzelnen vgl. Dominik FUGGER, Das Königreich am Dreikönigstag. Eine historisch-empirische Ritualstudie, Paderborn 2007, S. 21–70.

schiedlichster Zusammensetzung, Spielelemente, die ein mehr oder weniger realistisches Abbild königlichen Zeremoniells sein wollen; Gottesdienste lassen sich integrieren und Lustbarkeiten aller Art, eine Armenspeisung ebenso wie eine Betteltour. Was an vielen europäischen Fürstenhöfen als Königreich gepflegt wurde, hat daher auf den ersten Blick wenig gemein mit dem, was ein Westschweizer Landstädtchen unter dieser Überschrift kollektiv beging, und dies wiederum unterschied sich merklich von den Üblichkeiten in einer flämischen Bauernschänke.

Die Schwierigkeiten, die sich daraus für die Identifikation des Rituals und die Zuordnung von Quellenbelegen ergeben, sind freilich solche des späteren Blicks: Für die Zeitgenossen war es eine Selbstverständlichkeit, dass alle, die um den Dreikönigstag ein Königreich begingen, dem Wesen nach dasselbe taten, wie sich aus entsprechenden summarischen Aufzählungen ergibt – etwa derjenigen des Straßburger Münsterpredigers Johann Conrad Dannhauer, wonach der Brauch *in Stadt und Land, zu Hoff, auf Universitäten und Schulen pflegt solenniter gehalten* [zu] *werden*[3]. Die beschriebene Variationsbreite des Rituals wirft allerdings die Frage auf, was dem zeitgenössischen Blick die Kenntlichkeit und verbindende Unverwechselbarkeit der Erscheinung ausmachte. Es liegt nahe, den inneren Zusammenhang in der spezifischen Bedeutung des Brauchs zu suchen. Diese Bedeutung zu erfassen bemüht sich die Forschung schon des Längeren und es bietet sich an, den König und sein Reich mit den gesellschaftlichen Hierarchieverhältnissen in Verbindung zu bringen – jedenfalls dann, wenn man gewöhnt ist, soziale Phänomene auf Machtfragen zurückzuführen. Die Tatsache, dass im rituellen Königreich grundsätzlich jeder Teilnehmer König werden kann, lässt es demnach in Konkurrenz zur ›realen‹ Hierarchie treten[4]. Die Plausibilität dieses Gedankens scheint freilich im Wesentlichen auf durch Wiederholung erzeugter Gewohnheit zu beruhen. Denn wollte man behaupten, die Weinkönigin unserer Tage stehe in Konkurrenz zum Geltungsanspruch der parlamentarischen Demokratie und sei ergo vor deren Hintergrund zu verstehen, fiele die Überzeugungskraft der schlichten Behauptung vermutlich schwächer aus.

Der Konkurrenzgedanke wird dabei in der Regel zur Vorstellung einer Hierarchieverkehrung zugespitzt. Das Königreich erscheint danach als eine verkehrte Welt, als zeitweilige Umkehrung der herrschenden Ordnung. Auffallend ist, dass diese Idee noch nicht einmal zur rituellen Phänomenologie passt, von der sie abgeleitet ist. Man

---

[3] Johann Conrad DANNHAUER, Catechismus-Milch / Oder Der Erklärung deß Christlichen Catechismi Achter Teil [...], Straßburg 1666, S. *822.

[4] Hier nur einige neuere Arbeiten mit entsprechendem Ansatz: Nikolaus GRASS, Das Königreichspiel im Heiligen Römischen Reich. Ein Beitrag zur rechtlichen Volkskunde, in: Dieter SCHWAB (Hg.), Staat, Kirche, Wissenschaft in einer pluralistischen Gesellschaft, Berlin 1989, S. 259–282; Nikolaus GRASS, Royaumes et abbayes de la jeunesse – »Königreiche« und »Abteien« der Jugend, in: Louis C. MORZAK, Markus ESCHER (Hg.), Festschrift für Louis Carlen zum 60. Geburtstag, Zürich 1989, S. 411–459; Wolfgang SEIDENSPINNER, Das ›Königreich‹ als Organisationsform gesellschaftlicher Gruppen. Soziale Integration, Geselligkeit, Alternative und Rebellion (vornehmlich nach oberrheinischen Quellen des Spätmittelalters), in: Zeitschrift für die Geschichte des Oberrheins 146 (1998), S. 249–270; Marc JACOBS, King for a Day. Games of Inversion, Representation and Appropriation in Ancient Regime Europe, in: Jeroen DEPLOIGE (Hg.), Mystifying the Monarch, Chicago 2006, S. 117–138.

würde doch erwarten, dass, falls eine solche Inversion zum Bedeutungskern des rituellen Tuns gehört, die Hierarchie immerhin zuverlässig verkehrt wird und gerade dies nicht dem Zufall des Loses oder der Gunst der Wahl überlassen bleibt. Es ist aber unter vielen unterschiedlichen Ausleseverfahren kein einziges bekannt, das auf eine Hierarchieverkehrung auch nur andeutungsweise abzielt, geschweige denn eine solche sicherstellt: Wurde der König im Wege der Wahl ermittelt – was man eher bei größeren Ritualausprägungen beobachten kann –, so hatte dies in der Regel zur Folge, dass man sich auf einen begüterten Mitbürger einigte, jedenfalls auf keinen Armen und gewiss nicht regelmäßig auf den Geringsten unter den Teilnehmern. Bei der Bestimmung durch Los ist die exakte Umkehrung der Hierarchie nach den Gesetzen der Mathematik ebenso wahrscheinlich wie ihre exakte Reproduktion. Dabei wäre es ein Leichtes gewesen, etwa zu statuieren, dass stets das nach Lebensjahren oder Zugehörigkeit jüngste Mitglied einer Ritualgemeinschaft die Krone tragen solle. Nichts dergleichen findet man in den Quellen. Doch damit nicht genug: Es ist mehrfach als sehr allgemeine Üblichkeit belegt, dass die Zeitgenossen beim Verlosen der Königswürde gleichsam virtuelle Teilnehmer mit in den Kreis der Thronanwärter aufnahmen. Regelmäßig wird nämlich ein zusätzliches Los für »unseren Herrn und Gott« gefertigt, zuweilen weitere für Maria und/oder die Heiligen Drei Könige[5]. Der Sinn, Gott selbst in einem rituellen Kontext zum König zu machen, mag worin auch immer liegen, aber wohl kaum in einer Hierarchieverkehrung.

Doch wir verlassen dieses Feld eingedenk der Tatsache, dass sich mit der Phänomenologie für die Bedeutung positiv nichts beweisen, freilich auch nur eingeschränkt etwas widerlegen lässt. Der Versuch, aus irgendwelchen Gestaltelementen rituell-symbolischen Handelns dessen Sinn erschließen zu wollen, ist von vorneherein zum Scheitern verurteilt. Man stelle sich vor, ein nachgeborener Historiker wollte die ihm unbekannte Bedeutung des Weihnachtsbaums von dessen äußerer Gestalt ableiten. Zu diesem Zwecke postulierte er zunächst eine Kategorie »Grüne Bäume«, der neben dem Weihnachts- auch noch der Mai- und der Richtbaum angehörten. Faktisch ist genau dies das Verfahren, nach dem herkömmlicherweise gerade Königsbräuche gedeutet werden. Man sortiert nach äußerer Ähnlichkeit, findet dabei, dass Fastnachtsprinzen, Knabenbischöfe, Bohnenkönige etc. doch wohl zusammengehören, und sucht dann einen übergeordneten Sinn für all diese Erscheinungen. Das Verfahren hat den Vorteil, dass man nach dem so verstandenen Sinn nicht lange zu fahnden braucht, da schon die Kategorisierung – notwendigerweise – theoriegeleitet erfolgt ist.

Wo aber ist der Ausweg aus dem System von Projektionen und Zirkelschlüssen? Er beginnt mit einem Verzicht: Geben wir die Hoffnung auf, dass die Phänomenologie eines Rituals irgendeine Antwort auf die Frage nach dessen Sinn gäbe. Sie tut es nicht. Die Bedeutung kommunikativer Zeichen lässt sich nur im Wege der Übersetzung

---

[5] Neben den bei FUGGER, Königreich (wie Anm. 2), S. 50–52, genannten Belegen vgl. auch die Herrenstubenordnung Ammerschweier, geschrieben 1561 auf Grundlage älterer Ordnungen: *Wurt vnser herrgot oder vnser Fraw König soll der Stubenmeister König sein, Richts aber die stub vss, was do zugeben ist* (Charles HOFFMANN [Hg.], Les anciens règlements municipaux d'Ammerschwir, Colmar 1903, S. 46).

ermitteln, nicht aber durch assoziative Interpretation ihrer äußeren Form. Dabei ist es ganz gleichgültig, ob sich die Deutung an der Königsgestalt, ihrer Amtszeit, dem Losverfahren, der Anzahl der Teilnehmer oder woran auch immer festmacht. Für all dies gilt die Bemerkung Jean Pauls:

Wer unter den am heiligen drei Königtage gebackenen Kuchen den einzigen trifft, worin eine Bohne steckt, wird der König des Festes. Warum man die Bohne zum Kronen-Diplome wählt, ob, weil die Alten mit ihr verdammten, oder weil sie den schweigenden Pythagoräern unleidlich, oder weil sie schwer verdaulich war und dem Denker durch Blähen schadete, dies bedarf nicht der geringsten Untersuchung, da ein Kuchenbäcker an all dergleichen gar nicht denkt[6].

Unsere Frage lautet mithin: Woran denkt der (frühneuzeitliche) Kuchenbäcker, wenn er einem Königreich beiwohnt? Was begründet ihm die Begehung eines solchen Rituals, lässt sie gar geboten erscheinen? Ist es, um im Fragehorizont dieses Bandes zu bleiben, tatsächlich die gesellschaftliche Hierarchie, an die im Angesicht des Bohnenkönigs erinnert wird und zu der sich die Ritualteilnehmer in einer zu benennenden Weise – affirmierend, parodierend, rebellierend – verhalten?

Eine Antwort auf diese Frage können allein die Ritualteilnehmer selbst geben, und zwar indem sie uns ihre Gedanken, ihr Verständnis mitteilen und also ihr rituelles Tun in Sprache übersetzen. Solche Übersetzungen hinterlassen die Zeitgenossen in den unterschiedlichsten Zusammenhängen, in Tagebüchern wie in amtlichen Dokumenten, in Predigten, literarischen Texten und wissenschaftlicher Prosa. Das Problem, das die große Spannweite in Frage kommender Textgattungen bei der Quellenerhebung bedeutet, wendet sich bei der Auswertung zu einer Stärke: Die breite Palette von Äußerungen unterschiedlichster Intention erlaubt eine kritische, aber vorurteilsfreie Wertung. Weder sagen die Zeitgenossen notwendigerweise die Wahrheit, wenn sie Tagebuch führen, noch lügen sie notorisch, wenn sie miteinander kommunizieren. Im besten Falle zeigt sich eine Stereotypie der Aussagen über alle motivierenden Zwecke und Reflexionsniveaus hinweg. In einem zweiten Schritt erfolgt dann der Abgleich mit Texten, die unmittelbar dem rituellen Zusammenhang entstammen, also Teil der Ritualhandlung waren. Wenn die hierbei sich äußernden Vorstellungen denjenigen des reflexiven Diskurses im Wesentlichen entsprechen, darf die Rekonstruktion der rituellen Semantik als geglückt gelten.

Die so gewonnene Bedeutung ist damit freilich nur für die Epoche gesichert, der die Quellen angehören; wie für jedes andere kommunikative Zeichen gilt auch für Rituale, dass ihr Sinn sich jederzeit unvorhergesehen wandeln kann. In gleicher Weise kann Semantik räumlich differenziert sein – auch dies kennt man von Wörtern, die nicht überall dasselbe bedeuten müssen. Hinzu tritt schließlich die Möglichkeit sozial unterschiedlicher (etwa: gruppenspezifischer) Verstehenstraditionen. Bedeutungsdifferenzierungen können mit phänomenologischen Veränderungen einhergehen, sie müssen aber nicht. Es gilt daher, sich jeweils Rechenschaft abzulegen, welche Verallgemeinerungen das Quellenfundament trägt und welche nicht.

---

[6] Jean PAUL, Der Komet. Sämtliche Werke Abt. I, Bd. 6, München 1963, S. 748, Anm. 2.

Die folgenden Ausführungen beruhen auf Zeugnissen aus dem deutschen, niederländischen und französischen Sprachraum in der Zeit zwischen 1500 und 1700. Innerhalb der so definierten Grenzen fällt die Aussage der Quellen erfreulich einhellig aus, vor allem im Grundsatz, und der lautet: Das Ritual »Königreich« ist eine Begehensweise des Epiphaniefestes. Über deren Angemessenheit können die Ansichten auseinandergehen, doch daran, dass das Königreich in der Zeit so *verstanden* wird, äußert sich kein Zweifel.

Nun ist das Epiphaniefest ein theologisch recht komplexes Ideengebilde, das schon für sich genommen mehrere Anknüpfungsmöglichkeiten für einen Königsbrauch bietet: Aus heutiger Perspektive bieten sich die Heiligen Drei Könige an, denken könnte man auch an König Herodes; liturgietheologisch ist es allerdings der König Christus, dessen Einzug in die Welt das Fest gilt. Die Quellen zeigen, dass den Zeitgenossen die auf den ersten Blick am fernsten liegende Idee die nächste war: Die ganz überwiegende Mehrheit der Zeugnisse sieht im Bohnenkönig eine Figuration Christi. Man findet diese Idee schon vor dem hier in den Blick genommenen Zeitabschnitt, etwa in einer spätmittelalterlichen Meditation, die gattungstypisch allerdings nicht erkennen lässt, wie allgemein die ihr zugrundeliegenden Vorstellungen sind[7]. Mit dem 16. Jahrhundert jedoch verfügen wir über eine Vielzahl von Zeugnissen, die immer wieder denselben Gedanken variieren, sei es diskursiv, sei es im Rahmen der Ritualbegehung selbst[8]. Ob in kurzen Versen auf Loszetteln, ob als rituelle Huldigungsrede an den König oder in Liedform gegossen – die Vergewisserung über den Sinn ihres Tuns scheint den Zeitgenossen gerade auch im rituellen Vollzug ein Anliegen gewesen zu sein. Besonders gern griff man dabei auf eine Legende zurück, die erklären half, weshalb man dem Bohnenkönig beim Trinken zu akklamieren habe. Die Hirten (oder, wohl ursprünglich, die Heiligen Drei Könige) hätten bei ihrer Huldigung das Jesuskind an der Brust seiner Mutter gefunden und sich so zum Ausruf »Der König trinkt!« veranlasst gesehen. Daraus entstanden Schöpfungen wie das nachstehende Madrigal aus Guillaume Costeleys 1570 in Paris erschienener »Musique«:

Allon, gay, gay, gay, Bergeres,
Allon, gay, soyez legeres,
Suyvez moy.

Allon, allon voir le Roy,
Qui du ciel en terre est nay,
Allon, gay...

Un beau present luy feray, De quoy?
De ce flagollet que j'ay tant gay.
Allon, gay...

---

[7] Den Text ediert Geneviève HASENOHR, Du bon usage de la galette des rois, in: Romania 114 (1996), S. 445–467.
[8] Das zeitgenössische Ritualverständnis ist im Folgenden dargestellt nach FUGGER, Königreich (wie Anm. 2), S. 71–158, vgl. die dort gegebenen Belege.

Un gasteau luy donneray, Et moy,
Plain hanap luy offriray, Gay, gay!
Allon, gay...

Ho, ho! paix-la!, je le voy;
Il tette bien sans le doigt,
le petit Roy!

Allon, gay, gay, gay Bergeres
Allon, gay, soyez legeres,
Le Roy boit![9]

Eine Anknüpfung der Königsfigur an die Heiligen Drei Könige findet man auch, aber seltener; wo sie nicht als konfessionspolemische Unterstellung erscheint, ist sie meist durch die Stärke einer lokalen Verehrungstradition erklärbar wie typischerweise in Köln. Ein gewisses Schwanken des symbolischen Bezugspunktes innerhalb des ideellen Rahmens »Epiphanie« scheint die Zeitgenossen übrigens nicht irritiert zu haben. Einzelne Zeugnisse, vor allem im Diskurs, geben dem Gedanken des rituell repräsentierten Königtums Christi noch eine individualeschatologische Wendung, indem sie auf die Verheißung vom Königtum aller Gläubigen (Offb. 1,6) verweisen.

Damit aber ist das Bedeutungsfeld des Bohnenkönigs im Wesentlichen abgesteckt. Deutungsmomente wie Fastnacht, Verkehrung, Rebellion, aber auch Repräsentation oder Rechtfertigung der sozialen Ordnung lassen sich aus den Quellen weder als einigermaßen allgemein verstandener Ritualsinn belegen noch sinnvoll mit den expliziten Quellenaussagen in Übereinstimmung bringen. Wenn es überhaupt einen zeitgenössischen Anhaltspunkt für den Gedanken einer Hierarchieverkehrung gibt, so findet man ihn in der gelehrten Herleitung des rituellen Königreichs von den römischen Saturnalien, die vor allem im späten 17. Jahrhundert gegen die seinerzeit gängige Ritualpraxis in Stellung gebracht wird. Bis heute behauptet eine an den Ursprüngen orientierte Wissenschaftstradition aufgrund phänomenologischer Ähnlichkeiten für eine ganze Reihe von Bräuchen vom Knabenbischof bis zur Fastnacht eine Abstammung von diesem antiken Fest, das in der Tat für die Zeit seiner Dauer die herrschende Ordnung außer Kraft setzte. Nach Iustinus sollte so die Erinnerung an das Goldene Zeitalter unter der Herrschaft Saturns bewahrt werden, da Sklaverei und privater Besitz unbekannt gewesen seien[10].

Bei der Bewertung solcher Ursprungstheorien sind zwei Ebenen zu unterscheiden. Da ist zuerst die *heutige Frage nach der historischen Kontinuität* der rituellen Form, die für das zeitgenössische Verständnis ganz unerheblich ist – wir erinnern uns an Jean Paul. Die zweite Ebene bildet die *zeitgenössische Behauptung einer solchen Kontinuität*, für die für sich genommen allerdings dasselbe gilt. Interessant werden historische Herleitungen (gleich ob zutreffend oder nicht) jedoch dann, wenn sie Rückwirkungen

---

[9] Hier nach der modernen Edition von Paul WEHRLE, Alfred KRINGS (Hg.), Französische chansons, Köln o.J., S. 22–25, die auf einem etwas späteren Druck beruht.
[10] Marcus Iunianus Iustinus, Epitoma Historiarum Philippicarum Pompei Trogi, hg. von Otto SEEL, Stuttgart 1985, XLIII, I.3–4, S. 289.

auf das gleichzeitige Ritualverständnis entfalten, und zwar bei denjenigen, die das Ritual begehen.

Was nun den Bohnenkönig und die Saturnalien angeht, so lässt sich diskursgeschichtlich leicht erklären, weshalb die Rückführung auf einen antiken Brauch gerade im 17. Jahrhundert Konjunktur gewinnt: Es ging vornehmlich darum, einen durch lange (christliche) Tradition gerechtfertigten Brauch durch Verweis auf einen paganen Ursprung zu diskreditieren. Die Argumentationsfigur kommt immer von Gegnern des Rituals und richtet sich ausdrücklich gegen das herrschende Verständnis. Sie will gerade nicht abbilden, was man in der Zeit als Sinn des rituellen Königreichs ansah, sie will vielmehr die weitere Ausübung des Rituals unmöglich machen. Sie stellt die Zeitgenossen damit vor die Wahl, entweder an der überkommenen christlichen Deutung und damit an dem alten Brauch festzuhalten oder sich von der historischen Herleitung überzeugen zu lassen und seine Übung einzustellen. Die Möglichkeit einer Fortführung des Brauchs mit verändertem, an der Saturnalienidee orientiertem Verständnis – mithin die bewusste Pflege eines Paganismus – ist selbstverständlich nicht vorgesehen und bis an die Schwelle des 18. Jahrhunderts auch nicht nachzuweisen. Freilich: Ganz ohne Rückwirkung auf das Ritualverständnis bleibt der wissenschaftliche Diskurs nicht. Es lässt sich durchaus ein Einsickern von Vorstellungen beobachten, die auf die immer wieder erneuerte Kontinuitätsbehauptung zurückgehen – allerdings erst mit erheblicher Verzögerung. Im Laufe des 18. Jahrhunderts nämlich zerbricht das einst so allgemeine Ritualverständnis in viele fragmentierte Verstehensweisen und -varianten. Manche davon scheinen von der Saturnalienidee beeinflusst zu sein und sie neigen dazu, ins Karnevaleske zu münden. Doch sind diese späteren Vorgänge im Einzelnen noch ganz unerforscht und liegen weit außerhalb des Zeitrahmens, der den hier versammelten Beiträgen gesteckt ist.

Kehren wir also zum Ritualverständnis des 16. und 17. Jahrhunderts zurück und fragen uns, welcher Gewinn aus der Erkenntnis zu ziehen ist, dass den Zeitgenossen der König Christus und das eigene Seelenheil im Angesicht des Bohnenkönigs anscheinend sehr viel näher waren als eine Reflexion der herrschenden Gesellschaftsordnung. Wenn der Bohnenkönig den forschenden Blick etwas lehren kann, so vor allem eine Sichtweise zu überwinden, die ein rituelles Königreich nicht anders denn als Reflex einer Herrschaftsstruktur zu begreifen vermag, und der daher zu seiner Erklärung nur davon abgeleitete und darauf bezogene Interpretationsmuster wie Affirmation einerseits oder Parodie bzw. Auflehnung andererseits einfallen. Stattdessen muss es darum gehen, das Symbol »König« oder »Königtum« als ein unvorhersehbar vieldeutiges verstehen zu lernen, dessen Sinn eine Gegebenheit des zeitgenössischen Bewusstseins ist und daher nur empirisch ermittelt werden kann.

ANNE-LAURE VAN BRUAENE*

Princes, Emperors, Kings and Investiture in the Festive Culture of Flanders (Fifteenth–Sixteenth Century)

The festive joy of carnival, and in particular the riotous amusement and dazzling spectacle offered by mock-kings and mock-princes, has long intrigued scholars of the late medieval and early modern period. Why did ordinary people, citizens and villagers alike, want to emulate emperors, kings and princes, complete with all ceremony and display, albeit it for one day only? And why do these celebrations increasingly occur in the late medieval sources, before gradually disappearing from the late sixteenth century onwards? One of the most powerful interpretations of these festive practices has been offered by the Russian scholar Mikhail Bakhtin, who considered the world of carnival as a utopian world where ordinary men and women could be free from the strains of the official clerical and feudal culture, and make fun of its institutional models, hierarchies and norms[1].

The tensions between a popular culture (most often associated with rural culture or youth culture) and an official or elite culture still colour most of the more recent analyses, but Bakhtin's utopian vision has made room for a more functional approach. Carnival and the rites of investiture that constituted part of it offered ordinary people, especially young men, the possibility of letting off steam or, in some cases, of implementing limited social change. Especially with regard to France, where from Lyon in the southwest to Rouen in the northeast festive associations or *sociétés joyeuses*, led by »kings« and »abbots«, organized charivaris and public festivals, these rites of investiture have been studied from an anthropological point of view. According to Natalie Zemon Davis, Jacques Rossiaud, Yves-Marie Bercé, Robert Muchembled and others, these *sociétés joyeuses* were the heirs to the *abbayes de jeunesse* of the rural world that socialised young men through rites of passage and charivaris. Transplanted to the city in the late Middle Ages, these *sociétés joyeuses* came to be formed not only around age-groups, but also on the basis of profession or neighbourhood. Yet, at the centre of their activities remained the practice of burlesque investiture and of burlesque jurisdiction, by the election for a limited time of an »abbot«, »king« or »bishop« who publicly judged the moral transgressions of the members of the community[2].

---

* Interuniversity Attraction Poles Programme – Belgian State, Belgian Science Policy. I would like to thank Susie Speakman Sutch for helping me with the English version of this text.
[1] Mikhail BAKHTIN, Rabelais and his World, Cambridge 1968.
[2] Natalie Zemon DAVIS, The Reasons of Misrule. Youth Groups and Charivaris in Sixteenth-Century France, in: Past and Present 50 (1971), p. 41–75; Jacques ROSSIAUD, Fraternités de jeunesse et niveaux de culture dans les villes du Sud-Est à la fin du Moyen Âge, in: Cahiers d'histoire 21 (1976), p. 67–102; Yves-Marie BERCÉ, Fête et révolte. Des mentalités populaires

It has been remarked by Martine Grinberg that, although the practice of burlesque investiture was omnipresent, the festive culture in Artois and Walloon Flanders had some distinctive features: the many burlesque groups gradually developed into full-blown theatrical societies and stood out due to their many interurban contacts[3]. Similar remarks can be made with regard to the Dutch-speaking part of the Low Countries, Flanders in particular. There was yet an important difference with the French-speaking territories: from around the middle of the fifteenth century onwards, the festive culture of the Dutch-speaking regions was increasingly dominated by the Chambers of Rhetoric. These were literary confraternities which had many things in common with the *sociétés joyeuses*, but surpassed them in institutional and literary complexity. These Chambers of Rhetoric were governed by »princes«, but these solemn ceremonial leaders seem to have been a far cry from the burlesque »kings« and »abbots« of the French *sociétés joyeuses*[4].

In what follows, I will discuss the festive culture of fifteenth- and sixteenth-century Flanders and its rites of investiture, burlesque or not. Frequent references will be made to comparable practices in France and the French-speaking territories of the Low Countries, without which the Flemish example cannot be properly understood. At the same time, it will be argued that the late medieval and early modern festive culture of the Low Countries and of Northern France cannot be captured within the traditional framework of a functional dichotomy between popular culture and elite culture. The rites of festive investiture in these regions were neither plainly popular nor distinctly elite; they were, rather, part of a complex urban culture where people from different social backgrounds tried to solve the tensions of everyday life by the symbolic application – both in a burlesque and a more solemn fashion – of rigid social models, among which were those of emperorship, kingship and princedom.

The Flemish sources frequently mention festive dignitaries such as the »ass-popes« and »ass-bishops«, the »emperors« and »princes« of streets and neighbourhoods, the »lords« of Shrove Tuesday, the »kings« of the crossbow and the longbow guilds and the »dry squires«. At first sight, all these »popes«, »kings« and »princes« were simply there for the riotous amusement of their followers and the public entertainment of the crowds, in particular during the long festive winter season stretching from St. Nicholas Day to Shrove Tuesday. They instructed their subjects to make merry or *ghenouchte*,

---

du XVIe au XVIIIe siècle, Paris 1976, p. 16–19; Robert MUCHEMBLED, Culture populaire et culture des élites dans la France moderne (XVe–XVIIIe siècle), Paris 1991, p. 120–122 and 177–188. In my opinion, Natalie Davis' analysis is still the most convincing. An interesting recent analysis is Katja GVOZDEVA, Spiel und Ernst der burlesken Investitur in den *sociétés joyeuses* des Spätmittelalters und der Frühen Neuzeit, in: Marion STEINICKE, Stefan WEINFURTER (ed.), Investitur- und Krönungsrituale. Herrschaftseinsetzungen im kulturellen Vergleich, Cologne, Weimar, Vienna 2005, p. 177–199.

[3] Martine GRINBERG, Carnaval et société urbaine XIVe–XVIe siècle. Le royaume dans la ville, in: Ethnologie française 4 (1974), p. 215–244. See also Alan E. KNIGHT, Drama and Society in Late Medieval Flanders and Picardy, in: The Chaucer Review 14 (1980), p. 379–389.

[4] Anne-Laure VAN BRUAENE, »A wonderfull tryumfe, for the wynning of a pryse«. Guilds, Ritual, Theater, and the Urban Network in the Southern Low Countries, ca. 1450–1650, in: Renaissance Quarterly 59 (2006), p. 374–405.

as the sources often have it⁵. Much of the fun was about drinking, eating and dancing. For that purpose, these pseudo-dignitaries often received gifts of wine, food or money from the city magistracies (just as real dignitaries often did). This explains why the city accounts are the main sources for their study. The short administrative notes made in these accounts are often extremely vague, but when we take a closer look, distinctions can be made regarding the nature and aims of these festive dignitaries in late medieval and early modern Flanders.

First of all, the feast of the Fool Bishop and that of the Bishop of the Innocents were clerical feasts. During the Middle Ages, they were celebrated across Europe in chapters and cathedrals around the feast of St. Nicholas (December 6), the feast of the Innocents (December 28) and the feast of Epiphany (January 6)⁶. These were literally rituals of inversion, whereby the ecclesiastical hierarchy was turned upside down by the temporary investiture of a choir boy as bishop. This bishop-for-a-day was treated accordingly by the higher clergy⁷. In Flanders, from the late fourteenth century onwards, the Fool Bishop, often called »ass-bishop« (*ezelbisschop*) or even »ass-pope« (*ezelpape*), was celebrated publicly in the streets and, as such, became fully integrated into the urban festive culture⁸. For example, in 1466, the »ass-pope«, appointed by the chapter of Veurne, instructed his followers to go and make merry in the nearby town of Diksmuide⁹.

In his public capacity, the Fool Bishop did not differ substantially from other festive dignitaries that were elected from among the lay population during the festive season. In general, these lay dignitaries ruled over villages or town neighbourhoods. For example, on January 12, 1509, the city magistracy of Bergues offered wine to the »lord of Want« of the village of Quaëdypre and to the »lord of Toutluyfault« of the village of Warhem¹⁰. In 1527, a large carnival feast was held in the village of Ooidonk, near Deinze, where the »lords« of Shrove Tuesday (*vastenavondheren*) of Deinze and of the neighbouring villages of Machelen and Astene attended with their own banners and standards¹¹. More spectacularly, in the same year, 1527, on February 24, the »emperor« of the Over-Scheldt made his solemn entry into Ghent with his retinue of neighbourhood representatives.

---

⁵ Herman PLEIJ, Van keikoppen en droge jonkers. Spotgezelschappen, wijkverenigingen en het jongerengericht in de literatuur en het culturele leven van de late middeleeuwen, in: Volkskundig bulletin 15 (1989), p. 297–315.
⁶ Claude FOURET, Cambrai en folie (XIVᵉ–XVIᵉ siècle), in: Revue du Nord 69 (1987), p. 483–502. A detailed study on this phenomenon is to be expected from Yann DAHHAOUI (Geneva), who is writing his PhD thesis on this subject.
⁷ GVOZDEVA, Spiel und Ernst (as in n. 2), p. 183–185.
⁸ Herman PLEIJ, Het gilde van de Blauwe Schuit. Volksfeest en burgermoraal in de late middeleeuwen, Amsterdam 1983, p. 22–27.
⁹ Brussels, State Archives Belgium, Chambres de comptes n° 34076, city accounts of Diksmuide 1465–1466, fol. 36v: *ten 20ᵗᵉⁿ daghe van der ezelfeeste, den ghesellen van der kerke van Veurne commende hier bedriven ghenouchte ter obediencie van der ezelpaeus*.
¹⁰ *Den heere van Ghebreke van Quaetypre* and *den heere van Toutluyfault van Waerhem*, Bergues, City Archives, CC 156, city accounts of Bergues 1509–1510, fol. 22r.
¹¹ Brussels, State Archives Belgium, Chambres de comptes n° 33969, city accounts of Deinze 1526–1528, fol. 32v–33r.

These representatives were addressed as »lords« or »ladies« and some of them received extra titles such as those of »patriarch«, »cardinal«, »king« and »grand master of the hunt«. Others were honoured as lords »of the blood«. All were invited to a banquet at the »emperor's« temporary court. Afterwards, the »lords« and »ladies« returned to their own neighbourhoods and made merry with fireworks, mock-fights and games[12].

The rule of the »emperor« of the Over-Scheldt was clearly limited to the period of carnival, but it seems that his burlesque dominion continued in the following years. In 1529 was celebrated the birth of Nabugodonozor, »prince of the Pig Market, and dauphin of Carder Street, potentate of the Friday Market, dominator of Mint Street and councillor of the Little Market«[13]. Although this was not made explicit in the sources, this Nabugodonozor was probably regarded as the son and heir of the »emperor« of the Over-Scheldt. In February 1535, the »emperor« and his »council« judged a conflict between the »lord« and the »lady« of two neighbourhoods. The »emperor« used his seal to authenticate his decision. In February 1539, when the same »lord« and »lady« turned to the city magistracy to register their mutual agreement, the trial before the »emperor's« court was formally closed[14].

In this particular case, it becomes clear that the citizens of Ghent did not only imitate the hierarchical model of the emperor and his court in its generic aspects, but also made allusions to political reality. The solemn entry of the »emperor« of the Over-Scheldt was held on February 24, the birthday of the Ghent-born Emperor Charles V. Over-Scheldt referred to that part of the territory of Ghent and Flanders that belonged to the Holy Roman Empire. The birth of Nabugodonozor was probably inspired by the birth of Philip, Charles' son and heir, a little less than two years earlier[15]. These references to real imperial politics were mixed with the theme of folly: the King of Babylon, Nabugodonozor, was associated with madness, and Rooigem, an existing neighbourhood in Ghent where the »emperor« of the Over-Scheldt held court, invoked the idea of poverty (*berooidheid*)[16]. By doing so, citizens both identified with, and parodied, the hierarchical models and political realities with which they were confronted. In addition, by choosing the model of emperorship, they imposed structure on their own festive world and regulated the relations among neighbourhoods.

The attitude of the urban council towards this type of burlesque investiture and carnival entertainment was ambivalent. On the one hand, it supported the festivities and raised their profile by issuing, in 1527, an ordinance mirroring those that were issued on the occasion of real princely entries, with instructions on the entry route and the

---

[12] DE POTTER, Gent, van den oudsten tijd tot heden. Geschiedkundige beschrijving der stad, vol. 4, Ghent s.d., p. 6–9.
[13] »Prinche van der Verkensmaert, ende Dolphin vander Cammerstraete, Potestaet vanden Vridachmaert, Dominateur vander langher Munte, ende Raedsheere vanden Plaetskine«, see PLEIJ, Het gilde (as in n. 8), p. 30.
[14] DE POTTER, Gent (as in n. 12), vol. 4, p. 10–11.
[15] On Charles V see Wim BLOCKMANS, Keizer Karel V, 1500–1558. De utopie van het keizerschap, Leuven 2001.
[16] PLEIJ, Het gilde (as in n. 8), p. 30; ID., 24 februari 1527: Intree te Gent op vastenavond van de zottenkeizer. Het repertoire van de volksfeesten, in: Maria A. SCHENKEVELD-VAN DER DUSSEN (ed.), Nederlandse literatuur, een geschiedenis, Groningen 1993, p. 137–141, p. 137.

order of the retinue. On the other hand, the council made sure that some stipulations were included in order to prevent any form of serious mischief and disorder: only weapons made of thin wood were allowed, no one could wear masks, it was forbidden to light bonfires in other neighbourhoods after sunset, and the participants were explicitly warned not to harass people, especially not to press passers-by, or people from the countryside, to pay tributes or to engage in games against their will[17].

What can we make of all this? According to Herman Pleij, a specialist in Dutch burlesque literature, the fact that these festive dignitaries pop up increasingly in urban regulations during the fifteenth and early sixteenth centuries, indicates that older medieval (and rural) practices were gradually suppressed by urban elites who, with their self-fashioned humanist identity, looked down on this type of popular entertainment[18]. Yet, we can also read the sources the other way around (and in a more simple way): in the nuclear society of the town or village neighbourhood, these festive practices became increasingly popular at the end of the Middle Ages, and they continued to be so at least until the seventeenth century and, in some cases, until the end of the Old Regime[19]. Although urban governments shared a concern for social order and public harmony, they did not directly condemn the practice of burlesque investiture, as did some clerical authorities with regard to the feast of the Fool Bishop[20].

In fact, the urban elites of Flanders had their own rites of investiture that, although they had a more exclusive character and although they stressed masculinity rather than folly, were also accompanied by drinking, banqueting and feasting[21]. Once a year, the crossbow and longbow guilds organized a competition during which members (and sometimes also visitors) could shoot at the popinjay. The winner was proclaimed »king« of the guild for a year. In some places, three consecutive wins could make you an »emperor«. Dating at least from the fourteenth century, these king-making competitions only gained in significance during the early modern period[22]. More typical of the late medieval period were the urban jousts modelled after noble tournaments. In Bruges, from the late fourteenth to the late fifteenth century a »forester« was elected from among the city's leading families to preside over the joust of the White Bear in

---

[17] DE POTTER, Gent (as in n. 12), vol. 4, p. 6–9.
[18] PLEIJ, Van keikoppen (as in n. 5), p. 303; ID., 24 februari 1527 (as in n. 16), p. 138; ID., Gent en de stadscultuur in de Nederlanden, in: Hugo SOLY, Johan VAN DE WIELE (ed.), Carolus. Keizer Karel V, 1500–1558, Ghent 1999, p. 127–128.
[19] See the many examples in Willy L. BRAEKMAN, Spel en kwel in vroeger tijd. Verkenningen van charivari, exorcisme, toverij, spot en spel in Vlaanderen, Ghent 1992. Cf. DAVIS, The Reasons of Misrule (as in n. 2), p. 69–70.
[20] Cf. FOURET, Cambrai en folie (as in n. 6), p. 489; GVOZDEVA, Spiel und Ernst (as in n. 2), p. 198–199.
[21] Evelyne VAN DEN NESTE, Tournois, joutes, pas d'armes dans les villes de Flandre à la fin du Moyen Âge (1300–1486), Paris 1996, p. 104–109.
[22] Theo REINTGES, Ursprung und Wesen der spätmittelalterlichen Schützengilden, Bonn 1963, p. 86; Eugeen VAN AUTENBOER, De kaarten van de schuttersgilden van het hertogdom Brabant (1300–1800), vol. 1, Tilburg 1993, p. 247–328.

early May, and to attend the joust of the Épinette in Lille during Lent[23]. The dignity of »forester« (*forestier*) referred to the mythical leaders who had governed the Flemish forests (made unsafe by white bears) in ancient times[24].

Finally, the most enigmatic festive leaders we encounter in the fifteenth- and sixteenth-century Flemish city accounts are individuals who travelled from town to town, often with a small band, and bore names that seemed to parody a disordered nobility. Included were titles such as the »black lady« (*demoiselle noire*) and the »dry squire« (*droge jonckheere*). The »dry squire«, in particular, was a popular figure who was incarnated by different individuals in different contexts during the fifteenth and sixteenth centuries. The common feature of this character was that he presented himself as poor and thirsty – these are two of the figurative meanings of *droog* in Middle-Dutch – and that he counted on the goodwill of the urban authorities to offer him drinks and money. In one of his capacities, the »dry squire« was apparently a professional entertainer who followed the princely officers who travelled from town to town to install the new city magistracies[25].

In sum, the many festive dignitaries in Flanders offered their followers and their audiences fun, entertainment and spectacle by their imitation, and sometimes plain inversion, of secular and clerical hierarchies and models. In some cases, these celebrations were branded as subversive by the authorities, but, in general, they were considered as an integrated part of urban culture. In these respects, there were few differences between the French- and Dutch-speaking parts of Flanders and of the other Burgundian territories. Yet, in the French-speaking regions, the inherent dramatic elements of the entertainment offered by these festive dignitaries were further developed from the early fifteenth century onwards by the *sociétés joyeuses*. These *sociétés joyeuses* were headed by an »abbot« or a »prince« but had more structure and a longer lifespan than the many informal groups. Most often, the leader of one of these *sociétés joyeuses* was responsible for the organisation of city-wide public festivals such as the *capitaine du Pinon* in Douai, the *abbé de Lescache* in Cambrai and the *évêque des fous* (a cleric) in Lille. During these festivals, farces and other theatre plays were staged by *sociétés joyeuses* from inside and outside the town[26].

From about the middle of the fifteenth century onwards, the dramatic culture in the Dutch-speaking parts of Flanders (and of the other Burgundian territories) came to be organized differently from that of the French-speaking parts. This was due to the institution of the Chambers of Rhetoric (*rederijkerskamers*). These Chambers of Rhetoric

---

[23] Andrew BROWN, Urban Jousts in the Later Middle Ages. The White Bear of Bruges, in: Revue Belge de Philologie et d'Histoire 78/2 (2000), p. 315–330, p. 318.

[24] Andries VAN DEN ABEELE, Het Ridderlijk Gezelschap van de Witte Beer. Steekspelen in Brugge tijdens de late Middeleeuwen, Bruges 2000, p. 32–33.

[25] PLEIJ, Het gilde (as in n. 8), p. 40; ID., Van keikoppen (as in n. 5), p. 309–310; Jacoba VAN LEEUWEN, De wisseling van de macht. Een onderzoek naar de betekenis van de wetsvernieuwing in Gent, Brugge en Ieper (1379–1493), University of Louvain 2002 (unpublished doctoral thesis), p. 313–314.

[26] Katell LAVEANT, Théâtre et culture dramatique d'expression française dans les villes des Pays-Bas méridionaux (XVe–XVIe siècle), University of Amsterdam 2007 (unpublished doctoral thesis), p. 43–68.

were formally organized as religious confraternities and devoted themselves not only to public theatre, but also to elaborate literary exercises during their closed meetings. They did stage farces (*esbattementen*), but, in addition, they occupied themselves with allegorical and religious theatre and poetry. From about the late-fifteenth century, almost every town in Flanders had at least one, but often two, three, or more local Chambers of Rhetoric[27]. The history of the development of these Chambers is particularly complex, but it has become clear that, in particular in the west of Flanders, festive groups who performed theatre in the context of public festivals such as civic processions and Shrove Tuesday celebrations, were at their origin. In this respect, there was a clear link with the practices of the *sociétés joyeuses* and of the festive dignitaries.

Before adopting the general name of »societies of Rhetoric« (*gheselscepen van Retorike*) in the course of the late fifteenth and early sixteenth centuries, these theatrical groups active in the towns in the west of Flanders were called »titles« (*titels*). The city accounts of Ypres, for example, mention from 1449 onwards the »title of the Lightly Charged«, the »title of the Rose Trees« and the »title of the Greens«[28]. Unfortunately, the sources remain extremely vague about the meaning of »title« in this context, but, in my opinion, it was a general reference to the practice of burlesque investiture. The city accounts of Bergues, for example, near the French-speaking territories, mention for the year 1500, in one instance, »my lord of Want«, »my lord of Empty Purse«, »my lord of Penniless«, »my lord of Wild Senses« and »my lord of Unrest«, and in another, »the titles of the Penniless and the Wild Senses« and »the title of Unrest«[29]. In 1531, the company of the »Long Ears« of Poperinge named as its patrons both St. Victor and »someone called lord Gibbe, sitting on an ass with a sack on his head«[30]. Around the middle of the seventeenth century, this Chamber of Rhetoric was involved in the organisation of annual public charivaris[31]. It is possible that these practices date to the fifteenth century. We also find traces of contact between the Flemish »titles« (or their predecessors) and the *sociétés joyeuses* from the French-speaking towns. For example, in 1420, Ypres welcomed the companies of *Peu de Sens* and of the *Pape des Gingeans*[32]. These were only two of the multiple *sociétés joyeuses* in Lille that were directed by festive dignitaries such as »princes«, »popes« and »kings«[33].

---

[27] VAN BRUAENE, »A wonderfull tryumfe« (as in n. 4), p. 375–376.
[28] Anne-Laure VAN BRUAENE, Om beters wille. Rederijkerskamers en de stedelijke cultuur in de Zuidelijke Nederlanden (1400–1650), Amsterdam 2008, p. 31–32.
[29] Bergues, City Archives, CC 155, city accounts of Bergues 1500–1501, fol. 30r–v and 31r–v.
[30] *Eenen ghenaemt heer Gibbe, sittende op eenen ezele met eenen sack op syn hooft*, private archive of the »Langhoirs-Victorinen« of Poperinge, guild register 1686, fol. 4r–5v.
[31] Willy L. BRAEKMAN, De Gibeanen, een narrengilde te Poperinge, in: ID. (ed.), Spel en kwel in vroeger tijd. Verkenningen van charivari, exorcisme, toverij, spot en spel in Vlaanderen, Ghent 1992, p. 13–55.
[32] Brussels, State Archives Belgium, Chambres de comptes n° 38646, city accounts of Ypres 1420, fol. 72r. On these cross-linguistic contacts, see also Alan E. KNIGHT (ed.), Les mystères de la procession de Lille, vol. I: Le Pentateuque, Geneva 2001, p. 45–46.
[33] Valérie DELAY, Compagnies joyeuses, »Places« et festivités à Lille au XVIe siècle, in: Revue du Nord 69 (1987), p. 503–514, p. 507.

The »titles« (sometimes also called *gheselscepen van ghenoechte*) of the Dutch-speaking towns and the *sociétés joyeuses* of the French-speaking towns in Flanders had many things in common, including such matters as their participation in religious festivals and Shrove Tuesday celebrations, their preoccupation with public theatre, their burlesque names, and their many interurban contacts, but there were also important differences. In the first place, the general term of »title« referred to a group rather than to an individual appointed temporarily as the festive leader of that group. With the exception of the examples given above, there are very few references in the sources of Dutch-speaking Flanders with regard to burlesque dignitaries at the head of full-blown theatrical associations. More generally, in the course of the fifteenth and early sixteenth centuries, the »titles« of Western Flanders gradually adapted to the institutional model of the Chambers of Rhetoric established in the large cities of Flanders and Brabant, and, in so doing, it seems that the practices of burlesque investiture soon lost their central place[34].

This did not mean that these festive practices disappeared completely. The statutes of some Chambers of Rhetoric mention a »king«, appointed by the drawing of lots on or around the feast of Epiphany. These »kings« were expected to preside over a lyrical contest and pay for the banquet and the literary prizes. In addition, they had to offer the Chamber a blazon with their personal device[35]. But although the feast of the Bean King – together with that of St. Nicholas – eclipsed many other popular feasts in the early modern Low Countries[36], this remained, in the specific context of the Chambers of Rhetoric, a marginal practice (or at least one that was seldom mentioned in the sources). On the other hand, most Chambers of Rhetoric had an official fool (or a hired one) who entertained the crowds on the occasion of public theatre festivals[37]. Sometimes these fools held their own festivals. In 1551, such a large fool festival was held in Brussels (in Brabant). Its central theme was the inauguration of master Oom, official fool of the city of Brussels, as »prince of the fools«. As »prince«, he exchanged oaths with his subjects and set up court with his »ass-vassals« and »ass-lords«. During the following days, this court administered justice, issued fake money and fake ordinances and amused the crowds with burlesque sermons[38]. It is important to note that the festival was attended by – among others – the fools of the French-speaking towns of Lille

[34] VAN BRUAENE, Om beters wille (as in n. 28), p. 37 and p. 99–100.
[35] Ibid., p. 90–91.
[36] Marc JACOBS, King for a Day. Games of Inversion, Representation, and Appropriation in Ancient Regime Europe, in: Jeroen DEPLOIGE, Gita DENECKERE (ed.), Mystifying the Monarch. Studies on Discourse, Power, and History, Amsterdam 2006, p. 117–137, p. 122–123 and p. 130.
[37] Herman PLEIJ, De eeuw van de zotheid. Over de nar als maatschappelijk houvast in de vroegmoderne tijd, Amsterdam 2007, p. 24–26.
[38] ID., Eind juli 1551. Op het zottenfeest van Brussel wordt Meester Oom als vorst in een massaspel beëdigd. De stedelijke feestviering van bevrijdend ritueel naar gecontroleerd schouwtoneel, in: Rob L. ERENSTEIN (ed.), Een theatergeschiedenis der Nederlanden. Tien eeuwen drama en theater in Nederland en Vlaanderen, Amsterdam 1996, p. 112–119.

and Valenciennes who, thereby, strengthened the festive relations of their hometowns with the administrative centre of the Low Countries[39].

What was the meaning of these festivals within a festive culture dominated by the Chambers of Rhetoric? It has been suggested by Herman Pleij that the Chambers of Rhetoric were created by the urban elites who, as such, could annex the popular youth rituals and transform them into inoffensive and conformist festivals which sustained the new bourgeois morals[40]. However, while it is true that these festivals supported the prevailing moral standards, this hypothesis is largely contradicted by the sources that show that the Chambers of Rhetoric recruited largely from among the urban middle class, especially skilled master artisans, and that the involvement of urban elites and the city council was often minimal[41]. It is important to note that a recent study on one of France's most famous and best-documented *sociétés joyeuses*, the *Abbaye des Conards* in Rouen, largely shows the same picture: according to Dylan Reid, most members were »important artisans and secondary merchants«[42]. It has become clear, therefore, that the traditional dichotomy between popular culture and elite culture simply does not work when applied to the festive world of the Low Countries and Northern France. Instead, in the fifteenth and sixteenth centuries a distinctive urban culture developed with a stress on urban association and public ritual and dominated (but not monopolized) by an educated middle-class that shared the values of lay devotion, collective honour and social harmony[43].

The question remains of how we are supposed to understand the rites of investiture within this urban festive culture. Why did citizens and villagers of different social backgrounds and ages want to publicly act out the roles of king, bishop, abbot and prince? I think we can best grasp its social meaning by using Pierre Bourdieu's concept of an »economy of symbolic exchanges«[44]. The urban world of the Low Countries was full of social and economic tensions, especially since in reality the boundaries between individuals, social groups, and city and countryside were extremely fluid. In fact, clear hierarchies were often lacking or were constantly changing. Therefore, it became necessary to develop a set of cultural strategies to decrease tensions, and consolidate and extend existing relations[45]. One strategy, among others, was to borrow from other, more rigid social models, such as that of kingship or emperorship. These hierarchical models offered the temporary fiction of a simpler and more structured

---

[39] Edmond ROOBAERT, »Prince van den Onwijzen«. Jan Walravens, schilder en rederijker te Brussel, in: Jaarboek de Fonteine 53–54 (2003–2004), p. 31–111, p. 70.

[40] PLEIJ, Van keikoppen (as in n. 5), p. 303.

[41] VAN BRUAENE, »A wonderfull tryumfe« (as in n. 4), p. 383–384.

[42] Dylan REID, Carnival in Rouen. A History of the Abbaye des Conards, in: The Sixteenth Century Journal 32/4 (2001), p. 1027–1055, p. 1038.

[43] Ibid., p. 1053–1055; VAN BRUAENE, »A wonderfull tryumfe« (as in n. 4), p. 398–399.

[44] Pierre BOURDIEU, Raisons pratiques. Sur la théorie de l'action, Paris 1994, p. 179–185.

[45] Anne-Laure VAN BRUAENE, Harmonie et honneur en jeu. Les compétitions dramatiques et symboliques entre les villes flamandes et brabançonnes aux quinzième et seizième siècles, in: Marc BOONE et al. (ed.), Le verbe, l'image et les représentations de la société urbaine au Moyen Âge. Actes du colloque international tenu à Marche-en-Famenne du 24 au 27 octobre 2001, Antwerpen, Apeldoorn 2002, p. 227–238.

world unshaken by the many tribulations of fate. When we take a closer look at the examples of festive rites of investiture cited above, we see that in most cases the celebration was not so much about the festive dignitary himself, but about the structure he imposed on his subjects and their world, and about the relations he generated or restored among individuals, neighbourhoods, villages and towns.

Taking this view makes it easier to understand why the model of burlesque investiture lost some of its appeal with the success of the Chambers of Rhetoric. While these Chambers were in part the inheritors of the burlesque groups that had gradually developed a more complex theatrical repertoire, they borrowed from other cultural traditions, too. For example, they were explicitly organized as religious confraternities, and, as such, they could resort to another powerful model for social relations: that of the family. The members of the Chambers of Rhetoric addressed each other as brothers and, when organizing literary competitions, they made sure to stress the motive of disinterested brotherly love. In addition, the members usually wrote their literary texts in the name of their Chamber and, in general, a career as an individual poet was not encouraged[46].

This egalitarian attitude notwithstanding, like every urban corporation, the Chambers of Rhetoric needed a formal internal hierarchy. Like the religious confraternities and the trade guilds, most Chambers of Rhetoric were directed by a deacon (*deken*), who was assisted by a number of jurors. Yet, gradually, functions with a larger symbolic scope were created. The oldest statutes that have been preserved for a Chamber of Rhetoric, those of the Fountain in Ghent (drafted in 1448), contain a still imprecise reference to a »superior« (*upperste*), to be elected every two years[47]. At least from 1456 onwards, this superior was called »prince«[48]. The dignity of »prince« of a Chamber of Rhetoric is referred to for the first time in the city accounts of Ypres of 1455, which mention a »prince and the guild brothers of the Holy Ghost, named the Rhetoricians«[49]. It is important to note that this company of rhetoricians could not be confused with the »titles«, since already in 1455 it had a more official character and later became, without question, the most important Chamber of Rhetoric of Ypres[50]. But, as in the case of the »titles«, the company of rhetoricians of Ypres borrowed from existing traditions of investiture.

In 1455, the company of the rhetoricians of Ypres participated in a literary competition organized by the *Pui de Amours* of Tournai, in honour of the victory of King Charles VII over the English. This interurban contest was chaired by the innkeeper Jean de Courolles, who had been proclaimed »prince« of the *puy* and of the crossbow guild. The local cloth-hall was temporarily transformed into his palace, in front of

---

[46] Ibid., p. 230–231.

[47] Antonin VAN ELSLANDER, De Instelbrief van de Rederijkerskamer »De Fonteine« te Gent (9 december 1448), in: Jaarboek de Fonteine 6–7 (1948–1949), p. 15–22.

[48] Guido EVERAERT, Letterkundig leven te Gent in de vijftiende eeuw. De rederijkers, University of Ghent 1964 (unpublished master thesis), p. 54.

[49] *Den prince ende ghildebroers van der Heilighen Gheest die men nomt de Retorisiene*, Brussels, State Archives Belgium, Chambres de comptes n° 38679, city accounts of Ypres 1455, fol. 34r.

[50] VAN BRUAENE, Om beters wille (as in n. 28), p. 46–47.

which the participants competed for the prizes for the best morality play and the best *chant royal*[51]. This public event links the practices of the early Chambers of Rhetoric with those of the *puys marials*, instituted in the fourteenth century or maybe earlier. These *puys* were elitist religious confraternities that organized lyrical contests for individual poets in honor of the Virgin Mary in the French-speaking towns of Flanders, Artois, Hainault, Picardy and Normandy. Usually, a *puy* was presided over by a »prince«, who decided which aspect of the Virgin Mary had to be lyrically celebrated during the next competition[52]. The Dutch-speaking Chambers of Rhetoric were undeniably influenced by the model of these *puys*. Although they practiced a larger range of literary genres and were less elitist, they adopted French loan words such as *rhétorique*, *refrain* and *prince*, all borrowed from the literary model of the *puys*[53].

The »prince« became a key-figure in the Chambers of Rhetoric. He was the ceremonial leader, often having precedence over the deacon, who remained responsible for the administrative affairs. The »prince« was elected annually from among the most distinguished members of the Chamber, and was expected to finance and chair a lyrical contest with a banquet. For this reason, it should be noted, some members refused the function or were forced to accept[54]. In some Chambers, the »prince« could count on other, subsidiary »princes«. The »princes of the month« of the Dutch-speaking Chamber of Enghien (in Hainault) decided on the theme of the next lyrical contest and paid the prizes. In the Ghent Chamber of the Fountain, a *prince d'amours* had to supervise the actors during rehearsals[55]. In addition, it can be remarked for Ghent that only the Fountain – as the eldest and the most notable Chamber – had a prince, and that the deacons of the other three Chambers accepted his authority[56].

Although there were similarities between the duties of the elected »princes« and the lot-drawing »kings« in the Chambers of Rhetoric, the »princes« had little to do with the burlesque imitation of worldly hierarchies. The »prince« simply was the elected

---

[51] Baron DE REIFFENBERG, La fête de l'arbalète et du prince d'amour à Tournai en 1455, in: Bulletin de la Commission Royale d'Histoire 10 (1845), p. 255–266.

[52] Auguste BREUIL, La confrérie de Notre-Dame du Puy, d'Amiens, in: Mémoires de la société des antiquaires de Picardie 3 (1854), p. 489–661; Gérard GROS, Le poète, la Vierge et le prince du Puy. Étude sur les Puys marials de la France du Nord du XIVe siècle à la Renaissance, Paris 1992; Dylan REID, Moderate Devotion, Mediocre Poetry and Magnificent Food. The Confraternity of the Immaculate Conception of Rouen, in: Confraternitas 7 (1996), p. 3–10; Maurice DUVANEL et al., La Confrérie Notre Dame du Puy d'Amiens, Amiens 1997.

[53] Dirk COIGNEAU, De Const van Rhetoriken. Drama and Delivery, in: Jelle KOOPMANS et al. (ed.), Rhetoric – Rhétoriqueurs – Rederijkers. Proceedings of the colloquium, Amsterdam, 10–13 November 1993, Amsterdam 1995, p. 123–140, p. 125; VAN BRUAENE, Om beters wille (as in n. 28), p. 47–49.

[54] Dirk COIGNEAU, Inleiding, in: Elly COCKX-INDESTEGE, Werner WATERSCHOOT (ed.), Uyt Ionsten Versaemt. Het Landjuweel van 1561 te Antwerpen, Brussels 1994, p. 9–44, p. 10–12; VAN BRUAENE, Om beters wille (as in n. 28), p. 77.

[55] Ernest MATTHIEU, Histoire de la ville d'Enghien, vol. 2, Mons 1877, p. 759–765; DE POTTER, Gent (as in n. 12), vol. 3, p. 267–268; Dirk COIGNEAU, Bedongen creativiteit. Over retoricale productieregeling, in: Ria JANSEN-SIEBEN et al. (ed.), Medioneerlandistiek. Een inleiding tot de Middelnederlandse letterkunde, Hilversum 2000, p. 129–137, p. 135.

[56] VAN BRUAENE, Om beters wille (as in n. 28), p. 154.

leader who, together with the board, gave an annual account of his actions. On festive occasions he wore a guild habit and a guild chain, but there were no paraphernalia that referred directly to the worldly dignity of prince. As in the case of the crowning of the »kings« and »emperors« of the shooting guilds, the election of the »princes« of the Chambers of Rhetoric had little or nothing to do with rites of inversion: they were just simply considered to be the *primus inter pares* and under their reign the world was all but turned upside down[57]. Yet, their role was of equal importance to those of the more burlesque dignitaries in the »economy of symbolic exchanges« of the festive world of the Low Countries and Northern France. Together with his board, the »prince« was responsible for creating a solemn atmosphere during literary meetings, for avoiding tensions between members, for presiding over the banquets, and for honourably receiving visitors. On the occasion of interurban competitions, this role was extended to a larger public sphere[58].

These more solemn practices of investiture attracted the attention of real princes. It has been established in recent scholarship that the princes of the Burgundian and Habsburg dynasties were keenly aware of the political utility of the cultural practices of their urban subjects, and that they actively took part through the patronage of religious confraternities and shooting guilds[59]. In addition, they did not hesitate to appropriate the more solemn and elite rites of investiture. The Burgundian dukes frequently participated in local crossbow festivals with the aim of shooting the popinjay and winning the title of »king«. The notion of kingship, it should be remarked even in this context, had a special attraction for this dynasty in search of a crown. More famous in this respect was the triumph of the Infante Isabella at a large shooting festival in Brussels in 1615. Isabella, at that time regent in the Low Countries together with her husband Archduke Albert, was proclaimed »queen« for life of the crossbow guild. This victory was cleverly exploited by the regent who was keen to engage with local traditions and, at the same time, saw an excellent occasion for sending a subtle message of independence to the Spanish court[60].

No Burgundian or Habsburg prince ever became »prince« of a Chamber of Rhetoric: these Chambers lacked the social exclusivity of the crossbow guilds and, in any case, why should one assume a symbolic dignity that one possessed already in reality? Nevertheless, at one point attempts were made by the court to formally and symbolically appropriate the institutional model of the Chamber of Rhetoric and, as such, gain control over the expanding rhetorician movement and the urban festive world from

---

[57] Cf. GVOZDEVA, Spiel und Ernst (as in n. 2), p. 183.
[58] Arjan VAN DIXHOORN, Als retorica regeert. Rederijkersregels rond taalgebruik en gedrag in de zestiende en zeventiende eeuw, in: De Zeventiende Eeuw 18 (2002), p. 17–30.
[59] Peter ARNADE, Realms of Ritual. Burgundian Ceremony and Civic Life in Late Medieval Ghent, Ithaca, London 1996; Andrew BROWN, Bruges and the Burgundian »Theatre-state«. Charles the Bold and Our Lady of the Snow, in: History 84 (1999), p. 573–589.
[60] Sabine VAN SPRANG, Entre réalité et fiction: »Les Festivités du papegai en 1615 à Bruxelles« de Denijs van Alsloot (1568?–1625/1626) et de son collaborateur Antoon Sallaert (1594–1650). Analyse et mise en contexte d'une suite de tableaux commandée par les archiducs Albert et Isabelle, University of Brussels 2006 (unpublished doctoral thesis), p. 297–304.

which it had arisen. In 1493, after a decade of urban dissent, during which some Chambers had developed as powerful tools of urban propaganda, the Burgundian duke, Philip the Fair, instituted a princely Chamber of Rhetoric that – at least in theory – had to travel with the ambulatory court. One of the principal tasks of this princely Chamber, called the Balsamflower, was to check and confirm the statutes of the urban Chambers. To give more symbolic weight to this task, the Balsamflower was declared to be a »sovereign Chamber of Rhetoric« and was dedicated to the devotion to the Name of Jesus, by definition the superior of the patron saints of the urban Chambers. In addition, Philip the Fair's chaplain, who was given the presidency over the Chamber, assumed the title of *prince souverain*[61]. By these actions, the duke showed himself to be, through his representative, the symbolic superior of all these master artisans, who presumed to be princes in their own right. In this light, it was also probably no coincidence that the *prince souverain* of the Balsamflower was, in contrast to his urban counterparts, not elected, but appointed for life[62].

The ducal démarche soon proved to be a complete failure, but the idea of a formal hierarchy among the Chambers of Rhetoric lived on. Eventually, the principal Chambers of Ghent, Bruges and Ypres assumed the right to baptize new Chambers of Rhetoric in Flanders. This gave a wider scope to the authority of the »princes« of these Chambers which now extended to the subordinate Chambers[63]. For example, around the middle of the sixteenth century, the board of the Fountain in Ghent convened every Sunday in its chapel to judge conflicts which had arisen in the county with regard to the Art of Rhetoric[64]. The ducal pretensions of 1493 were also parodied in a more direct manner. In 1494, the Chamber of Rhetoric of The Hague (in Holland) decided to put an »emperor«, elected from among the members and assisted by a »chancellor«, in charge of the Chamber. By choosing the highest secular dignity, the company cleverly invoked the patronage of the father of Philip the Fair, the future emperor Maximilian of Austria, as well as parodying the court's pretensions of reigning over the urban Chambers of Rhetoric[65].

The notion of »prince« of a Chamber of Rhetoric (such as that of »king« of the crossbow guild) could thus gain real political meaning in a specific political context. On the other hand, in the literary practices of the Chambers of Rhetoric, this notion became so paradigmatic that it almost lost all association with the practices of investiture. The literary genre par excellence of the Dutch-speaking Rhetoricians was the *refrein*, a ballade with, in general, three strophes of 13 to 17 verses, and a shorter strophe at the end (similar to the French *envoi*) addressed to the »prince«[66]. Originally, this strophe was intended for the prince of the Chamber who presided over the literary

---

[61] René HAESERIJN (ed.), Oorspronck der cameren van Rhetorycke, statuten ende ordonnancien der selve onder den titel Jesus metter Balsem Bloume, Ghent 1960.
[62] VAN BRUAENE, Om beters wille (as in n. 28), p. 73–76.
[63] Ibid., p. 218–225.
[64] Ghent, City Archives, Series 93, register LL, fol. 24v–25r.
[65] Serge TER BRAAKE, Arjan VAN DIXHOORN, Engagement en ambitie. De Haagse rederijkerskamer »Met Ghenuchten« en de ontwikkeling van een burgerlijke samenleving in Holland rond 1500, in: Jaarboek voor Middeleeuwse Geschiedenis 9 (2006), p. 150–190, p. 159–160.
[66] COIGNEAU, Bedongen creativiteit (as in n. 55), p. 133.

activities, but soon it could also concern other »princes« or »princesses«, such as the Holy Ghost, the Virgin Mary, the personification of Rhetoric, or just simply the loved one[67]. Thus, in its literary use, the »prince« eventually became almost an abstract notion, devoid of any real social meaning.

CONCLUSION

This essay has discussed the late medieval and early modern practices of investiture in the festive culture of Flanders. Yet, while we have aimed to give a broad overview, some issues have remained unaddressed. There is the question of age, for example. The burlesque rites of investiture of France and the Low Countries have been associated in particular with youth groups. Yet, it remains difficult to prove that festive groups in the north, *sociétés joyeuses* and Chambers of Rhetoric included, were dominated by young men[68]. The question of origin has not been fully addressed, either. Katja Gvozdeva has correctly argued that, though the practices of the *sociétés joyeuses* resembled those of the older feast of the Fool Bishop, they were not necessarily an adaptation of it. To take the point further: can we really gain any useful insight into the social meaning of the festive rites of investiture of the late Middle Ages and the Early Modern period, merely by uncovering their origins? It seems to me that in the case of Northern France and of the Low Countries, the preoccupation with the presumed rural (and pagan) origins of these festive rituals has impeded a thorough understanding of their functions in urban society.

It has been the central argument of this essay that the festive rites of investiture in the Low Countries and Northern France cannot be properly understood within a framework of a strong opposition between, on the one hand, the ›people‹ and, on the other hand, the ›elites‹. The social world of these regions was much more complex and was strongly marked by the development, in the late Middle Ages, of an urban middle-class of master artisans and small merchants. It was this social group that played a central role in the elaboration of a festive culture that was marked by association, public spectacle and dramatic forms. Within this festive culture, the hierarchical models of kingship and – especially in the Burgundian-Habsburg territories – those of princedom and emperorship, were appropriated in different ways in order to bring structure to a complex society, and to give meaning and durability to complicated and often antagonistic relations. By taking up the burlesque or solemn part of emperor, king, prince, lord or vassal, and by performing, shooting, jousting, sporting, dancing, singing, banqueting, and above all, drinking and making merry together, ordinary men (and to a lesser degree women) tried to bring some sense to the world in which they were living.

---

[67] Antonin VAN ELSLANDER, Letterkundig leven in de Bourgondische tijd. De rederijkers, in: ID., Terugblik. Opstellen en toespraken van A. van Elslander, Ghent 1986, p. 9–25, p. 15; Nelleke MOSER, De strijd voor rhetorica. Poëtica en positie van rederijkers in Vlaanderen, Brabant, Zeeland en Holland tussen 1450 en 1620, Amsterdam 2001, p. 36.

[68] Cf. REID, Carnival in Rouen (as in n. 42), p. 1036.

III. Ouvertures

VALÉRIE TOUREILLE

Les royautés du crime. Entre mythe et réalité

L'image d'un roi des brigands, qui continue d'encombrer l'imaginaire collectif de nos contemporains, des contes pour enfants à la littérature classique, en passant par le cinéma, témoigne d'une étonnante pérennité. Son inspiration puise toujours dans l'intarissable abîme d'un Moyen Âge noir, montré comme le règne du désordre et de la violence.

Au-delà du cliché, cette représentation, populaire ou littéraire, se rattache à une tradition médiévale, qui exploite le titre royal sans complexe ni tabou. Toutefois, une spécificité caractérise l'apparition des princes du crime, qui s'accompagne d'une autre construction, celle d'une véritable mythologie des royaumes de l'ombre. Or, après avoir pris pour écu comptant les sources de l'époque, on a longtemps insisté sur la force du motif littéraire[1], mais n'a-t-on pas négligé de rechercher entre ces deux hypothèses un quelconque fondement historique, une éventuelle pratique sociale que ces représentations auraient pu suggérer?

Il faut d'abord partir d'un constat. Entre le milieu du XVe siècle et les premières années du XVIe siècle, les documents judiciaires et administratifs font mention de rois censés régner sur des organisations criminelles, parmi lesquels le »roi de la Coquille«, dénoncé lors du procès qui s'est tenu à Dijon en 1455, reste sans conteste le plus célèbre[2].

Un premier état des lieux sur ces ›royaumes à l'écart‹ s'impose avant d'en tenter une interprétation et leur mise en perspective avec le contexte singulier de la fin du Moyen Âge. Celui où, dans le cadre de la pacification du royaume, les autorités publiques (princières et municipales) affirment leur volonté de lutter contre le crime organisé et le brigandage. Ce premier examen appelle des interrogations d'autant plus nombreuses que les témoignages sont rares, laconiques et toujours indirects. Le principe monarchique n'est-il qu'un modèle de déchiffrement de l'infra-société? En d'autres termes, quelle est la part du mythe et celle des usages sociaux? Enfin, l'émergence de ces royautés du crime peut-elle être mise en rapport avec la peur des bandes organisées, qui semble s'exacerber à partir de la seconde moitié du XVe siècle[3]?

L'image d'un royaume à l'abandon, livré en proie aux bandes de brigands est récurrente depuis le XVe siècle, des écrits humanistes[4] jusqu'aux doléances des états en

---

[1] Voir en particulier, Roger CHARTIER, Les élites et les gueux. Quelques représentations (XVIe–XVIIe siècle), dans: Revue d'histoire moderne et contemporaine 21 (1974), p. 376–388; ID., La monarchie d'argot entre mythe et histoire, dans: Les marginaux et les exclus dans l'histoire, Paris 1979, p. 275–307.
[2] Dijon, ACO, B II 360/6, fol. 1r.
[3] Sur les mentions de bandes, voir Valérie TOUREILLE, Vol et brigandage au Moyen Âge, Paris 2006, p. 181–182.
[4] Voir par exemple Nicolas DE CLAMANGES, »De lapsu et reparacione justiciae«, Opera Omnia, éd. par John M. LYDIUS, Lyon 1613.

passant par l'ordonnance cabochienne[5]. Dans le même temps se multiplient dans les sources littéraires et judiciaires des allusions à des modèles hiérarchiques adaptés aux sociétés du crime, ou à ce qui est perçu comme tel. Le plus emblématique est indubitablement le modèle monarchique. Celui-ci renvoie fréquemment aux exemples de »chefs de bande«, affublés du titre de roi. Ces ›dignitaires‹ sont censés dominer d'étranges sujets, voleurs ou mendiants, ou les deux à la fois.

Ainsi apparaît, en 1449, une bande de *caymans*[6] sous la plume du Bourgeois de Paris, à l'occasion d'un procès qui fit grand bruit dans la capitale. L'émotion est proportionnelle à la gravité des faits reprochés. Un couple est soupçonné d'avoir organisé des enlèvements d'enfants, accompagnés de sévices et de mutilations:

En ce temps furent prins caymens, larrons et meurtriers, lesquelx par jehaine ou autrement confesserent avoir emblé enfens, a l'un avoir crevé les yeulx, à autres avoir coppé les jambes, aux autres les piez et autre maux assez et trop[7].

Le chroniqueur évoque une ébauche d'organisation, où les femmes, installées dans la place, sont chargées de repérer les enfants susceptibles d'alimenter leurs entreprises criminelles:

Et estoient femmes avec ces murtriers pour mieulx decevoir [amadouer] *les peres et les meres et les enfens, et demouroient logez es hostelz trois ou quatre jours, et quant ils veoient leur point, en plein marché, pais ou ailleurs, ils embloient ainsi les enfens et les martiroient*[8].

Un couple se distingue au sein du groupe, partiellement démantelé lors du procès de 1449: *Item aucuns desdiz caymens qui estoient de la compagnie d'iceulx devant ditz furent mis en prinson, car on disoit qu'ilz avoient fait ung roi et une royne par leur dérision*[9].

Sous couvert de la commune renommée, le Bourgeois de Paris introduit ainsi l'idée d'une monarchie du crime, dominée par un couple royal, ce qui est un modèle peu fréquent. La suspicion d'organisation criminelle paraît alors renforcée par l'attribution de cette dignité impropre.

Friand d'anecdotes judiciaires édifiantes, le Bourgeois apparaît à la fois comme un témoin et un catalyseur de l'opinion publique parisienne[10]. Cette représentation sociale du crime organisé n'est pourtant pas reprise par d'autres chroniqueurs contemporains,

---

[5] Alain COVILLE (éd.), L'ordonnance cabochienne (26–27 mai 1413), Paris 1891, p. 178.
[6] Le terme de *caymans* vient de *caymander* (quémander). Le terme est ici péjoratif, il s'agit donc de faux mendiants.
[7] Alfred TUETEY (éd.), Journal d'un bourgeois de Paris, Paris 1881, p. 389.
[8] Ibid. Sur les enlèvements d'enfants et la rumeur, voir Arlette FARGE, Jacques REVEL, Logiques de la foule. L'affaire des enlèvements d'enfants, Paris 1750, Paris 1988.
[9] TUETEY (éd.), Journal d'un bourgeois (voir n. 7), p. 389–390.
[10] Le caractère exceptionnel de l'affaire est, selon lui, encore renforcé par la mise à mort d'une femme par pendaison, cf. ibid., p. 390.

à l'instar de Jean Chartier, qui dans sa »Chronique« souligne le caractère singulier de l'affaire sans lui prêter de motif monarchique[11].

Les archives judiciaires du parlement criminel, qui porte la trace du procès, ne font nullement mention de ce soi-disant couple royal. Le procès-verbal a enregistré le nom de deux individus: l'un nommé Jean Barril et l'autre Étienne Terrier, réputés comme des délinquants endurcis, à l'occasion violents, mais sans les placer à la tête d'une quelconque monarchie décalée[12].

Pourtant, si l'image du roi des voleurs et des mendiants n'est pas omniprésente, elle appartient désormais à l'outillage mental des contemporains, pour traduire une obsession, celle du crime organisé.

C'est sans nul doute l'affaire des coquillards qui en offre le meilleur exemple, parce qu'il en est aussi le spécimen le plus achevé. Le cas fut révélé lors du fameux procès des coquillards qui s'est tenu à Dijon en 1455. Or, en préambule de l'instruction, le procureur Rabustel introduit d'emblée l'hypothèse d'un royaume parallèle du crime, gouverné par le roi de la Coquille: *Lesquels comme l'en dit, ont ung Roy, qui se nomme Roy de la Coquille*[13]. Le magistrat enregistre ainsi comme une preuve à charge dans la procédure la *fama publica*, la renommée publique, qui rattache la dangerosité du groupe criminel à son organisation supposée.

Cependant, si la *mala fama* du groupe est rapportée par les différents déposants, aucun ne mentionne la prétendue hiérarchie d'un roi de la Coquille. Le seul individu de la bande dont le procureur a obtenu les aveux, Dimanche le Loup, n'abonde pas non plus dans ce sens. Celui-ci se contente de reconnaître qu'un certain Nicolas Le Besgue, aux identités multiples, joue tout au plus un rôle prééminent dans l'organisation de leurs activités criminelles.

Dimanche le Loup évoque en revanche un autre modèle hiérarchique, qui tient davantage du schéma confraternel, au sens professionnel du terme. Il y a des maîtres (les *fins de la Coquille*) et des apprentis (les *gascâtres*) dans l'art du vol. Le délinquant prête encore un autre surnom, qui pourrait cette fois renvoyer au modèle familial, et qui tendrait à distinguer l'un des chefs: celui de *père conduiseur*. Ce *père conduiseur*[14] apparaît, en fait, comme une sorte d'intermédiaire dans le réseau des coquillards: *es foires, marchiez et aultres lieux de Bourgogne*.

Hiérarchisé ou non, le groupe possède indéniablement un minimum d'organisation, avec des codes et un langage propre (l'argot), qui le distingue du commun. L'attribution d'une royauté transposée introduit quant à elle une nouvelle grille de lecture pour appréhender le phénomène des bandes criminelles, car d'autres sources contemporaines témoignent de l'intégration rapide de ce modèle.

L'affaire révélée en 1459 par le procureur de Saumur témoigne de l'existence d'une autre secte de la crocheterie, qui présente quelques variantes sur le thème de la préémi-

---

[11] Jean CHARTIER, Chronique française, éd. par Auguste VALLET DE VIRIVILLE, t. 2, Paris 1858, p. 67–69.
[12] Paris, AN, X2a 25, fol. 34v–36v (1449).
[13] Dijon, ACO, B II 360/6, fol. 1r. Il pourrait s'agir d'un dénommé Tartas, cf. ibid., fol. 13r.
[14] Regnaud Dambour, cf. ibid., fol. 4r.

nence hiérarchique, mais dont les ramifications avec la Coquille sont ambiguës. Dans une lettre qu'il adresse au président de la chambre des comptes d'Anjou, le procureur évoque le cas: *Touchant deux prisonniers qui sont crocheteurs estans es prisons de Saumur*[15].

Une seconde lettre toujours adressée au président de la chambre des comptes précise que: *On dit en ceste ville que vous avez le Grant Caym de la crocheterie. Vous le saurez mieulx entre cy et quinze jours que ceulx qui en parlent. Monseigneur le procureur en dit raige de ce qu'il en a sceu*[16].

Quelques années plus tard, le 16 avril 1464, un autre document administratif signale à Jean Bourré, maître des comptes du roi et homme de confiance de Louis XI, l'existence d'une bande cette fois installée dans le Midi:

C'est la plus grant deablerie dont vous oystes oncques parler: c'est d'une secte de crocheterie, la plus terrible qui oncques fut trouvée. Il y a ung roy, ung connestable et plusieurs notables officiers. Monseigneur de Clermont [...] a fait prendre le Connestable et n'est riens qu'il ne die. Il a encusé le Roy et bien jusques a iiij^c autres dont il y a gens de toutes sortes. Le roy est prins et es mains du cardinal d'Avignon. Monseigneur de Clermont en a ja fait prendre v ou vj et tient toujours le Connestable qui fait rage de dire de belles choses. [...] Ilz ont ung jargon que autres n'entendent [...] Il y avoit six d'entre eulx depputez a vendre les butins. Il se treuve qu'ilz ont robé puis ung an ença plus de iiij^m marc d'argent en églises et mis les reliques en fumier et tels lieux[17].

Ce document administratif reprend la même crainte inspirée par les bandes criminelles, que l'on suppose toujours structurées. Celle-ci est, dit-on, directement inspirée par le diable, lequel dicte d'ailleurs les vols sacrilèges opérés par les délinquants.

La présentation de la bande rejoint celle qui avait été faite pour les coquillards, avec une variante: la présence d'officiers autour du roi. Le rapport insiste sur la solidarité de la bande, qui tenterait par son réseau de recel de rassembler assez d'argent pour obtenir contre le paiement d'une amende la libération de son chef:

Le pris de l'argent est v escus du marc, et croy se trouveront les changeurs en aucunes bonnes villes qui les achetoient et se y pourra trouver des amendes pour le Roy. Je vous en advise principalement pour lui en parler, afin que se on lui demande des amendes, il ne lui plaise en donner nulles[18].

Peu de détails filtrent sur l'organisation du groupe, mais les similitudes sont nombreuses avec les coquillards: une hiérarchie, sinon une spécialisation criminelle entre les membres de la bande, soudés par un jargon commun. Tout cela témoigne-t-il d'une adhésion des élites à un même modèle de représentation?

Une autre bande criminelle se distingue dans le Paris des premières années du XVIe siècle. Elle est mentionnée par l'avocat Nicolas Versoris dans son »Livre de raison« à la date de 1522. Il évoque, là encore, la rumeur (le *grant bruit*) qui règne à Paris, au

---

[15] Paris, AN, P 13347, fol. 55v (4 juillet 1459).
[16] Ibid.
[17] Paris, BNF, ms. fr. 20.600, n° 53 (16 avril 1464).
[18] Ibid.

sujet d'un réseau de crocheteurs: *Qui en grant nombre estoient, avoient esleu et crée ung roy ou ung capitaine*[19]. Si une structure hiérarchisée est prêtée à cette bande, l'avocat hésite sur la qualification dérisoire, royale ou militaire, de celle-ci. Simple traduction de la rumeur, avec l'imprécision qui peut l'accompagner? Ou le caractère secret que la bande est censée posséder?

Au même moment, le continuateur du Bourgeois de Paris prête encore une fois le modèle monarchique à la bande des *Mauvais garçons*, qui écume l'Auvergne, le Bourbonnais, le Limousin et le Poitou: *Et fut intitulé le Roy Guillot*[20] *et avoit trésoriers généraulx, admiral et autres qui contrefaisoient et donnoient telz noms: et luy on l'appeloit le Roy*[21].

Le titre de roi peut également être prêté à ceux que la légitimité politique a mis hors-la-loi. C'est le cas particulier que l'on rencontre en Normandie, pendant l'occupation anglaise au XVe siècle. Ainsi est signalé un »roi des champs« en 1442. Toutefois, il convient d'abord de souligner que le terme de »brigand«, ne recèle pas encore une consonance strictement criminelle, ensuite que le titre de roi qui est alors attribué correspond certes à un chef, mais qu'il s'agit d'une bande beaucoup moins structurée que celles qui ont déjà été évoquées, aux ambitions distinctes également, même si les activités criminelles n'en sont pas exclues.

C'est un document comptable, qui nous apprend que vingt livres ont été payées à un écuyer de la garnison d'Harcourt *pour le récompenser des frais, mises et despens qu'il a fais a prendre par force d'armes ung soy disant Roy des champs* [...] *comme pour droit* [...] *d'avoir livré a justice le corps d'icelui adversaire*[22].

Certes, la récompense est supérieure à la prime habituelle (six livres), mais il existe des primes plus importantes pour la capture d'autres résistants réputés, nullement gratifiés du titre de roi.

Si l'on s'attache aux attributions monarchiques des chefs de bandes criminelles, il faut souligner que le modèle royal n'est pas exclusif. L'on y rencontre parfois le modèle religieux, à l'exemple de Savary de Beaulieu, poursuivi par sa *male renommée*, qui se voit doté du surnom d'*abbé des malprofitants*[23]. Cette volonté d'analyser

---

[19] Gustave FAGNIEZ (éd.), Livre de raison de Me Nicolas VERSORIS, avocat au Parlement de Paris, 1519–1530, Paris 1885 (Extrait des Mémoires de la Société de l'histoire de Paris et de l'Île-de-France, 12), p. 37.

[20] Il s'agit de Guillaume de Montéléon.

[21] Ludovic LALANNE (éd.), Journal d'un Bourgeois de Paris sous le règne de François Ier (1515–1536), Paris 1854, p. 168 (année 1523).

[22] Chambre des comptes, dépôt du greffe n° 27783, Dom Lenoir, V. 27, p. 125: manuscrit sur l'histoire de la Normandie (voir Paris, AN, 104, Mi 1 et suivants: document du XVe siècle). La somme semble logiquement conditionnée à la réputation de la bande et à l'importance de sa sphère d'action. En 1441, deux anglais (Richard Goud et Thomas Ecton) touchent deux cents livres tournois chacun pour avoir pris un *cappitaine de brigans* et plusieurs de ses hommes: Londres, BL, Add. Charters, n° 11717 et 12114; Paris, BNF, ms. fr. 26.068, n° 4243. Voir Roger JOUET, La résistance à l'occupation anglaise en Basse-Normandie (1418–1450), dans: Cahiers des Annales de Normandie 5 (1969), p. 44.

[23] Paris, AN, X2a 25, février–avril 1449, fol. 41–46; Frédéric REIFFENBERG (éd.), Mémoires de Jacques du Clercq, Bruxelles 1823, p. 210–211. On peut ajouter, néanmoins, que les titres de »roi« et d'»abbé« figuraient aux côtés de celui de »prince«, des titres qu'utilisaient les associa-

l'altérité sociale à travers des modèles hiérarchiques, ou l'incapacité de l'appréhender autrement, explique sa projection sur d'autres groupes sociaux, interlopes ou suspects, comme le montre la description des bohémiens par le Bourgeois de Paris en 1427, dépeints comme une société aristocratique avec ducs et officiers[24].

Pour autant, les mots ne trahissent-ils aucun usage social? Ceux-là ne renvoient-ils qu'à des modèles rhétoriques et archétypaux? Le présent recueil témoigne de l'existence d'autres monarchies – dérisoires, professionnelles, ou plus largement institutionnelles – jusqu'à la fin du Moyen Âge[25]. La mythologie des monarchies du crime s'en inspire-t-elle? Il convient d'abord de revenir sur le contexte de leur émergence dans les sources à partir du milieu du XVe siècle. Les bouleversements engendrés par la guerre ont assurément suscité des inquiétudes, encore renforcées par un climat d'insécurité, qui s'est prolongé bien au-delà des conflits. Les excès provoqués par les hommes de guerre licenciés, en particulier, ont nourri l'angoisse récurrente d'une violence collective. Or, cette crainte s'est jointe au même moment à l'inquiétude née de la plus grande concentration d'une population pauvre dans le centre des villes, perçue comme potentiellement dangereuse.

Ceux que l'on commence à désigner comme mauvais pauvres, les faux mendiants, sont assimilés sans distinction à de véritables délinquants[26]. Le meilleur exemple se trouve sous la plume du Bourgeois de Paris, qui réunit *caymans* et voleurs dans l'affaire des enlèvements d'enfants de 1449. On retrouve un autre syncrétisme criminel avec le cas du *grand Caym* de la crocheterie à Saumur, désigné comme le chef d'un réseau de cambrioleurs. Il est d'ailleurs intéressant de souligner que les mentions de monarchies criminelles ont d'abord été rapportées au Moyen Âge au monde du vol. Ce n'est pas fortuit. C'est là que se concentrent la crainte d'une prolifération de multirécidivistes et la peur de leur organisation en réseau, en contre-société.

Il faut reconnaître qu'au Moyen Âge les communautés se pensent difficilement en dehors de toute structure organisée, préconçue. Ainsi, parmi les modèles hiérarchiques, connus et reconnus, celui de la monarchie a souvent été utilisé, transposé ou inversé par toutes sortes de groupes sociaux. Reste à savoir si ce modèle a été projeté sur les

---

tions de jeunes ou certaines sociétés joyeuses, qui se manifestaient, elles aussi, parfois très violemment, voir Natalie Zemon DAVIS, The Reasons of Misrule. Youth Groups and Charivari in Sixteenth Century France, dans: Past and Present 50 (1971), p. 41–75.

[24] TUETEY (éd.), Journal d'un bourgeois (voir n. 7), p. 219. Voir aussi pour l'exemple de Francfort-sur-le-Main, avec Christian KLEINERT, Pilger, Bettler, edle Herren. Frankfurter Spuren zum Leben der Roma im 15. Jahrhundert, dans: Heribert MÜLLER (dir.), » ... Ihrer Bürger Freiheit«. Frankfurt am Main im Mittelalter. Beiträge zur Erinnerung an die Frankfurter Mediaevistin Elsbet Orth, Francfort/M. 2004, p. 197–229.

[25] Il existe un roi des merciers et un roi des cordonniers à Paris dès le XIIIe siècle. Le cas des associations professionnelles introduit parfois des ambiguïtés. À l'exemple de ce roi des merciers rencontré à Paris en 1484, que l'on accuse d'être à la tête d'un réseau de receleurs. S'agit-il d'un surnom dérisoire ou de la distinction professionnelle reconnue? Paris, AN, X2a 57, 20 mars 1484.

[26] Pour le nouveau regard porté sur les pauvres: Jean-Claude SCHMITT, Mort d'une hérésie. L'Église et les clercs face aux béguines et aux béghards du Rhin supérieur du XIVe au XVe siècle, Paris 1978, p. 175.

bandes criminelles, plus ou moins formelles, où s'il a été intégré par les intéressés eux-mêmes? À la fin du XV\ siècle, les faux mendiants et les sorciers sont venus rejoindre les voleurs dans l'univers fantasmé de la marginalité dangereuse. Cet élan voit d'ailleurs naître le motif du sabbat des sorcières, qui est construit également comme un univers structuré et inversé[27]. C'est le moment où les élites de la première modernité se piquent d'inventorier ce qu'elles pensent en termes d'infra-société[28]. Elles dressent alors une véritable taxinomie de ceux qui sont censés peupler les marges tout en singeant les règles de la société.

Ces modèles de contre-sociétés donnent également lieu, dès les premières années du XVI\ siècle, à une sorte de littérature de la filouterie: les miroirs de gueuserie. Dans le domaine littéraire, la poésie n'est pas en reste, qui reprend sur le thème du testament, en vogue à la fin du Moyen Âge, l'image d'un *roi des truans*:

Mon pourpoint tout neuf coutonné,
Qui ne m'a servi que neuf ans,
J'ordonne et veulx qu'il soit donné, au Roy des pellerins passans,
Lesquels on appelle truans
Ou coquins[29].

Toutefois, c'est le règne des gueux qui s'impose comme modèle à partir du XVI\ siècle, dont la meilleure description revient au »Liber vagatorum«. Celui-ci énonce une classification des faux mendiants, les codes d'un langage secret et son dictionnaire: celui du *Rotwelsch*[30]. Là, les coquillards sont désignés comme des mendiants, des faux pèlerins: *Moitié chiens, moitié chats, moitié bons, moitié méchants, méchants pour la plupart*[31]. D'ailleurs, au XVI\ siècle, le modèle monarchique devient presque exclusif du monde des faux mendiants et/ou des argotiers. Au XVII\ siècle, l'évolution est consommée. Henri Sauval, dans son »Histoire et recherches des antiquités de la ville de Paris«, écrit ainsi au chapitre des faux mendiants:

Ils sont tant qu'ils composent un gros royaume: ils ont un roi, des lois, des officiers, des États, et un langage tout particulier. Les écoliers débauchés en ont jeté, à ce qu'on dit, les premiers fondements, ayant associé avec eux des gueux, des coupeurs de bourses et des voleurs. Ils se rendirent fort puissants; quoique depuis les voleurs s'en soient retirés[32].

---

[27] Martine OSTERERO, Agostino PARAVICINI BAGLIANI, Kathrin UTZ TREMP (éd.), L'imaginaire du sabbat, édition critique des textes les plus anciens (ca. 1430–ca. 1440), Lausanne 1999.
[28] Hervé MARTIN, Mentalités médiévales (XI\ –XV\ siècle), t. 1, Paris 1998, p. 439–440.
[29] Le grand Testament de Taste vin, Roy des Pions, éd. dans: Anatole DE MONTAIGLON (éd.), Recueil de poésies françoises des XIV\ et XV\ siècles, t. 3, Paris 1855–1856, p. 80.
[30] »Rotwelsch« désigne à la fois ceux qui parlent une langue incompréhensible et qui choisissent de vivre sans travailler.
[31] Paul RISTELHUBER (éd.), Liber vagatorum. Le livre des gueux, Strasbourg 1862, p. 25. L'ouvrage fut rédigé par Sébastien Brant ou par un moine franciscain, Thomas Murner; André STEIN, Écologie de l'argot ancien, Paris 1974.
[32] Henri SAUVAL, Histoire et recherches des antiquités de la ville de Paris, t. 1, Paris 1724, p. 513.

Il y décrit encore celui qui est censé régner sur le royaume des gueux: le grand coësre ou le roi des Thunes, qui se déplace dans une charrette tirée par deux grands chiens. Le royaume comprend des sujets, eux-mêmes distribués en douze classes de faux mendiants distingués par leurs attributs. Sauval donne alors au XVIIe siècle la représentation la plus achevée du royaume d'argot comme contre-société ou contre-État, dont la littérature et Victor Hugo en particulier se sont largement inspirés au XIXe siècle.

A contrario, dès le XVIe siècle, la représentation attribuée aux voleurs et aux coupeurs de bourses se rapporte de plus en plus souvent aux descriptions d'un modèle corporatif, avec maître et compagnons, qui comprennent encore chefs d'œuvres et partage des zones criminelles. C'est l'exemple que donne le continuateur du »Journal d'un Bourgeois de Paris« sous le règne de François Ier à la date de 1526 marquée par l'arrestation d'un *nommé Nicolas* [...] *qui estoit maistre des voleurs* dans la capitale[33].

Si la prégnance d'un modèle culturel est incontestable – ce qu'avait d'ailleurs souligné Roger Chartier[34] –, celui-ci n'est pas seulement le fait d'élites pensantes qui l'auraient artificiellement plaqué sur une autre réalité sociale. Ce modèle hiérarchique, en l'occurrence royal, est un modèle social partagé par tous. Si la rumeur témoigne indirectement de ces monarchies dérisoires, cela n'exclut nullement l'appropriation possible de ce modèle par un groupe délinquant. D'ailleurs, les textes rendent parfois l'initiative aux criminels eux-mêmes: qui pour certains *avoient esleu et crée ung roy*[35], tandis que d'autres *avoient fait ung roi et une royne par leur dérision*[36]. Il est vrai que les sources médiatisent toujours le phénomène.

Enfin, la notion de marginalité doit être nuancée, car ceux-là mêmes qui tirent profit du crime adoptent des hiérarchies intégrées, à l'instar d'autres associations qui transposent ou inversent le modèle monarchique. D'ailleurs, dans la configuration criminelle, cette hiérarchie est-elle réellement moquée? Les monarchies du crime ont la force d'une autorité manifeste. Le roi de la Coquille, sans trône ni couronne, n'est pas un roi moqué. Les coquillards, soudés par la loi du silence, sont soumis à la légitimité d'un chef reconnu et craint. De la même manière, le roi des crocheteurs dénoncé à Louis XI en 1464 peut compter sur la solidarité du groupe pour lui éviter les rigueurs de la justice.

Dans une société intégrée comme celle du Moyen Âge, les élites perçoivent volontiers ces bandes comme de véritables contre-sociétés, nécessairement structurées et hiérarchisées. Les enjeux coercitifs n'en sont sans doute pas exclus. Toutefois, si la représentation du royaume peut apparaître comme une grille de lecture privilégiée pour appréhender et corriger l'altérité sociale, le modèle monarchique n'est pas seulement le fruit d'une construction mentale. C'est un modèle dont la société médiévale use par tradition, n'hésitant pas à l'occasion à le tourner en dérision[37]. Aussi doit-il paradoxa-

---

[33] LALANNE (éd.), Journal d'un Bourgeois (voir n. 21), p. 271.
[34] CHARTIER, Les élites et les gueux (voir n. 1).
[35] FAGNIEZ (éd.), Livre de raison (voir n. 19), p. 37 (année 1522).
[36] TUETEY (éd.), Journal d'un bourgeois (voir n. 7), p. 389–390 (année 1449).
[37] Même si aucune allusion n'est faite aux monarchies dérisoires, voir: Élisabeth CROUZET-PAVAN, Jacques VERGER (dir.), La dérision au Moyen Âge. De la pratique sociale au rituel politique, Paris 2006.

lement nous conduire à tempérer la part de marginalité de ces délinquants qui s'en voient parés.

À leur manière, ces criminels professionnellement ont témoigné d'une forme d'intégration (et ce n'est pas la seule), à la fois par la nécessaire reconnaissance du groupe et par l'attribution éventuelle d'un modèle social et politique traditionnel.

À ce titre, le modèle monarchique figure comme une représentation intégratrice.

MICHEL PASTOUREAU

Le roi du jeu d'échecs (X^e–XIVe siècle)

Le plus ancien texte occidental qui mentionne le jeu d'échecs date du début du XIe siècle: dans un acte daté de 1008, le comte d'Urgel Ermengaud Ier lègue le jeu d'échecs qu'il possède à l'église de Saint-Gilles[1]. Quelques décennies plus tard, en 1061, le grand théologien Pierre Damien, alors cardinal d'Ostie, dénonce au pape l'évêque de Florence, qu'il aurait vu jouer aux échecs[2]. Ce faisant, il inaugure la longue suite de diatribes par lesquelles l'Église, presque jusqu'à la fin du Moyen Âge, a condamné ce jeu. En vain. À partir du siècle suivant, les témoignages textuels, archéologiques et iconographiques se multiplient, qui soulignent combien, malgré l'hostilité de l'Église, le jeu d'échecs s'est rapidement répandu. Les princes et les prélats ne sont plus les seuls à s'y adonner; on y joue désormais dans toute l'aristocratie et dans tous les pays de la chrétienté, de la Sicile à l'Islande.

Ce sont les Arabes qui ont transmis les échecs aux Occidentaux. La pénétration s'est faite par une double voie; d'abord, peut-être dès le milieu du Xe siècle, par une voie méditerranéenne: Sicile, Italie du Sud, Espagne (d'où leur première mention dans un texte catalan); ensuite, quelques décennies plus tard, par une voie septentrionale, les Scandinaves, qui commerçaient en Ukraine et sur les bords des mers Noire et Caspienne, ayant rapporté vers le nord l'usage de ce jeu pratiqué depuis plus de trois siècles en Inde du Nord, son berceau d'origine, puis en Iran et enfin en pays d'Islam. Les trouvailles archéologiques témoignent de ce double itinéraire et de l'occidentalisation progressive du jeu et des pièces[3].

Lorsque l'Islam transmet le jeu d'échecs aux Occidentaux vers le milieu ou la fin du Xe siècle, ces derniers ne savent pas jouer. Non seulement ils ne savent pas jouer, mais, lorsqu'ils essayent d'apprendre, ils sont déroutés par les principes du jeu, par la nature et la marche des pièces, par l'opposition des couleurs (camp rouge contre camp noir) et même par la structure de l'échiquier: soixante quatre cases, cela ne représente rien, ou peu de chose, dans la symbolique chrétienne des nombres. Les échecs sont un jeu oriental, né en Inde, transformé en Perse, remodelé par la culture arabe. Mis à part sa parenté symbolique avec l'art militaire, tout ou presque y est étranger aux chrétiens de l'an mille. Il faut donc pour assimiler ce jeu nouveau le repenser en profondeur, l'adapter aux mentalités occidentales, lui donner une image plus conforme aux structures de la société féodale[4]. Cela prit sans doute de longues décennies et explique que les

---

[1] Harold J. MURRAY, A History of Chess, Oxford 1913, p. 405–407; Richard EALES, Chess. The History of a Game, London 1985, p. 42–43.
[2] MURRAY, A History of Chess (voir n. 1), p. 408–415.
[3] Michel PASTOUREAU, L'arrivée du jeu d'échecs en Occident. Histoire d'une acculturation difficile, dans: ID., Une histoire symbolique du Moyen Âge occidental, Paris 2004, p. 269–292.
[4] Ibid., p. 279–283.

textes, narratifs ou littéraires, qui aux XIe, XIIe et XIIIe siècles parlent du jeu d'échecs soient si confus, si contradictoires, si imprécis[5].

Ce qui déconcerte d'abord les Occidentaux, c'est le déroulement même de la partie et son but final: rechercher la victoire et faire en sorte que le roi adverse soit en position de »mat«, c'est à dire incapable de bouger, comme un prisonnier ou, mieux, comme un mort. Une telle pratique est contraire aux habitudes de la guerre féodale, où les rois et les princes doivent se déplacer constamment: *nobilitas/mobilitas*, proclame déjà un jeu de mots qui traversera tout le Moyen Âge[6]. En outre, les rois ne sont pas faits pour être capturés, et les combats n'ont pas vraiment d'issue, ni dans un sens ni dans un autre. On s'arrête quand vient la nuit ou quand vient l'hiver, ou encore quand cesse la durée de l'host, mais pas quand l'adversaire est mis en déroute. Se battre compte alors beaucoup plus que gagner.

Il n'en va pas de même sur l'échiquier, où il faut qu'il y ait un vainqueur et un vaincu. En fait, la partie d'échecs telle qu'elle arrive en Occident ressemble plus à une bataille qu'à la guerre. Or, ce sont deux choses très différentes pour les mentalités et les habitudes féodales. Dans l'Occident des XIe et XIIe siècles, les batailles véritables sont rares. Elles ont un statut bien particulier, remplissent une fonction proche de l'ordalie et se déroulent selon un rituel presque liturgique[7]. La guerre, au contraire, est faite d'incessants combats de petits groupes, de harcèlements répétés, d'escarmouches infructueuses, de chevauchées incertaines, de recherches de butin. C'est un rituel d'une autre nature, qui constitue la vie quotidienne et la raison d'être du seigneur et de ses chevaliers. La guerre n'a rien de liturgique, ni rien d'une sanction divine, comme c'est le cas de la bataille. Elle ne s'apparente donc guère à une partie d'échecs. Ses enjeux sont plus minces et plus diffus, et les rois n'y jouent guère un rôle de premier plan.

Au XIIIe siècle, toutefois, cette situation évolue. La lutte contre les infidèles a progressivement donné aux chrétiens l'habitude et le goût des batailles. En 1214 se déroule la première véritable grande bataille entre chrétiens: Bouvines. Pour la première fois, rois et princes sont au premier rang. Dès lors, la guerre féodale se transforme, les guerres ›nationales‹ et dynastiques apparaissent, et les rapports se font plus étroits entre le jeu d'échecs et les usages militaires[8]. Peu à peu, sur les champs de bataille, le comportement des rois, des princes et des chevaliers se modifie et prend un aspect quelque peu ›échiquéen‹. La tactique, sinon la stratégie, fait son apparition: comme aux échecs, protéger le roi pour l'empêcher d'être tué ou fait prisonnier devient un impératif. Au siècle suivant, Froissart, par exemple, nous apprend qu'en 1356, lors de

---

[5] Fritz STROHMEYER, Das Schachspiel im Altfranzösischen, dans: Abhandlungen. Herrn Prof. Dr. Adolf Tobler, Halle 1895, p. 381–403; Pierre JONIN, La partie d'échecs dans l'épopée médiévale, dans: Mélanges de langue et de littérature du Moyen Âge et de la Renaissance, offerts à Jean Frappier par ses collègues, ses élèves et ses amis, Paris 1970, t. 1, p. 483–497.

[6] Werner PARAVICINI, Interesse am Adel. Eine Einleitung, dans: ID., Otto Gerhard OEXLE (dir.), Nobilitas. Funktion und Repräsentation des Adels in Alteuropa, Göttingen, 1997, p. 11.

[7] Sur la guerre et la bataille à l'époque féodale, voir Georges DUBY, Le dimanche de Bouvines, Paris 1973, p. 133–208.

[8] Sur l'évolution de la guerre au Moyen Âge, voir Philippe CONTAMINE, La guerre au Moyen Âge, Paris ⁶1999.

la bataille de Poitiers, six faux rois de France – c'est-à-dire six chevaliers habillés comme le roi, portant ses armoiries et suivis de sa bannière – étaient présents sur le champ de bataille. Ruse quelque peu grossière qui n'empêcha pas le roi Jean le Bon d'être fait prisonnier[9].

Vers l'an mille, ce qui déroute également les Occidentaux lorsqu'ils reçoivent le jeu d'échecs du monde arabe, c'est la nature des pièces. En ce domaine il ne faut pas s'adapter mais transformer[10]. Des pièces arabo-persanes, seuls le roi (le *chah*, mot qui a donné naissance au nom même du jeu: *scaccarius* en latin, *eschec* en ancien français, *Schach* en allemand, etc.), le cavalier et le fantassin (pion) ne posent pas de problème. Ce n'est pas le cas du conseiller du roi, le vizir (*firzan* dans la terminologie arabe), que les Occidentaux conservèrent d'abord tel quel sous le nom latin de *firtus* (et sous le nom français vulgarisé de *fierce*), puis qu'ils transformèrent en reine dans le courant du XIIe siècle. Cette transformation s'opéra lentement, la métamorphose du vizir en reine n'étant définitive dans toute l'Europe occidentale que dans la première moitié du XIIIe siècle. Ce changement atteste combien les pièces d'échecs christianisées étaient désormais davantage pensées comme formant sur l'échiquier une sorte de cour royale – voire une cour céleste – plutôt qu'une armée. Une difficulté cependant était apparue: un roi chrétien pouvait avoir plusieurs conseillers, mais il ne pouvait pas avoir plusieurs épouses; or, comme dans les règles actuelles, dès le XIIe siècle la »promotion« des pions ayant atteint l'extrémité du camp adverse transformait ces pions en reines. Celles-ci avaient donc tendance à se multiplier sur l'échiquier. On prit donc l'habitude de qualifier de »dames« (*dominae*) les pions promus et de réserver l'appellation de »reine« (*regina*) à la seule pièce formant couple avec le roi, l'ancien *fierce* du jeu arabo-musulman[11].

Il n'est pas impossible non plus que le modèle nouveau du couple royal, qui joue alors un rôle de plus en plus important dans les cours européennes du XIIIe siècle, ait influencé le jeu d'échecs et contribué à transformer l'ancien vizir en reine et non pas en chancelier ou en sénéchal, comme cela aurait pu être le cas. Entre la société de cour et le jeu d'échecs les influences ont toujours été réciproques[12].

Plus complexe que le cas du vizir est celui de l'éléphant. Dans le jeu indien d'origine, il incarnait pleinement l'armée, car l'éléphanterie y jouait un rôle de premier plan, remplaçant ou renforçant celui de la cavalerie. Les Arabes conservèrent l'éléphant, mais, comme ce fut le cas pour les autres pièces, ils le stylisèrent fortement, l'islam interdisant (en théorie) la représentation figurée des êtres animés. De l'éléphant ils ne gardèrent donc que les défenses, évoquées par deux sortes de protubérances cornues, surmontant un tronc massif. Les Occidentaux ne comprirent pas toujours cette pièce et lui firent subir des changements multiples. Soit ils s'appuyèrent sur le mot

---

[9] David NICOLLE, Poitiers, 1356. The Capture of a King, Oxford 2004. Voir aussi Françoise BERIAC-LAINE, Les prisonniers de la bataille de Poitiers (1356), Paris 2002.
[10] Sur la transformation des pièces, voir Michel PASTOUREAU, L'échiquier de Charlemagne. Un jeu pour ne pas jouer, Paris 1990.
[11] Jean-Michel MEHL, La reine de l'échiquier, dans: Marcel FAURE (dir.), Reines et princesses au Moyen Âge, Montpellier 2001, p. 323–331.
[12] Jacques LE GOFF, Saint Louis, Paris 1996, p. 281–284 et p. 729–734.

arabe désignant l'éléphant, *al fil*, dont ils firent le latin *alfinus*, puis *auphinus*, et transformèrent l'éléphant en dauphin, en juge, en comte (ancien français: *aufin*), en arbre ou en porte-étendard (italien: *albero* et *alfiere*). Soit, plus fréquemment, ils se fondèrent sur la forme des protubérances cornues et y virent tantôt une mitre d'évêque, tantôt un bonnet de bouffon. Cette dualité s'est conservée jusqu'à nos jours, l'évêque s'étant maintenu dans les pays anglo-saxons et le fou s'étant largement imposé ailleurs[13].

Quant au char du jeu musulman, il connut lui aussi des fortunes diverses. D'abord maintenu tel quel, il se transforma par la suite en chameau ou en animal exotique, puis en une véritable scène à deux personnages (Adam et Ève, saint Michel tuant le dragon, deux chevaliers joutant). La tour n'a remplacé ces différentes figures que tardivement, au tournant du XIVe au XVe siècle, et pour des raisons qui ne sont pas encore totalement expliquées: peut-être a-t-on rapproché le mot latin *rochus* (terme désignant cette pièce et que l'on avait calqué sur l'arabe *rukh* [char]) du mot italien *rocca* désignant une forteresse? Quoi qu'il en soit, cette figure, le *roc* du jeu français, est demeurée instable jusqu'au XVe siècle[14].

Mais revenons au roi. Sur l'échiquier il représente la pièce la plus importante, mais nullement la plus forte. Certes, il peut avancer dans toutes les directions, mais seulement d'une case en une case. Le *roc* (la tour), l'*alfin* (le fou), le *fierce* (la reine) et même le cavalier sont plus forts que lui. Chacun possède sa marche propre, mais tous peuvent avancer de deux ou plusieurs cases et même, sous certaines conditions, sauter par dessus les pions de leur propre camp, ce que le roi ne peut pas faire hormis à l'ouverture. En fait, dans la hiérarchie des différentes forces en présence, seul le pion est plus faible que le roi. En revanche, le roi constitue la pièce essentielle, puisque s'il est mis en position de »mat«, c'est-à-dire immobilisé, il est considéré comme mort et son camp a perdu. Il y a là une situation paradoxale, du moins selon nos logiques modernes: la pièce essentielle n'est pas la plus forte, tant s'en faut. À la fin du XIIe siècle et tout au long du XIIIe, il est probable que cette contradiction apparente ne choquait guère, étant plus ou moins conforme aux usages de la guerre: le roi se devait d'être sur le champ de bataille, et même d'y donner l'exemple, mais il n'avait pas à se montrer le plus fort ni le plus efficace des combattants. Certains barons et chevaliers le supplantaient dans ce rôle qui n'était pas le sien. En outre, tout devait être fait pour éviter qu'il ne soit fait prisonnier; d'où une certaine position en retrait, à la fois nécessaire et pleinement royale[15]. La littérature en donne de nombreux exemples: aucun des grands romans arthuriens en prose de la première moitié du XIIIe siècle ne nous montre le roi Arthur combattant plus vaillamment que les meilleurs des chevaliers de la Table ronde,

---

[13] Sur cette pièce et ses transformations, voir PASTOUREAU, L'arrivée du jeu d'échecs (voir n. 3), p. 281–282.

[14] D'une manière générale, sur l'évolution des pièces, leur nature, leur nom, leur force et leur marche sur l'échiquier, voir MURRAY, A History of Chess (voir n. 1), p. 408–424; Jean-Michel MEHL, Les jeux au royaume de France, du XIIIe siècle au début du XVIe, Paris 1990, p. 76–97; PASTOUREAU, L'échiquier de Charlemagne (voir n. 10).

[15] De ce point de vue, l'attitude de Philippe Auguste à Bouvines fut longtemps hésitante. Voir DUBY, Le dimanche de Bouvines (voir n. 7).

Lancelot, Gauvain, Perceval et quelques autres[16]. De même, aucun chroniqueur français ne nous raconte qu'au cours de telle ou telle bataille Philippe Auguste, Louis VIII, Saint Louis ou Philippe III se serait montré le plus fort de tous les combattants. Il en va de même des chroniqueurs anglais ou allemands à propos des différents souverains d'Angleterre et d'Allemagne[17]. Un vrai roi n'est jamais le plus fort au combat. Ce n'est nullement son rôle ni sa mission.

Souvenons-nous également qu'au jeu d'échecs chaque camp représente à la fois une armée et une cour. Or, sur ce second terrain – la cour – un roi ne se définit pas par ses aptitudes militaires, mais par sa majesté et par la façon dont il est entouré, dont il prend conseil, dont il se comporte vis-à-vis de sa *maisnie*. Il en va pareillement sur l'échiquier: le roi n'est roi que parce qu'il fait couple avec une reine et qu'il est entouré de deux *alfins*, de deux cavaliers et de deux *rocs*. De même que le roi féodal se doit de prendre conseil de ses barons, de ses vassaux et de son entourage, de même le roi de l'échiquier ne ›joue‹ pas seul, mais en liaison constante avec ces quatre autres pièces. Elles incarnent les personnages importants de la cour. Il n'est du reste pas impossible que l'*alfin* du jeu d'échecs, une fois transformé en fou dans les années 1300, ait servi de modèle au fou de cour, office pratiquement inconnu avant cette date dans les principales cours européennes, mais constamment présent dans celles de la fin du XIVe et au XVe siècle[18]. Le jeu d'échecs n'a pas seulement été un miroir de la société curiale; il en a parfois aussi été une matrice.

Qu'elles soient en ivoire (éléphant, morse), en bois de cervidé, en os, en corne, en cristal de roche, en pierre ou simplement en bois, les pièces d'échecs médiévales se répartissent en deux catégories: celles qui sont figuratives et celles qui sont fortement stylisées. Ces dernières, héritées de la culture arabo-musulmane, qui interdit la figuration, annoncent déjà nos pièces modernes.

Lorsqu'il est figuratif, le roi ressemble à la plupart des autres images de roi en majesté que le Moyen Âge nous a laissées, notamment celles que montrent les sceaux des XIIe et XIIIe siècles[19]. Le roi échiquéen est ainsi le plus souvent représenté assis sur un trône, de face, vêtu d'un long manteau et tenant des objets symboliques dans ses mains (épée, sceptre, globe, fleuron); ses pieds sont placés sur un tapis ou sur des »degrés«, et il porte sur la tête une couronne plus ou moins haute. Aux échecs comme ailleurs, un roi en majesté, c'est toujours un personnage assis, vu de face, les mains pleines, la tête

---

[16] Sur la fonction non guerrière du roi Arthur: Marie-Luce CHENERIE, Le chevalier errant dans les romans arthuriens en vers des XIIe et XIIIe siècles, Paris 1986, p. 51–56; Martin AURELL, La légende du roi Arthur (550–1250), Paris 2007, passim et p. 333–364.

[17] Une exception, cependant: Richard Cœur de Lion, roi hors du commun à tous points de vue. Voir John GILLENHAM, Richard Coeur de Lion. Kingship, Chivalry and War in the Twelfth Century, Londres, Rio Grande 1994; et Jean FLORI, Richard Cœur de Lion. Le roi-chevalier, Paris 1999.

[18] Michel PASTOUREAU, Figures et couleurs. Études sur la symbolique et la sensibilité médiévales, Paris 1986, p. 23–34.

[19] Otto POSSE, Die Siegel der deutschen Kaiser und Könige von 751 zu 1806, Dresde 1909–1913; Martine DALAS, Corpus des sceaux français du Moyen Âge, t. 3: Les sceaux des rois et de régence, Paris 1991; Percy Ernst SCHRAMM, Die deutschen Kaiser und Könige in Bildern ihrer Zeit (751–1190), nouvelle édition, Munich 1983.

couronnée et les pieds reposant sur un sol qui n'est pas celui du commun des mortels[20]. Pour que la majesté soit complète, il faut que tous ces éléments de la figuration soient présents. C'est le cas au jeu d'échecs, où, en outre, le roi est toujours la pièce dont la taille est la plus haute et le poids le plus lourd. Le roi n'est certes pas le plus fort sur l'échiquier, mais c'est celui qui se voit le mieux, qui s'identifie le plus facilement, notamment parce qu'il est plus grand que toutes les autres pièces. Un roi se doit d'être grand. Non seulement symboliquement mais aussi physiquement. Au reste, la plupart des souverains d'Occident, du XIe au XIIIe siècle, ont été corpulents ou de haute taille[21].

Il en va de même pour ce qui concerne les pièces d'échecs non figuratives, celles qui sont stylisées géométriquement. Le roi y est le plus grand, le plus gros, le plus lourd, même si ce n'est pas lui le plus fort sur l'échiquier. La forme la plus fréquente est celle d'un cylindre surmonté d'une grosse boule, avec parfois une encoche bien nette dans le haut du cylindre. Seule la reine ressemble au roi, mais elle est de taille nettement plus petite. Les autres pièces sont différentes et pourvues de protubérances faisant saillies sur le cylindre: tête stylisée d'un cheval pour le cavalier; deux »cornes« plus ou moins écartées pour *l'alfin* devenu évêque ou fou; deux pointes en forme de créneaux arrondis pour le *roc*, future tour[22]. Aucune confusion n'est possible avec le roi.

Grand, rond, haut et lisse, le roi du jeu d'échecs conserve, même fortement schématisé, presque abstrait, toute sa majesté. Preuve que, au Moyen Âge central et finissant, la force guerrière et la majesté royale sont devenues deux »fonctions« très différentes, presque incompatibles.

---

[20] On trouvera de belles reproductions de pièces d'échecs médiévales figurant le roi dans: Hans WICHMANN, Siegfried WICHMANN, Schach. Ursprung und Wandlung der Spielfiguren in zwölf Jahrhunderten, Munich 1960; F. Lanier GRAHAM, Chess Sets, New York 1968; Victor KEATS, The Illustrated Guide to World Chess Sets, New York 1985; Roswin FINKENZELLER, Wilhelm ZIEHR, Emil M. BÜHRER, Schach. 2000 Jahre. Das Spiel, die Geschichte, die Meisterpartien, Lucerne 1989; Coleen SCHAFROTH, The Art of Chess, New York 2002.

[21] Michel PASTOUREAU, Le temps des rois obèses (XIe–XIIIe siècle), dans: Agostino PARAVICINI BAGLIANI (dir.), La Mesure (Micrologus, 14), sous presse.

[22] On trouvera des reproductions des pièces stylisées médiévales dans MURRAY, A History of Chess (voir n. 1), et dans les ouvrages abondamment illustrés cités à la note 20.

BERTRAND SCHNERB

Conclusion

Dans »Notre-Dame de Paris«, Victor Hugo a popularisé, avec Clopin Trouillefou, »roi de Thunes, successeur du grand coësre, suzerain suprême du royaume de l'argot«, l'image du roi des vagabonds, des mendiants et des criminels dont la royauté invisible peut, certes, sembler dérisoire, mais aussi inquiétante et mystérieuse: une royauté sans gloire, sans trône et sans couronne, mais dotée d'un contre-pouvoir, et d'une contre-justice. Sa royauté apparaît comme une sorte d'image en négatif de celle, tout aussi inquiétante et mystérieuse, qui est incarnée par Louis XI, mis en scène lui aussi par Hugo dans le même roman.

Ainsi, au détour d'une œuvre littéraire apparaît un phénomène historique qui est loin d'être passé inaperçu: celui des royautés qu'on pourrait définir comme non politiques (encore que cette définition soit loin d'être satisfaisante). Cette apparition pose, du reste, implicitement la question des rapports que ces royautés entretenaient avec l'institution royale, qui était à la fois un modèle et un objet de contestation.

Bien que connue, cette réalité n'avait jamais fait l'objet d'un questionnement global comparable à celui qui a été mené à l'initiative de Torsten Hiltmann. Ce dernier, disciple de Gert Melville, auteur d'une remarquable thèse, codirigée par Michel Pastoureau, consacrée à la littérature développée au XVe siècle autour de l'office d'armes, a été conduit à s'intéresser aux rois d'armes et à s'interroger sur l'utilisation du titre et des insignes royaux hors de leur contexte institutionnel le plus évident. Or, le roi d'armes, avec sa couronne, son pouvoir, son autorité hiérarchique et ses privilèges, n'est pas un cas unique. Sans chercher bien loin, il est doté d'un double, le roi des ménestrels, placé à la tête d'un groupe d'instrumentistes, à l'origine très étroitement lié à celui des hérauts. En cherchant encore dans des milieux proches, entre la cour et la ville, on trouve le roi des ribauds, gardien de l'ordre, responsable de la surveillance des tables de jeu et des lieux de prostitution. Dans un contexte de réjouissances ou de concours festifs, les rois abondent aussi: roi de la fève, couronné lors de la fête des Rois, rois des guildes d'archers et d'arbalétriers, désignés à la suite d'une épreuve d'adresse, roi d'une joute, comme le célèbre roi de l'Épinette de Lille.

Torsten Hiltmann ne s'est pas contenté de faire, après d'autres, le constat qu'à la fin du Moyen Âge il existait d'›autres‹ rois ni d'en faire un simple catalogue; il a aussi évité l'écueil consistant à ne voir dans l'emprunt du titre royal qu'une référence commode destinée à désigner un personnage exerçant une autorité, ou à n'y voir qu'une manifestation de »dérision«. Il a voulu mener une réflexion approfondie et comparative sur un usage révélateur de pratiques sociales et professionnelles, de réalités culturelles et de représentations mentales. D'où son initiative d'organiser une journée d'étude permettant, à travers des contributions de type monographique, de saisir à quoi correspondent cette référence, cet usage et ces pratiques.

La première constatation faite dès le propos introductif est celle de la diversité des royautés, dont une typologie peut-être aisément esquissée: rois festifs, rois de métiers, rois de confréries, rois rituels. Cette typologie ›fonctionnelle‹ doit être complétée par la distinction nécessaire entre »royauté d'inversion«, comme le sont les royautés festives et les royautés de dérision, et »royauté de transposition« comme le sont toutes les royautés à caractère institutionnel pour lesquelles le modèle royal est une référence légitimante.

On peut ajouter, pour contribuer à une approche ›sociologique‹ de ces royautés, qu'elles naissent et s'épanouissent dans toutes les couches de la société: dans l'entourage des rois et des princes, au sein des élites urbaines, dans le monde de l'administration et de la justice, dans le monde des métiers et même dans le monde de la délinquance, car il est loin d'être sûr que l'existence de chefs de bandes organisées parés du titre de roi relève du seul domaine d'une fantasmagorie née de la crainte d'un complot. Sur le plan social, le phénomène semble être essentiellement laïque (et majoritairement non noble): les clercs, cela se comprend aisément, préfèrent se référer au modèle offert par la hiérarchie ecclésiastique plutôt qu'à celui de la royauté temporelle.

Il apparaît aussi d'emblée que le titre royal est moins attribué dans un esprit de dérision qu'on aurait pu le penser de prime face. Certes, il existe des royautés accordées dans un cadre ludique, comme celles du roi de la fève, du roi des cœurs aventureux ou du prince du marché des cochons, pouvant révéler une volonté de parodier la hiérarchie sans contester l'ordre établi. L'esprit, dans ce cas, n'est pas très éloigné de celui des clercs qui, dans le cadre d'une »pratique d'inversion festive«, se choisissaient des »pseudo-dignitaires« rituels, tout en respectant la mesure: *Nihil tamen inhonestum aut impertinens apponatur*. Parodie n'est pas contestation. On ne saurait nier, par ailleurs, que, dans certains cas, l'attribution d'une dignité royale, même si elle est institutionnelle, n'est pas totalement exempte d'une certaine ironie: le titre du roi des ribauds, bien qu'il soit utilisé pour désigner un office doté d'un pouvoir disciplinaire et coercitif bien réel, recèle une part de dérision, puisque la royauté de ce représentant de l'autorité s'exerçait sur les tripots, les bordels et les léproseries et pouvait être, à bon droit, considérée comme déshonorante et digne d'être exercée par un bourreau. Voici donc un titre royal dont un homme d'honneur n'a guère envie de se parer.

Dans l'ensemble, les royautés évoquées ici, même si dans leur cas un fond d'intention ludique ou parodique n'est pas totalement absent, apparaissent comme respectées, structurées, dotées d'un pouvoir institutionnalisé. C'est en particulier l'image qu'on retient des royautés ›professionnelles‹, comme celles du roi des ménestrels, du roi des compagnons de métier, du roi de la basoche. Certaines paraissent même avoir atteint une dignité supérieure, comme la royauté du roi d'armes. D'autres enfin, parce qu'elles semblent être le révélateur d'un contre-ordre social – comme les rois que se donnent, ou sont supposées se donner, par dérision, les bandes criminelles organisées –, recèlent une charge d'effroi.

Quoi qu'il en soit, les titulaires de cette dignité portent un titre qui est un marqueur politique. Le terme de »roi« est le plus largement attesté, mais il n'est pas exclusif, et certaines sociétés, comme les chambres de rhétoriques néerlandophones, lui préfèrent le terme de »prince«, alors même que dans les villes des Pays-Bas les guildes d'archers et d'arbalétriers se donnent bel et bien des rois.

Les modes de désignation sont d'une grande diversité, mais semblent toujours, à la différence du grand modèle, exclure l'hérédité: ainsi trouve-t-on le tirage au sort ou l'élection, pour les rois festifs ou rituels; le choix dicté par la reconnaissance d'un talent ou d'une compétence professionnelle, pour les rois de métiers; la désignation par une autorité supérieure, pour les rois »institutionnels« que sont les rois d'armes et les rois des ménestrels attachés à une cour princière; la sélection par une épreuve physique, un concours, pour les rois des arbalétriers, les rois des archers. Variable aussi est la durée de la royauté: celle-ci peut être exercée pour le temps d'un événement, le plus souvent d'une fête, mais elle peut être également annuelle ou viagère, voire être révocable si le roi est placé sous l'autorité d'un supérieur.

Certaines de ces royautés s'exercent dans un certain ressort juridique, spatial ou territorial: les rois d'armes ont, en principe, autorité sur une marche d'armes; le roi des ribauds dans une ville précise, ou dans une cour royale ou princière. Certaines autres s'exercent sur un groupe: ainsi les rois des confréries et des guildes, ainsi aussi le roi de la basoche du Palais, à Paris, qui règne sur le royaume de la basoche, c'est-à-dire la communauté des clercs de justice. Par ailleurs, certains rois, que l'on a qualifiés d'institutionnels, tiraient des revenus de leur dignité: le roi d'armes, le roi des ménestrels, le roi des ribauds (un »office de grand profit«, si l'on en croit un jugement contemporain).

La conformité au modèle royal se marque également par l'utilisation d'attributs et d'un cérémonial dont les détails et le déroulement nous sont parfois connus. Le port de la couronne est largement attesté: les rois d'armes, de même que les rois des ménestrels, par exemple, sont couronnés, et la cérémonie de leur investiture et de leur couronnement peut être délibérément organisée de façon à en renforcer la dignité et le prestige. Le roi de la fève est également couronné. Quant au roi de la basoche, sa couronne figure dans ses armoiries, dont les autres meubles héraldiques sont trois écritoires et encriers placés deux et un, comme les lys sur l'écu du roi de France.

Le nom fait aussi partie des attributs royaux: Adenet le Roi, roi des ménestrels, est clairement désigné comme tel; les sobriquets des rois des ribauds (»Grasse Joie«) et plus encore les noms d'office des rois d'armes (ainsi »Lyon«, roi d'armes d'Écosse, dont le nom fait référence non seulement aux armes de son maître, mais aussi au roi des animaux) sont des éléments à prendre en compte dans l'affirmation du caractère spécifique de leur royauté. Dans certains cas, l'imitation du modèle est poussée si loin que le roi est désigné par un nom de baptême et un numéro (Pierre V, roi de la basoche, qui règne en 1501).

Un vêtement et une verge peuvent également faire partie des *regalia*: le roi des ménestrels portait une vielle, les rois d'armes, de même que les rois des ribauds, tiennent un bâton, mais c'est surtout la possession d'un sceau qui indique clairement que, dans bien des cas, les ›autres‹ rois, loin d'être revêtus d'une royauté imaginaire ou dérisoire, peuvent revendiquer une personnalité juridique. C'est d'abord vrai pour les rois ›institutionnels‹, comme le roi des ménestrels ou le roi des ribauds, qui peut apposer un signe distinctif sur les prostituées, sujettes de son royaume. Mais le sceau est également attesté hors de ce groupe, et celui du roi des compagnons forgerons de Zurich est connu.

Mais ce roi couronné, nommé, portant les insignes de sa royauté et apposant de son sceau a rarement son *locus*. Le seul cas de »palais« clairement identifié est celui que constituait la halle aux draps de Tournai pour le prince du puy de cette ville en 1455. En revanche, ses fonctions et ses pouvoirs sont bien réels. Le fait est naturellement observable pour les rois institutionnels. Le roi des ménestrels d'une cour royale ou princière a des fonctions éducatives et cérémonielles et exerce un pouvoir disciplinaire et juridictionnel sur les groupes des instrumentistes, pour lesquels il joue, en outre, un rôle d'intermédiaire et de représentant auprès du maître. Les fonctions, prérogatives et pouvoirs du roi d'armes sont, quant à eux, multiformes; ils s'exercent non seulement au sein du groupe des officiers d'armes, mais aussi en dehors, par délégation du prince: ainsi en est-il de l'autorité ›héraldique‹ et, dans certains espaces, du contrôle exercé sur la noblesse. Le pouvoir de médiation, déjà mentionné, est encore attesté dans le cas du roi des compagnons de métier dans la haute vallée du Rhin: ce roi, chef d'association, dont la fonction est de structurer une organisation qui, à l'origine, ne l'était pas, joue un rôle d'intermédiaire entre maîtres et compagnons. Cette royauté s'étant d'ailleurs développée dans l'ambiguïté d'une situation sociale tendue, sa nature oscille entre l'institution de paix et la force contestataire: la royauté peut être, en effet, insurrectionnelle, et le »roi des champs« qui commandait une bande de partisans normands luttant contre les Anglais dans les années 1430–1440 est là pour le montrer.

*

L'ultime constatation qu'il convient de formuler est que, sans être un modèle unique – car la hiérarchie ecclésiastique a fourni aussi une source d'inspiration pour les »évêques des fous« et les »abbés de peu de sens« –, la royauté est une référence essentielle quand il s'agit de définir une autorité suprême: le fait montrerait, si c'était nécessaire, l'enracinement intellectuel profond de l'idée de la prééminence royale. Mais, naturellement, on peut se poser la question de savoir de quelle royauté il s'agit. En effet, lorsque le modèle royal sert à nourrir les craintes du complot des criminels contre les honnêtes gens et celles de l'existence d'un contre-pouvoir, il renvoie alors à la royauté du diable, dont l'autorité s'exerce sur un univers structuré bien qu'inversé. La royauté du diable n'est qu'une royauté d'inversion qui imite la royauté divine. Il est donc possible que la royauté modèle soit quant à elle une royauté de transposition: la royauté temporelle a pour modèle la royauté céleste. Il est inutile de rappeler que le cri de »Noël!«, lancé au passage du roi de France, et l'usage d'un dais »comme on en tient au-dessus du *Corpus Christi*«, lors des cérémonies d'entrée dans les villes, sont là pour lier explicitement la royauté temporelle à celle du Christ. Le roi de France Charles V, sur son lit de mort, n'a-t-il pas voulu faire un parallèle entre la couronne royale et la couronne d'épines? Le Christ, celui qui a reçu l'onction, est un roi glorieux et douloureux dont le règne n'aura pas de fin. Devant ce roi suprême, le roi temporel est, lui aussi, un ›autre‹ roi.

Abréviations

ACO	Archives départementales de la Côte-d'Or
ADN	Archives départementales du Nord
AM	Archives municipales
AN	Archives nationales
BM	Bibliothèque municipale
BNF	Bibliothèque nationale de France
ÖNB	Österreichische Nationalbibliothek
BL	British Library
NLS	National Library of Scotland
NAS	National Archives of Scotland

Index des personnes

Adam de la Halle (poète et chanteur, prince du puy d'Arras) 25–26
Adamson, John (messager) 75
Adenet le Roi (poète, roi des ménestrels) 24, 27–28, 42, 163
Ams, Rúdin (cordonnier de Zurich) 103
Angleterre, roi d'
– Édouard Ier 33, 40^{+92}
– Édouard II 33, 37
– Édouard III 33, 38, 41
– Henri IV 33, 71, 75
– Henri V 33
– Henri VIII 69
– Jacques II (James II) 67, 76
– Richard Ier (Cœur de Lion) 159^{17}
– Richard II 33
Arran, comte d'
– James Stewart of Bothwellmure 73
Atlas, Allan W. (musicologue) 31

Bakhtin, Mikhail (historien et théoricien de la littérature) 131
Barril, Jean (délinquant) 148
Baugé, Pierre de, alias Pierre V (roi de la basoche) 119
Bavière, duc de
– Albert II 30, 40, 46
Bercé, Yves-Marie (historien) 131
Berry, duc de
– Jean 14, 85
Bloch, Marc (historien) 12^{11}
Bodel, Jean (poète, prince du puy d'Arras) 25
Boisard, Jean, dit Verdelet (roi des ménestrels) 27, 32, 34, 37
Bosenton, Beaul [Veaul] de (maître d'hôtel) 50–51
Bourdieu, Pierre (sociologue) 139
Bourgogne, duc de
– Charles le Téméraire 49–51$^{+39,\,40}$, 57^{+70}, 92
– Jean sans Peur 32, 46, 86
– Philippe le Bon 32, 34, 49, 85^{21}–86^{29}, 90, 92
– Philippe le Beau 50, 52–53
– Philippe le Hardi 27, 46
Bourré, Jean (maître des comptes) 149
Bouvet, Honoré (écrivain) 70
Brabant, duc de

– Henri III 27–28
Bretel, Jacques (ménestrel) 45
Bretel, Jean (poète, prince du puy d'Arras) 25
Brisebarre, Jean [dit Jean Le Court] (ménestrel) 41–42
Bubenberg, Adrian II de (noble, roi des chaudronniers de Berne) 101
Burnett, Charles (historien) 73

Charmillon, Jean (roi des jongleurs) 36^{+67}
Chartier, Jean (chroniquer) 148
Chartier, Roger (historien) 153
Caresme, Jean (roi des ménestrels) 32, 34
Caumez, Jehan (roi des ménestrels) 27, 32
Caveron, Robert (roi des ménestrels) 27, 32
Clarence, duc de
– Thomas de Lancastre 52, 54, 55^{59}
Condé, Jean de (roi des ménestrels) 28–29, 34
Coppin de Brequin (roi des ménestrels) 27, 32, 35^{63}
Costeley, Guillaume (musicien) 128
Courolles, Jean de (hôtelier, prince d'amours et prince des arbalétriers) 140
Cumming of Inverallochy, Sir William (héraut *Marchmont*) 65^{+8}, 70–72, 79

Dahhaoui, Yann (historien) 18
Damien, Pierre (théologien) 155
Dannhauer, Johann Conrad (théologien et philologue) 125
Davis, Natalie Zemon (historienne) 131^{+2}
Dickinson, William Croft (historien) 76
Dobozy, Maria (philologue) 30
Dragonetti, Roger (philologue) 25
Durham of Largo, Sir Alexander (roi d'armes *Lyon*) 67

Ebersdorf, Pierre de (avocat légal de la confrérie des ménestrels à Vienne) 35
Écosse, reine d'/roi d'
– Jacques III [James III] 67^{18}, 70
– Jacques IV [James IV] 67^{18}, 70^{31}–71, 73, 79
– Jacques V [James V] 66–67, 69, 72
– Marie de Guise 67
– Robert Ier the Bruce 66

Index des personnes   167

– Robert III 68
Egenolff, Christian (imprimeur) 124

Facien, Jean (roi des ménestrels) 27, 32, 37
Fenlon, Iain (musicologue) 31
Flandre, comte de
– Gui II de Dampierre 27
Forman of Luthrie, Sir Robert (roi d'armes *Lyon*) 65^8–66, 73
France, roi de
– Charles VI 14, 48, 85
– Charles VII 14, 26, 35, 140
– Charles VIII 35, 53
– François Ier 153
– Henri II 32
– Jean II (le Bon) 157
– Louis VIII 159
– Louis IX (Saint Louis) 83, 159
– Louis XI 35, 50, 92, 161
– Louis XII 35
– Philippe Auguste (Philippe II) 82, 158^{15}–159
– Philippe III 159
– Philippe IV (le Bel) 29^{23}, 32, 36, 45, 114
– Philippe V (le Long) 26, 32, 84
Francolin, Jean de (roi d'armes d'Hongrie) 49
Frauenlob, voir Heinrich von Meissen
Froissart, Jean (chroniqueur) 29, 82, 156

Grant, Francis (héraldiste, roi d'armes *Lyon*) 74, 78
Grass, Nikolaus (historien et folkloriste) 11
Grinberg, Martine (historienne) 132
Guidobaldi, Nicoletta (historienne) 31
Gvozdeva, Katja (philologue) 144

Habert, François (poète, prince de la Basoche) 117–118
Hainaut, comte de
– Guillaume Ier le Bon 29^{,23}
– Guillaume IV de Bavière 32, 34
Hannelet, Jean (roi des ménestrels) 32, 34
Haquin, Gilles (prévôt de Paris) 26
Heinrich von Meissen, dit Frauenlob (chanteurs de *minne*) 30
Helttampt, Wolfhart (maître des comptes) 30
Hepburn, Patrick (shérif de Berwick) 75
Hugo, Victor (écrivain) 11, 153, 161
Huizinga, Johan (historien) 49

Isaac, Thomas (roi d'armes *Toison d'or*) 51, 54–56$^{+64, 66}$, 58

Jean le Bel (chroniqueur) 29
Jean le Court, voir Brisebarre, Jean
Jeanne d'Arc, dit la Pucelle d'Orléans 93
Jeanne de Valois, épouse du comte Guillaume Ier de Hainaut 29^{,23}, 34

Kintyre (poursuivant d'armes), voir Loutfut, Adam

La Marche, Olivier de (chroniqueur) 49–50
La Vigne, André de (poète) 119
Lacroix, Paul (écrivain, historien) 82
Lefèvre de Saint-Rémy, Jean (roi d'armes *Toison d'or*, chroniqueur) 46^{18}, 54
Le Franc, Martin (clerc et poète) 34
Lindenzwig (cordonnier de Mulhouse) 103
Lindsay of the Mount, Sir David (roi d'armes *Lyon*) 66, 72, 74^{+61}, 77, 79
Lyon (roi d'armes), voir Durham of Largo, Sir Alexander; Forman of Luthrie, Sir Robert; Grant, Francis; Lindsay of the Mount, Sir David; Pettigrew, Thomas; Stewart, Sir William; Thomson of Keillour, Henry
Loutfut, Adam (poursuivant d'armes *Kintyre*) 67–68, 70–72, 78

Marchmont (héraut), voir Cumming of Inverallochy, Sir William; Meldrum, John
Meldrum, John (héraut *Marchmont*) 75
Miraulmont, Pierre de (juriste) 114^4, 116
Morlee, William de (ménestrel, *roy de North*) 38
Muchembled, Robert (historien) 11, 131

Orcades, comte des
– William Sinclair 70
Ormont, Guillaume (prévôt de Paris) 26
Offenburg, Henman (magistrat et diplomate, seigneur des compagnons potiers) 108^{,37}

Pasquier, Étienne (écrivain et juriste) 11, 80
Pettigrew, Thomas (roi d'armes *Lyon*) 65–66

Philippa de Hainaut, reine d'Angleterre 29[23], 41–42
Pleij, Herman (philologue) 135, 139
Poitevin, Hennequin (roi des ménestrels) 27, 32
Portevin, Jehan (roi des ménestrels) 27, 32

Rebecques, Gilles de (roi d'armes de Hainaut) 48
Reid, Dylan (historien) 139
Rossiaud, Jacques (historien) 131
Rothesay (héraut) 68

Salenone, Antoine de (chambellan) 50–51[-39]
Savary de Beaulieu, dit l'abbé des malprofitants 150–151
Shrewsbury, comte de
– John Talbot 68
Soleuvre, voir Salenone, Antoine de
Soummeillon, Robert (poète, prince du puy d'Arras) 25
Stevenson, John H. (historien) 65[7], 68[-25], 76
Stewart, Sir William (roi d'armes *Lyon*) 66

Terrier, Étienne (délinquant) 148
Thomson of Keillour, Henry (roi d'armes *Lyon*) 65

Toison d'or (roi d'armes), voir Isaac, Thomas; Lefèvre de Saint-Rémy, Jean
Toulongeon, Claude de (conseiller et chambellan) 50–51
Trazegnies, Jean II de (chambellan) 50
Tudor, Marguerite (reine consort d'Écosse) 67[18], 69[28], 71, 79

Urgel, comte d'
– Ermengaud Ier 155

van Anrooij, Wim (philologue) 49
Vauldrey, Louis de (chambellan) 51[+40]
Verdelet, voir Boisard, Jean
Versoris, Nicolas (avocat) 149

Waldmann, Hans (bourgmestre, roi des chaudronniers de Zurich) 101
Walther von der Vogelweide (chanteur de *minne*) 30
Werner (seigneur et protecteur de l'association des compagnons cordonniers) 103, 108
Wolfger de Erla (évêque de Passau) 30

Zumthor, Paul (médiéviste) 41

Index des lieux et des matières

abbaye, voir aussi roi de l'abbaye 11, 17, 132, 139
abbé 11, 17, 71, 103, 131–132, 136, 139, 164
– *de la jeunesse* (Beaucaire) 17
– *de Lescache* (Cambrai) 136
– *des conards* (Rouen) 17
– *des malprofitants* 150
Abbeville 17, 25, 39–40[88], 89
académies littéraires 25
administration 20, 35, 47, 65, 73, 79, 121, 162
Aix-en-Provence 17
Allemagne 10, 15, 20[+33], 30, 43, 96[4], 106, 159
alliances interrégionales 95, 103
Alsace 95[+3], 98, 100, 103–104, 107[33]–108, 110–111
amendes 14–15, 38, 87[+33], 115, 117, 149
Amiens 25, 26, 34, 83, 86
amoureuse vie, roi de l', voir roi des ribauds
Amtleute (officiers) 96, 98
Angleterre 24, 30, 32–33[51], 36–37, 39–42, 44, 52–55[+59], 57, 64[5], 67, 69, 71–74, 76–77, 79, 81[9], 159
Anjou 14–15[+22]
Arabes 155, 157
Arbre des batailles (traité d'Honoré Bouvet) 70
arbitrage 15, 104–106
archers, voir roi des archers
Argovie 107, 111
armaturos, voir aussi office d'armes 32
armes, voir aussi roi d'armes 40, 45, 47[20]–49[30], 51[40], 54[-55]–58, 77, 84, 110, 118, 150, 163
armes, armoiries 9, 40, 53, 55–57, 66, 73–74, 118–119, 163
armorial 16[24], 57, 64–65[7], 73–74[+61], 75
Arran 73
Arras 17, 25–26, 29, 34, 86–88, 90–91
arrêt du travail 104
Artois 15[22], 20[34], 41[94], 45–46, 48, 132, 141
assemblée 24, 98[9]–99[14], 100–101[20], 103–104, 106[+32]–108[+38], 109, 112
associations de métier 25–26, 38
Astene 133
aumône, voir roi de l'aumône

autonomie 76, 117
Autriche 35, 50
Auvergne 14–15
avocat 64, 68[25], 73, 113–117, 150
avocat légal 35

Bâle 95[3]–96[6], 98[9], 106[31]–107[35], 109
barbiers, voir aussi roi des barbiers 95[3]
basoche, voir aussi roi de la basoche 10, 113[+1]–116[-10], 117–119, 121, 163
– de la chambre des comptes 118
– du Châtelet 118
– du parlement 119
Beaujolais 15[19]
Beaucaire 17
Beauvais 39[+87], 40[88]
Bergues 133, 137
Berne 99–101
Berry 14–15[-22], 73, 85
Béthune 25
Bettelvoigt, voir prévôt de mendiants
Bordeaux 86
Bourgogne 15[22], 20[34], 32, 35, 37, 39[-84], 43, 46[+12]–47, 49–50, 54[56]–57, 64[5], 70[36], 85–86[-29], 90, 100, 148
Bouvines 158[15]
Bouvines, bataille de 81, 156
boycottage 98[7], 105–106, 110[-43]
Brabant 27, 39, 45–46, 48, 138
brigands, voir aussi roi des brigands 82–83, 146, 150
Brisach 95[3], 100, 108[+38]
Brisgovie 102[25], 110–111
Bruges 35, 46[12], 69, 82[+12], 88–89, 135, 143
burlesque 131–132, 134–135, 137–138, 140–142, 144

Caen 25
Cambrai 25, 83, 86, 89, 136
Capoue 31
capitaine 17, 51[+39], 150
– de la basoche (Parlement de Paris) 117–118
– *du Pinon* (Douai) 136
carnaval 11–12, 102[25], 118, 131, 133–134
Castelnuovo 31
cercles (*Kesslerkreise*) 100

cérémonies 9, 40–42, 55–56, 58, 64, 66–68[25], 71, 76–77, 115, 118–119, 131, 163–164
chambre de rhétorique 132, 136–144, 162
– de baume (*Balsamflower*) 143
chambre des comptes (Paris) 119, 149
Champagne 15[22], 24, 39, 42–43, 46, 49[+30]
charivari 17[27], 131, 137
chaudronniers, voir aussi roi des chaudronniers 95[3], 98, 100–101[+21], 110–112
Châtelet 119
Chauny 83
clercs, voir aussi roi des clercs 113–114, 116–119, 162–163
Cleomadès (roman d'Adenet le Roi) 27–28
collège (des hérauts d'armes) 55–57, 75
Colmar 95[3], 102
communauté de métier 113[1], 115
compagnons, voir aussi roi des compagnons 31[38], 95[+3]–96[+6], 98[+9], 100–104[+29], 105–106[+31], 107[+33, 35]–110[+43], 111–112, 153, 164
comte (*Graf*) 20, 36, 158
– des ménestrels (*Spielgraf*) 20[33]
– des ribauds 82, 91
conards, abbé des, voir abbé des conards
confiscation 14
confrérie 13, 15, 19, 24–27, 29, 34–35, 38–39, 43, 99[+14]–100, 108[38]–109, 112, 162–163
– des jongleurs et des bourgeois (Arras) 26, 34
– urbaine 24
coq, voir roi du coq
coquillards 148–149, 152–153
coquille, voir aussi roi de la Coquille 148–149
Corbie 15[22], 46
cordonniers 95[3]–96, 103–107[+33], 108[+3]–110, 151[25]
couleuvriniers, voir roi des couleuvriniers
cour, 10–11, 25, 27–29[+23], 30–32, 35–40, 42–47, 51–54, 58, 80–81, 84–86, 92, 113[3], 159, 161
– des ducs Valois 32
– des miracles 12[14]
– ducale et royale 18, 26, 31, 35–36, 41–43, 85, 125, 157, 163–164
– princière 17, 29–31, 34, 36, 42–43, 84, 163–164
– seigneuriale 27, 29, 34, 42
cour, société de 42, 157

couronne 11[9], 28, 32–33, 35[+62,63], 64–65, 67–68, 74, 118–119, 126, 142, 153, 159, 161, 163–164
– d'épines, voir épines
– imperiale 67[+18]
couronnement 9, 48[24], 64, 67, 71, 76–77
crime 74[61]–75, 84–85, 92, 146–148
– monarchie du crime 151, 153
– organisations criminelles 146–147

Dauphiné 15[19], 18[29], 53
Deinze 133
demoiselle noire (dignité parodique) 136
Danemark 69
dérision 10–12, 14, 90, 147, 153, 161–162
Dieppe 25
dignité 9, 11–13, 16–18, 21, 138, 142, 147, 162–163
– festive, voir aussi Forestier de Bruges; roi de l'Epinette 132–133, 135–137, 140
– parodique, voir abbé; *demoiselle noire*; *droge jonckheere*; princes; rois moqueurs
– royal 126, 162
Dijon 39[84], 119, 146, 148
distinction sociale 16, 42
Dixmude 133
domestique 31–33, 35–38, 40[89], 43, 85[21]
Douai 25, 29, 41, 83[16], 86–87[+32], 88, 91, 136
doubles, voir roi de France
doyen (*deken*) 140–141
Dreikönigstag, voir Épiphanie
droge jonckheere (dignité parodique) 136

échecs, jeu d' 155–157, 159–160
– chah (pièces arabo-persanes) 157
– fou (pièce) 158–160
– reine (pièce) 157–160
– roc, voir aussi échecs, tour du jeu d' 158–160
– roi, voir roi du jeu d'échec
– tour (pièce) 158, 160
– vizir (pièce) 157
écoliers, voir roi des écoliers
écoles des ménestrels 36, 39–40
Écosse 64, 66–76, 78–79, 163
écoutète (*Schultheiss*) 96, 98, 100–101[20], 104, 106, 110
Édimbourg 70, 76
égalité, attitude égalitaire 140
Empire germanique, voir Allemagne

Index des lieux et des matières 171

épines, couronne d' (Corona spinea) 11, 164
Épinette, voir roi de l'Épinette
Épiphanie (*Dreikönigstag*) 10, 17, 124–125, 127–129
espion/espionnage 37, 101
évêques 71, 77, 131, 139, 155, 158, 160
– des fous (en général) 11, 18, 132–133, 135, 144, 164
– des fous (Lille) 136
– des innocents 18, 133

féodalité
– guerre féodale 156
– mentalités féodales 156
– roi féodal 159
fête 13, 16^{+24}, 18, 21, 34–35, 39–40^{+89}, 41, 46–47, 55, 58, 71, 88–89, 93, 96^{4}, 99, 101–102, 108^{38}, 111, 115, 118, 121, 131, 133–139, 141–142, 144, 163
– des fous 11, 89, 133, 135, 138
– des Rois, voir aussi Épiphanie 111, 118–119, 161
– culture festive urbaine 133, 139
fève, voir roi de la fève
Flandre 15^{22}, 16, 20^{34}, 27, 39, 45–46, 48, 64^{3}, 69, 82, 91^{+55}, 131–138, 141, 143–144
fonctions 11, 12, 17^{+27}–18, 20^{+33}, 24, 31, 35, 37–38, 40, 43–47, 49–50, 52, 55, 57^{71}–58, 70, 72–73, 80–81, 83–86, 88–90, 93, 96^{4}, 98, 100, 105–106, 115–118, 121, 140–141, 144, 156, 159^{16}–160, 164
forains 89
Forestier (dignité festive à Bruges) 89, 135–136
Forêt-Noire 95, 100, 111
forgerons 95, 98, 105, 107^{+33}, 110, 164
fou/fous, voir aussi évêque; roi; fête des fous 138
France 9–11, 14–15^{+22}, 17–18$^{+28,\,29}$, 20, 24–25, 29^{23}, 32, 35^{+63}–39, 42, 44, 46, 48, 53–55, 57^{+67}, 66^{13}, 69–70^{36}, 71, 80–81, 84, 88, 90, 131–132, 139, 142, 144, 157, 163–164

gages, voir aussi rémunérations 24, 33, 37–38, 51^{39}, 85, 117
Gand 25, 133–134, 140–141, 143
Gesellschaft vom Esel, voir aussi sociétés nobiliaires 15
grand abbé, voir roi de l'abbaye

gratifications, voir aussi rémunérations 34, 37
gravamina majeurs 108
Grenoble 17, 119
Guise 86–87^{+32}, 89

Haguenau 95^{3}, 98, 100, 109
Hainaut 28–29, 32, 39, 41^{94}–43, 45–46, 48–49
Heger (officier) 96, 98
hérauts d'armes, voir aussi office d'armes 15^{22}, 33^{51}, 44^{+1}, 47^{+22}, 53, 55, 58, 78
hiérarchie 19, 52, 54–55, 64–65, 74, 76–79, 104, 111, 116, 121, 125–127, 129, 132–133, 136, 139–141, 148–149, 153, 158, 162, 164
Hollande 29^{+23}–30, 45, 143
huissier (*Weibel*) 100–101^{20}, 104, 106, 110

incendiaires 101
inversion 10^{+7}–12, 14, 18–19, 93, 126, 133, 142, 162, 164
investiture, voir aussi couronnement; sacre 65–67, 71, 131–135, 137–140, 142, 144, 163
Italie 31, 80–81^{8}, 88, 155

Jarretière, ordre de la 54, 69
jeunesse, abbé de la, voir abbé de la jeunesse
jeux-partis 25
joculatores, voir aussi ménestrels 32
joutes, voir aussi tournois 16, 29^{23}, 35, 42, 45, 47, 89, 161
juridiction 9, 20^{+33}, 42, 45, 48–49, 53, 55–58, 65, 73, 75–76, 91^{54}, 101^{20}, 104–106, 108–109, 111, 113, 116–117, 158
justice 9, 11, 20, 35, 38, 50, 56, 74^{61}, 92, 109, 113^{+3}–114^{+4}, 116–119, 121, 138, 153, 161–163

Kaysersberg 95^{3}–96
Königreich, voir royaume d'Épiphanie
Königsegg 100

La Carité Nostre Dame des jogleors et des borgois, voir aussi confrérie des jongleurs et bourgeois 26
Lac de Constance 95, 111
Laon 86
lèpre, voir aussi maladrerie 88
Le Quesnoy 28–29^{23}

Lille 10, 16, 20[34], 25, 29, 50–51, 86, 88–89, 91–92, 136–138, 161
Limousin 150
Londres 25, 40[+92],
Lucerne 100–101, 104[29], 107
Lyon 39[85], 48, 86, 131

Machelen 133
Mâcon 86
maïeur 26, 34
Maine 14–15
maître de cérémonie 40
majesté 9, 49, 159–160
maladrerie 88
malprofitants, voir abbé des malprofitants
Mardi gras, voir aussi carnaval 11, 118, 132–133, 137–138
maréchaux, voir aussi roi des maréchaux 48, 53, 79
Mayence 31, 36, 98, 107[+33], 109–111
mendiants, voir aussi roi des mendiants 20[33], 80, 99[14], 147[-6], 152
ménestrels, voir aussi roi des ménestrels 24, 26[+14]–33[+51], 37–41, 43, 47, 89, 95[+3], 98–101, 111–112
merciers, voir aussi roi des merciers 14
messagers 37, 75–78
Metz 86
milieu 10–11, 18–19, 24, 84, 90–91, 113, 161
Minnesänger (troubadour) 30, 43
Mock kings, princes, voir rois moqueurs
monde arabe 157
Mulhouse 95[3], 103
musique 11[+10], 24, 31[+44], 33–34, 38–39, 41, 128

Namur 48, 90–91[50]
Naples 31
Nîmes 15[19]
noblesse, voir aussi sociétés nobiliaires 44–45, 48, 53, 56–57[+67, 70], 58, 136, 164
Normandie 15[22], 39, 84, 141, 150
Norvège 9, 69
Noyon 85–86
Nuitonie 100

office d'armes, voir aussi roi d'armes 32–33[51], 44, 47, 49–54[+55, 56], 55, 57[67]–58, 64, 66[+12], 68[+25]–69, 71, 74–78, 161
Ooidonk 133

ordre 15[22], 19, 21, 48, 57, 69, 75, 77[+83]–78, 88, 93, 99[12], 106, 108[37], 135, 161–162
ordres chevaleresques (voir aussi *Jarretière*; *Toison d'or*) 15[22], 44–47, 51, 64[+5]
ordonnances 32, 51–52[+44], 53, 57[70], 83–85[-21], 87, 96, 100, 103, 108, 110–111, 114, 134, 138, 147
– du 5 mars 1497 44–45, 49–51, 53–55[+59], 56[-64], 58
– du mois d'août 1448 14
origine (hypothèses d') 129
Orléans 85

Pape des Gingeans (société joyeuse à Lille) 137
Pâques (période de) 18
parenté sociale 38
Paris 12[14], 14–15, 26[-14]–27, 32, 35–38, 87[+32], 90, 113, 117, 119, 128, 147, 150–151[+25], 152–153, 163
parlement de Paris 113, 117, 119
paroisse, voir aussi roi de la paroisse 89
Pays-Bas 44–46, 49[29], 52–55, 57–58, 108, 163
Pays de Bade 100, 104
père conduiseur 148
Péronne 89
Peu de Sens (société joyeuse à Lille) 137
Picardie 89, 141
Poitiers, bataille de 157
Poitou 150
Portugal 9, 69
précédence 74, 77–78, 141
prérogatives 13, 17, 24, 33, 45, 49, 52–53, 55, 57, 110–111, 164
prévôt (*Voigt*) 20, 26, 32, 85, 100
prévôt de mendiants (*Bettelvoigt*) 20[33]
prince 16, 24–27, 29, 31, 34, 36–38, 40, 43, 48–49, 53[+52]–54[+55], 55–57[+70], 64[3], 67, 71, 81, 84, 86, 126, 131–132, 134, 138–139, 142, 146, 155–156, 162–164
– d'amour (Aix-en-Provence) 17, 141
– de la jeunesse (Tournai) 17
– des chambres des rhétoriqueurs 140–144, 163
– des puys mariales 141
– des sociétés joyeuses 11, 17, 136–137
– des sots 25, 138
– du mal-espargne (Abbeville) 17
privilèges 11, 13–14, 18, 20, 24, 50, 52, 55, 73, 75–76, 113, 161
procurateur 68[25], 73

Index des lieux et des matières 173

prostitution 80–83, 86–87, 90–91, 93, 96^4, 161, 163
protecteur 29–30, 34, 37–38, 40^{92}, 83^{18}, 100–103, 108
Provence 49^{30}, 53
provinces (des rois d'armes) 15^{22}, 48, 52, 56^{+64}–$57^{67, 70}$
pseudo-dignitaire 133, 162
Pui de Amours (Tournai) 140
Puys poétiques, marials 25–26, 141

Quaëdypre 133
quartier, voir aussi roi du quartier 57^{70}, 80, 87^{33}
Quercy 15^{19}

Ratsamhausen 100
Ravensburg 106^{31}, 108
reinages 18^{29}
rémunérations, voir aussi gages; gratifications 29, 37
Restor du paon (roman de Jean le Couret, dit Brisebarre) 41
rex flaiotelus, voir aussi roi des ménestrels 32^{+48}
Rheinfelden 103, 105
Rheinische Knechtsordnung 110
ribauds/ribaudes, voir aussi roi des ribauds; prostitution $81^{+8, 9}$–82^{+14}, 83^{+18}, 85, 91, 93
Ribeauvillé (Rappoltsweiler) 99
rituel 17, 34, 41, 77, 93, 102, 110–112, 119, 124–130, 133, 139, 144, 156, 162
roi
– d'armes 15^{+22}, 20^{34}, 44^{+2}–48^{+24}, 49–52^{+48}, 53–57^{+67}, 58, 64^{+5}–66^{+13}, 67–68, 70–79, 161–164
– de France 9, 14–15^{22}, 18^{28}, 20, 35–38, 46, 80, 84, 90, 163–164
– ses doubles 157
– de la basoche 113–114, 116^{+10}–119, 121, 162–163
– de l'abbaye, aussi dit *Le grand abbé* (Grenoble) 17
– de l'aumône 10
– de la Coquille 146, 148, 153
– de la fève (*Bohnenkönig*) 10, 12, 17–18, 119, 124, 126, 128–130, 138, 161–163
– de la paroisse 10, 12, 18^{+29}
– de la rue 10
– de l'Épinette (Lille) 10–11^{+9}, 16^{+24}, 20^{34}, 89, 136, 161
– de professions 12–13, 15, 20, 23

– de Thunes 153, 162
– des archers 10, 16, 20^{34}, 161, 163
– des barbiers 10
– des brigands 146
– des chaudronniers 10, 20^{33}, 101
– des clercs 10
– des compagnons 10, 15, 95–96, 103, 105–108, 110–112, 162, 164
– des couleuvriniers 20^{34}
– des écoliers 10, 18
– des fous 11, 33^{51}
– des hérauts, voir aussi roi d'armes 10, 12, 15, 32–33, 35–37, 40–41, 44–48, 58, 64
– *des lours* (Arras) 17
– des maréchaux 33, 48
– des mendiants 10, 147–148, 161
– des ménestrels 10, 13^{+15}–15, 20^{33}, 24–35^{+62}, 36–43, 45, 47 161, 163–164
– des merciers 10, 12^{11}–14^{+16}, 15^{19}, 151^{25}
– des ribauds 10, 13^{+15}, 15, $20^{33, 34}$, 32, 80–$81^{+6, 9, 82}$, 83^{+16}–84^{+20}, 85^{+21}–86^{+29}, 87^{+32}–93, 161–163
– des sociétés nobiliaires 15–16, 104
– du coq 10, 18
– du jeu d'échecs 155–156, 159–160
– du quartier 18
romans arthuriens 158
Rome 69, 72
rois moqueurs (mock-kings, -princes) 131
rois festifs 12^{14}–13, 15, 17, 123, 162–163
rois rituels 17–18, 162–163
Rottweil 107
Rouen 17, 25, 56, 131, 139
Rouergue 15^{19}
Rouffach 103, 109
royaume 9–10, 12^{14}, 15, 24, 32–33, 36–37, 39, 44, 48, 53–54, 64–65, 68, 70, 74, 76, 79, 81, 93, 95–96^{+4}, 98–99^{+13}, 100–101^{+21}, 102^{+25}–103^{+26}, 104, 106^{31}–108, 110–113^{+2}, 114, 116–117, 146, 148, 153, 161, 163
– d'Épiphanie (*Königreich*) 102^{25}, 124–125, 127–130
– de jeunesse 11
royauté imaginaire 24, 163
rue, voir aussi roi de la rue 132–134

sacre 9
Saint-Antoine-le-Petit (église à Paris) 55, 57
Saint-Donat 10
Saint-Quentin 89

Saturnales 129–130
Savoie 15[19], 39, 49[30], 54[54]
sceaux 33–34, 65[+8], 69, 87, 95–96[+6], 98[9]–99, 111, 134, 159, 163–164
Schultheiss, voir écoutète
Sélestat 95[3], 103–104, 108–109
sergents 86[+27], 88, 92
sociétés 10–11, 19–21, 24–25, 42, 80–82[14], 93, 96, 101–102[25], 113, 147, 151–153, 155, 157, 159, 162
– joyeuses 11–12[14], 16–17, 83, 89, 131–132, 136–139, 144, 151[23]
– nobiliaires, voir aussi roi des sociétés nobiliaires 15[+20]
sots, voir aussi prince des sots 92, 138
souverain, souveraineté 9, 46, 51, 54, 59, 114, 116–117, 143
Spielgraf, voir comte des ménestrels
statut royal 65, 67–68, 76, 79
Strasbourg 103, 108–111
Straubing 30, 37, 40
subversion 16
Suisse 95[+3], 98–100, 104, 110
symbole, symbolique 9, 64, 118, 130, 132, 139, 142–143, 155, 159

taxes 38, 69, 87
territoire 9, 24, 36–37, 42, 44, 49, 55, 57, 95[3], 100–101, 134
théâtre 11, 107, 113[1]–114, 119, 136–138
titre (dignité) 10–12[+11, 13], 13, 15–17, 19–20[+33], 24–25, 27, 29–38, 40, 43, 49, 54, 64, 67, 73, 79, 82, 89, 93, 98, 116[10], 134, 136, 142–143

Toison d'or (ordre de la) 15[22], 44–47, 49–55
Toscane 82
Toulouse 86, 91, 119
Touraine 14–15
Tournai 17, 25, 29, 46, 86, 91–92, 140, 164
tournoi 11[9], 16, 44–45, 56, 89
trompettiste 30[34, 35]–31, 33
Troyes 36
tuekien (tueur des chiens) 92
typologie 12–13, 24, 162

Uechtland, voir Nuitonie
Uzès 15[19]

vagabonds 80–81[9], 89, 93, 161
Valenciennes 25, 28–29[+23], 45, 86, 139
Veurne 133
Vienne 20[33], 26, 35, 50–51
villes, alliance des (*Städtebünde*) 95
violence 82, 109, 112, 146, 151
visitation 14, 51, 53, 56, 57[+67], 73, 102[25]
Voigt, voir prévôt
voleurs 12[14], 84, 147–148, 151–153
Vosges 98, 100

Warhem 133
Weibel, voir huissier

Ypres 137, 140, 143

Zeeland 48
Zurich 95–96[6], 99–101, 103–104[-29], 105–106[-31], 107, 111, 164

Les auteurs

Marie BOUHAÏK-GIRONES, chargée de recherche à l'université d'Amsterdam, spécialiste de l'histoire du théâtre; a notamment publié »Les clercs de la basoche et le théâtre comique«

Martine CLOUZOT, maître de conférences à l'université de Dijon, spécialiste de l'histoire des musiciens au Moyen Âge

Dominik FUGGER, chercheur en histoire moderne, dirige le groupe de recherche »Religiöse Rituale im Alten Europa in historischer Perspektive« au Max-Weber-Kolleg de l'université d'Erfurt

Torsten HILTMANN, chercheur en histoire médiévale, dirige le projet »Die ›anderen‹ Könige« de la Deutsche Forschungsgemeinschaft à l'université de Münster

Michel PASTOUREAU, directeur d'études à l'EPHE Paris, auteur de nombreuses publications sur l'histoire de la symbolique occidentale

Bertrand SCHNERB, professeur à l'université de Lille 3; a notamment publié »L'État bourguignon (1363–1477)«

Katharina SIMON-MUSCHEID, chargée de cours à l'université de Berne

Henri SIMONNEAU, doctorant à l'université de Lille 3, rédige une thèse sur l'office d'armes en Bourgogne (1467–1519)

Katie STEVENSON, maître de conférences à l'université de St. Andrews, spécialiste de l'histoire nobiliaire et de l'héraldique écossais

Valérie TOUREILLE, maître de conférences d'histoire du Moyen Âge à l'université de Cergy-Pontoise, spécialiste de l'histoire de la criminalité et de la délinquance; auteur de »Vol et brigandage au Moyen Âge«

Anne-Laure VAN BRUAENE, professeur à l'université de Gand, spécialiste de la culture urbaine à l'époque moderne; auteur d'une monographie sur les chambres des rhétoriqueurs aux Pays-Bas méridionaux entre 1400 et 1650

Franck VILTART, doctorant à l'université de Lille 3, rédige une thèse sur le camps militaires et princiers en France et en Bourgogne au bas Moyen Âge

www.ingramcontent.com/pod-product-compliance
Lightning Source LLC
Chambersburg PA
CBHW030828230426
43667CB00008B/1423